MW01710850

El artista caribeño como guerrero de lo imaginario

Rita De Maeseneer y An Van Hecke (eds.)

El artista caribeño como guerrero de lo imaginario

Rita De Maeseneer y An Van Hecke (eds.)

Iberoamericana · Vervuert · 2004

Bibliographic information published by Die Deutsche Bibliothek
Die Deutsche Bibliothek lists this publication in the Deutsche Nationalbibliografie; detailed bibliographic data is available on the Internet at <http://dnb.ddb.de>.

Este libro ha sido publicado gracias a la ayuda financiera de la Universidad de Amberes

Reservados todos los derechos

© Iberoamericana, Madrid 2004
Amor de Dios, 1 – E-28014 Madrid
Tel.: +34 91 429 35 22
Fax: +34 91 429 53 97
info@iberoamericanalibros.com
www.ibero-americana.net

© Vervuert, 2004
Wielandstrasse. 40 – D-60318 Frankfurt am Main
Tel.: +49 69 597 46 17
Fax: 49 69 597 87 43
info@iberoamericanalibros.com
www.ibero-americana.net

ISBN 84-8489-161-5 (Iberoamericana)
ISBN 3-86527-148-0 (Vervuert)

Depósito Legal: B-30.483-2005

Cubierta: Marcelo Alfaro
Ilustración de cubierta: *Azúcar, algodón, cadena,* de Vicente Pimentel
Impreso en España por Cargraphics
The paper on wich this book is printed meets the requirements of ISO 9706

Índice

EPÍLOGO

Caribe

Denis Henriquez

Caribe ta solo
Caribe ta lama
Caribe ta kolo
ku ta hasa den kandela
ta luz
ku ta kurti bo kweru
ku su fuego.

Caribe ta baile
Caribe ta kancion
Caribe ta ritmo
ku ta pone pia perde tino
pone bo alma
vibra di pashon.

Caribe ta kurpa
Caribe ta kabes
Caribe ta sintí
k'a sinja sinti
ta razon
ku por papia
leng'i kurason.

Caribe ta blanku
Caribe ta marón
Caribe ta pretu
ku ta lombra
un pasado ku ta keha
un kurpa
ku ta baila di dolo.

Caribe ta pober
Caribe ta platia
Caribe
t'un parad'i luho

t'un galan
ku su kara disfrasa.

Caribe ta katibu
Caribe ta mara
Caribe t'un man
ku no tin forza
un boka ku n' tin bos.

Pa esnan nací den su lama
k'a tosta
bira grandi bow su solo
Caribe ta un poema
un kancion
ku ta hasibo lubida
tur e sombra di su lus.

El Caribe*

Denis Henriquez

El Caribe es sol
El Caribe es mar
El Caribe es color
guisando en la candela
es luz
que te quema la piel
con su fuego.

El Caribe es baile
El Caribe es canción
El Caribe es ritmo
que les hace perder el tino a tus pies
y hace el alma
vibrar de pasión.

El Caribe es cuerpo
El Caribe es cabeza
El Caribe es inteligencia
que enseña el sentido
de hablar
con toda la razón
el lenguaje del corazón.

El Caribe es blanco
El Caribe es marrón
El Caribe es negro
que resplandece
un pasado que acusa
un cuerpo
que baila de dolor.

El Caribe es pobre
El Caribe es de plata

* Traducción del papiamento al español: Ineke Phaf-Rheinberger.

El Caribe
es un paraíso de lujo
es un galán
con la cara disfrazada.

El Caribe es esclavo
El Caribe está amarrado
El Caribe es una mano
sin fuerza
una boca sin voz.

Para aquellos que nacieron en su mar
que se tostaron
y crecieron bajo su sol
el Caribe es un poema
una canción
que te hace olvidar
toda la sombra de su luz.

INTRODUCCIÓN

¿Guerrear o resistir? Presentación del tema

Rita De Maeseneer
Universiteit Antwerpen

> Compadre, mi' han botado ya dos veces del mercado Buenos Aires Línea. Primera vez hey peleado, rabiado, peligrado. Los monicipales guardias mi cachetearon, me tiraron palo. Segonda vez, tranquilo hey costalado mi papa, mi cebollita; hey esperado dos semanas; dispués, vuelta he tendido me puesto.
>
> José María Arguedas, *El zorro de arriba y el zorro de abajo*

El título de este volumen parece aludir a un tema muy manido. El término 'guerrero' por muy literario que sea su uso, referiría al carácter bélico y militante del arte. Sin remontarme a disquisiciones garcilasistas o cervantinas sobre armas y letras, en el mismo siglo XX, uno de los movimientos estéticos más importantes también fue a buscar su denominación en este campo semántico. Me refiero, por supuesto, a la vanguardia de los años veinte, "esta declaración de guerra permanente" (Oviedo 1995: 290). 'Iconoclasta', 'militante', 'revolucionario', 'combatiente' son vocablos recurrentes en los manifiestos vanguardistas donde pululan frases encabezadas por "¡abajo!", "contra" y prefijos negativos. La vanguardia se presentaba como una contracultura, una cultura adversaria, un antiarte, una antiforma. Esta actitud se situaba a nivel estético a veces en difícil convivencia con eventuales dimensiones políticas. Por eso Klaus Müller-Bergh propone la siguiente definición de vanguardia: "conjunto de escuelas que promueven el cambio estético, artístico, ideológico en las letras, tendencias generales que a veces también afectan el cambio político y social" (Mendonça Teles/Müller-Bergh 2002: 16). En Europa se podría ejemplificar el encuentro y el choque entre revolución y liberación estética en el mismo André Breton. Mientras que su 'Primer Manifiesto' (1924) recalcaba la vertiente estética, su 'Segundo Manifiesto' (1929) incluía claramente una dimensión política en el surrealismo, lo que también se reflejó en el mismo título de la revista "Le Surréalisme au Service de la Révolution". No obstante, el tema del compromiso político fue problemático para muchos vanguardistas. En el caso de Breton provocó su ruptura con el Partido Comunista en

1935. En América Latina, la vanguardia se movía también entre polos literarios y políticos. Mariátegui, entre otros pensadores, veía en la destrucción del arte burgués una propuesta para liberar al hombre de servidumbres opresivas y forjar una nueva civilización en torno a un nuevo mito, el compromiso socialista. Por lo que se refiere al Caribe, basta con recordar las vicisitudes del movimiento del negrismo de Nicolás Guillén o de Luis Palés Matos y de la 'négritude' bajo el liderazgo de Césaire. También en años ulteriores fue debatida la función 'guerrera' de la literatura con mayor o menor intensidad en América Latina. Otro de los momentos álgidos se sitúa en los años sesenta, época del *boom*, una suerte de vanguardia en la narrativa (González Echevarría 1996 II: 3). Hoy en día parecen algo desfasadas las ideas del compromiso y de la incidencia de los libros en determinado contexto social tales como fueron formuladas por Sartre en *¿Qué es la literatura?* o en ensayos como "Papel social del novelista" de Carpentier (1987).

Es obvio que los artistas del siglo XXI ya no tienen que luchar por la innovación estética practicada desde hace décadas y parece que en esta era global la militancia local, la adhesión a ideas bien delimitadas o la expresión de ideas políticas hirientes ha perdido vigencia frente al terrorismo que se expande con sus tentáculos por todo el mundo en la sociedad postmoderna carente de Grandes Relatos. ¿Implicaría que los escritores se quedan con los brazos cruzados?

En el coloquio multilingüe celebrado en la Universidad de Amberes del 24 al 26 de septiembre de 2003 sobre "Injusticia e insubordinación. El escritor caribeño como guerrero de lo imaginario" nos preguntábamos si el artista podría ser tildado de "guerrero de lo imaginario", tal como se explicaba en la convocatoria: "that is (...) the author / artist who uses an unheard-of dynamic to react against 'ethnocentrism, enclosed identities, ethnic cleansing, narrow-minded nationalism, sectarian and fanatical fears' (Chamoiseau)". El punto de partida era por tanto la imagen acuñada por el escritor martiniqueño Patrick Chamoiseau. En *Ecrire en pays dominé* establece un diálogo entre un viejo guerrero y el narrador. Este narrador/marcador de palabras se da cuenta de que la escritura militante lleva a un callejón sin salida: "Mais ces fruits militants m'avaient laissé stérile" (Chamoiseau 1997: 94). Después de muchas divagaciones sobre el Caribe, la escritura, la instauración de ciberespacios y un sinnúmero de temas acaba calificándose a sí mismo de guerrero, pero un guerrero paradójicamente pacífico:

> Je n'étais plus seulement un "Marqueur de paroles", ni même un combattant: je devenais *Guerrier*, avec ce que [ce] mot charge de concorde pacifique entre les impossibles, de gestes résolus et d'interrogation, de rires qui doutent et d'ironie

rituelle, d'ossature et de fluidités, de lucidités et de croyances, d'un vouloir de chair tendre contre le formol des momies satisfaites. Guerrier de l'imaginaire (Chamoiseau 1997: 274).

En una entrevista, Chamoiseau propone la siguiente definición:

Guerrier de l'imaginaire. C'est quelqu'un qui tente par sa pratique artistique de modifier ce qui constitue le tissu mental, l'état d'esprit. L'imaginaire est l'ensemble des valeurs qui conditionne notre vouloir être, notre vouloir faire, notre idéal, notre projection, notre rapport aux autres. C'est un ensemble d'imageries qui dépassent l'image et qui conditionnent très fortement tout ce que nous faisons dans nos rapports sociaux (Yggdre 2000: 2).

Con el fin de englobar el máximo de interpretaciones posible, he optado por traducir 'l'imaginaire' por 'lo imaginario', concepto más amplio que 'el imaginario' de la historia de las mentalidades, que consiste en "[l]as actitudes, los sentimientos y las interpretaciones que en una sociedad dada y por determinado período hacen posibles la comunicación y el reconocimiento de los individuos que la componen" (Santos 2001: 16: nota 12). Lo imaginario sugiere más bien un conjunto de ideas y sensaciones inasible y difícil de circunscribir.

A raíz de esta imagen, por cierto polifacética y discutible, el propósito del coloquio consistía en averiguar hasta qué punto algunos artistas caribeños se podrían acercar a esta ambigua imagen guerrera y/o cómo se podría reflejar esta actitud guerrera en sus expresiones artísticas. El texto de la convocatoria lo formulaba así:

What, then, is this new dynamic? What does this new imaginary consist in? (...) Is the role taken on by Chamoiseau also echoed in other writers who fight new injustices and urge to rebellion against new oppressive forces at a time when the world has gone global and inequalities are exacerbated? What is the new order now that the struggle is no longer waged between the former colonizer and the former colonized, now that we no longer read along such simplistic, binary lines as black versus white, man versus woman?

Chamoiseau ya presenta algunas pistas:

Guerrier, c'est avancer dans l'obscur. Dérouter les zones hautes de l'esprit pour confier l'Ecrire aux décisions plus folles, bien plus intelligentes dans le commerce des indicibles. Ramener l'ambigu du réel dans l'*ouverture* du texte, le complexe de chaque phrase propice à moult éveils. Toucher aux perceptions, choquer, zébrure du rire, surprise, hypnose d'une musique, plongée aux opacités brusques,

> imagination déferraillée, tracassée, débondée hors-coutumes sur des zones-frontières (...) (Chamoiseau 1997: 278).

Recogemos algunas posibles respuestas formuladas en las diferentes contribuciones de este volumen que se ha centrado en las partes hispanófona y neerlandófona del Caribe. La atención dedicada a la parte neerlandófona es fruto de una decisión muy consciente: siendo neerlandófonas es nuestra manera guerrera de reivindicar –aunque sólo sea en dos ensayos– esta parte caribeña siempre olvidada. Por esta razón también encabeza este volumen un poema del escritor arubeño Denis Henriquez en papiamento. En otro volumen que se publicará en la serie *Thamyris* de Rodopi (Kathleen Gyssels, Bénédicte Ledent, Liesbeth Bekers, editoras) se juntarán algunos textos en inglés y francés inspirados por el mismo planteamiento.

Hemos propuesto una estructura tripartita. En "Hablan los escritores ¿guerreros?" recogemos dos textos leídos por los escritores en el coloquio (la puertorriqueña Mayra Santos-Febres y el arubeño Denis Henriquez) y una entrevista con el escritor cubano René Vázquez Díaz. En "Artes visuales 'guerreras'" Ineke Phaf dedica un ensayo al curazoleño José Maria Capricorne y Christoph Singler habla de la obra del dominicano Vicente Pimentel, que también nos facilitó la ilustración para la cubierta: *Azúcar, algodón, cadena*. En "Guerra a los textos" seis críticos literarios (Magdalena Perkowska-Álvarez, Salvador Mercado-Rodríguez, Rita De Maeseneer, Erwin Snauwaert, Myrna García-Calderón, Iván Jiménez Williams) reflexionan sobre textos caribeños a partir del planteamiento sugerido. El epílogo, de la mano de Silvio Torres-Saillant, constituye una meditación sobre el papel de los intelectuales caribeños. Como suele ocurrir en una selección de ensayos, las diferentes partes del Caribe (hispanófono y neerlandófono) no están todas representadas con la misma intensidad, aunque los ensayos más generales colocados hacia el final del libro intentan remediar este desequilibrio inevitable. Remito a la segunda parte de la introducción en la que An Van Hecke nos ofrece su lectura de los textos incluidos en esta edición. Aprovecho para expresar mi más sincero agradecimiento a An Van Hecke por su eficaz maquetación del libro y su maravillosa e imprescindible ayuda en la elaboración de la edición.

Adelantando posibles pistas de reflexión, ya quisiera subrayar que existe cierta reticencia por parte de los colaboradores para emplear la imagen guerrera. Me pregunto si los artistas optan radicalmente por proponer nuevas formas, tal como lo quiere Chamoiseau, o si escogen el camino de cierta resistencia. Chamoiseau rechaza rotundamente el término de resistencia:

> On résiste, lorsque la force est ouverte, l'ennemi repérable. (...). La notion de la résistance, porte en elle, d'une certaine manière, l'acceptation de l'ordre tel qu'il

> est, mais avec une modification de l'équilibre et du rapport de forces alors qu'aujourd'hui l'ennemi n'est pas visible. (...) lorsque l'ennemi est une nébuleuse, lorsque l'ordre total du monde n'est pas recevable, il ne faut pas résister, il faut simplement refonder, exister autrement, pratiquer un écart déterminant à travers un autre imaginaire par rapport au système dominant (Yggdre 2000: 7).

No obstante, los textos presentados en este volumen dan más bien la impresión de que los artistas caribeños siguen ofreciendo una resistencia. Sobreviven reminiscencias de resistencia clara en los títulos ('arma' [Snauwaert]; 'frente a' [Torres-Saillant]), y de resistencia más bien oblicua ('torcida' [De Maeseneer]; 'avanzamos retrocediendo' [Vázquez Díaz]). Esta resistencia es tanto más perturbadora en cuanto que se efectúa desde el margen, otro concepto presente en algunas colaboraciones ('limítrofe' [Perkowska-Álvarez]; 'marginal' [García-Calderón]). De esta manera los artistas caribeños se acercarían más a lo formulado por Ashcroft sobre las sociedades post-coloniales, rótulo que en parte se puede aplicar al Caribe:

> But the most fascinating feature of post-colonial societies is a 'resistance' that manifests itself as a refusal to be absorbed, a resistance which engages that which is resisted in different way, taking the array of influences exerted by the dominating power, and altering them into tools for expressing a deeply held sense of identity and cultural being (Ashcroft 2001: 20).

Resisten de 'cierta manera', hacen la guerra 'de cierta manera' (Benítez Rojo) y dejan la puerta abierta para múltiples caminos quizá más borrosos (como en algunas obras de Vicente Pimentel). De todas formas el debate sigue abierto. Finalmente, yo no puedo 'resistir' la tentación de concluir con la siguiente reflexión formulada por René Vásquez Díaz durante el coloquio, que recoge la ambigüedad y la fuerza de esta paradoja presente en el 'guerrero de lo imaginario':

> A pesar de que en el Caribe hay tantas razones para hacer la guerra, no me gusta la palabra 'guerrero'. No me veo como un soldado. Y sin embargo reconozco que en todo libro hay algo de acción bélica aunque sin carros de combate, ni sargentos vociferando ni ametralladoras. En su momento, un crítico escribió que mi novela *La isla del Cundeamor* era un libro 'beligerante'. Sí, creo que todos los escritores, seamos caribeños o no, somos una especie de guerreros con la escopeta rota. Sin pólvora y sin municiones; guerreros sin puntería para acribillar al adversario. "La palabra más eficaz", decía mi maestro Artur Lundkvist, "da siempre a un lado del blanco". Nosotros hacemos la guerra del lenguaje, libramos las batallas de las aspiraciones justas y las desmedidas. Convertir en literatura el destino

de un individuo o un pueblo es librar una batalla en favor de la vida. Los escritores debemos luchar siempre *en favor de*. Aunque estemos en contra de esto a aquello, la esencia de nuestro trabajo es estar en favor de todo lo que puede hacer la vida posible allí donde la muerte acecha. La muerte cultural, la muerte de la independencia y la muerte a secas. Sí, somos los guerreros de un ejército que no existe. Somos samuráis al servicio de la imaginación y la fantasía.

Bibliografía

ASHCROFT, Bill (2001): *Post-colonial Transformation.* London/New York: Routledge.

BENÍTEZ ROJO, Antonio (1989): *La isla que se repite. El Caribe y la perspectiva posmoderna.* Hanover: Ediciones del Norte.

CARPENTIER, Alejo (1987): *Tientos, diferencias y otros ensayos.* Barcelona: Plaza y Janés, pp. 159-170.

CHAMOISEAU, Patrick (1997): *Ecrire en pays dominé.* Paris: Gallimard.

GONZÁLEZ ECHEVARRÍA, Roberto/PUPO-WALKER, Enrique (1996): *The Cambridge History of Latin American Literature.* Cambridge: Cambridge University Press, 2 Vols.

MENDONÇA TELES, Gilberto/MÜLLER-BERGH, Klaus (2002): *Vanguardia latinoamericana. Historia, crítica y documentos. Tomo II. Caribe Antillas Mayores y Menores.* Madrid/Frankfurt: Iberoamericana/Vervuert.

OVIEDO, José Miguel (1995): *Historia de la literatura hispanoamericana. 3. Postmodernismo, Vanguardia, Realismo.* Madrid: Alianza.

SANTOS, Lidia (2001): *Kitsch Tropical. Los medios en la literatura y el arte de América Latina.* Madrid/Frankfurt: Iberoamericana/Vervuert.

YGGDRE, Christophe (2000): "Devenir des fondateurs... Plaidoyer pour un Guerrier de l'imaginaire. Entretien avec Patrick Chamoiseau", en: *Les périphériques vous parlent* (printemps): 10-17; <http://www.globenet.org/periph/journal/13/fr1310.html>, fecha de consulta: 6/09/2002.

Historias de amor y de amargura en el Caribe. Presentación de los textos

An Van Hecke
Universiteit Antwerpen

> Si con las manos que tienes
> sembraste un millón de cañas:
> ¿De dónde te sale, di,
> una canción tan amarga?
>
> Manuel del Cabral,
> "Islas de azúcar amarga"

1. El Caribe amargo y rebelde

Los tres autores caribeños que abren este volumen no pueden ser más distintos entre ellos. Además de que escuchamos la voz de una mujer y de dos hombres, son una muestra de la diversidad del Caribe a nivel de la lengua (dos escriben en español, uno en neerlandés), del color (blanco y negro), de la nacionalidad (puertorriqueña, cubana y arubeña) y del lugar de enunciación (la puertorriqueña Mayra Santos-Febres estudió en EE.UU., pero vive actualmente en Puerto Rico; el cubano René Vázquez Díaz vive en Suecia, aunque nació en Cuba y viaja a menudo a la isla; el arubeño Denis Henriquez vive en Holanda, pero viaja muy seguido a Aruba). También los temas que abordan son muy distintos. Entre las muchas cuestiones tratadas, se destacan el travestismo en Santos-Febres, la Revolución Cubana en Vázquez Díaz, la insularidad y la muerte del idioma en Henriquez. Sin embargo, si hay un sentimiento profundo que tienen en común, en mayor o menor medida, y que resalta de estas colaboraciones, es la amargura. Y no decimos tristeza, vocablo que tiene una connotación más general, sino amargura, que es otra cosa, porque contiene además, según la Real Academia Española, la idea de frustración y disgusto. De ahí que sea más fácil entregarse a la tristeza que a la amargura. El adjetivo "amargado" es una palabra aún más cargada de connotaciones negativas, que se suele encontrar más bien como negación y rechazo ("No soy un amargado"). La palabra "amargado" se dice de hecho de una persona que guarda "resentimiento" (RAE), lo que puede implicar rencor y odio. En este sentido, no se trata aquí de autores amargados, sino que se trata de autores que nos hablan de la amargura en este mundo. Si bien estos tres textos son una buena ilustración de todo lo que el Caribe puede ofrecer de alegría, dulzura, magia y encanto, no podemos evitar el sabor amargo que al mismo tiempo estos textos nos dejan en la boca. Basta leer la conclusión de Santos-Febres para darse cuenta de la amargura sofocante: "El mar se pobló de náufragos y de sirenas, fueron tantos que ya es imposible distinguir quiénes son las víctimas y quiénes los monstruos causantes de tanto llanto". En Vázquez Díaz, la amargura se vuelve explícita en la relación del autor con su padre (léase con su pasado, su infancia, el sistema político...). Henriquez resume "la corriente de tristeza, de rabia, y de impotencia" de la historia de Curazao en un "fondo amargo" y hasta en sus imágenes nos traspasa la amargura: las "uvas agrias" que ha comido un personaje literario provocan también un malestar en nosotros, los lectores.

La amargura es un sentimiento que siempre ha estado presente en la literatura española y latinoamericana, y muy en particular en la poesía. No hay que ir más lejos que los versos de los poetas famosos: la "mar amarga" y el "raro gusto de hiel" del "Romance Sonámbulo" de Federico García Lorca o "el pozo abierto y amargo" de "La canción desesperada" de Pablo Neruda. Y sin embargo, a riesgo de generalizar la cuestión, nos parece que la amargura no es un sentimiento tan dominante en la literatura latinoamericana del continente como parece serlo en el Caribe, por lo menos si escuchamos a los tres autores aquí estudiados. Por cierto, en la literatura del continente hay mucha aflicción, pero no siempre lleva a la amargura. Es precisamente otro caribeño, el escritor puertorriqueño Luis Rafael Sánchez, quien nos hizo conocer "la América amarga, la América descalza, la América en español que lo idolatra", frase repetida en *La importancia de llamarse Daniel Santos*, y a la que también Salvador Mercado-Rodríguez refiere en su ensayo incluido en este volumen. Y finalmente, es también en el Caribe donde hay que situar el origen de la metáfora "azúcar amarga/o". La imagen ha sido usada en diversos medios, como por ejemplo en la canción popular "Azúcar amargo" de la cantante Fey, o en la película *Bitter Sugar* (1996) del cubano León Ichaso. Sin embargo, como se desprende del poema del dominicano Manuel del Cabral, "Islas de azúcar amarga", del que citamos un fragmento en el epígrafe, la metáfora no sólo refleja una oposición emocional, sobre todo amorosa, entre lo dulce y lo amargo, sino que está cargada de otras connotaciones: el azúcar refiere por supuesto a la esclavitud, a la explotación del negro en las islas. Aquí se impone inevitablemente una referencia a la ilustración de la cubierta de nuestro libro: *Azúcar, algodón, cadena* (2004), un proyecto de instalación del dominicano Vicente Pimentel, cuya obra es analizada por Christoph Singler en el segundo capítulo. Esta instalación es muy simbólica y enlaza muy bien con el concepto de la amargura, así como con varias otras ideas presentes en los textos de esta edición. Es evidente que no estamos sugiriendo que en el Caribe todo sea amargura, ni mucho menos. Se trata tan sólo de un aspecto dentro de las complejas relaciones entre las diferentes identidades de esta región multicultural, un aspecto que, sin embargo, parece estar muy presente en el discurso literario-cultural caribeño.

¿De dónde viene esta amargura en el Caribe? Los mismos autores nos dan algunas respuestas. Santos-Febres apunta hacia la identidad colonizada, la violencia fundacional, la opresión, el hecho de saberse "raros" e inferiores, de tener un "defecto", una "anomalía". Vázquez Díaz también nos habla de la violencia, de la falta de libertad y la escasez que trajo la Revolución, del "apestado moral" que trabaja para la Seguridad del Estado, y de la situación de "guerra" con Estados Unidos. Henriquez, finalmente, sitúa el origen de este fondo amargo en el conflicto racial y la esclavitud, pero también "en la pobreza, la desconfianza, la humillación, la conciencia de estar atrapado en un callejón sin salida" y coincide con el sentirse "raro" de Santos-Febres, cuando refiere a la alienación profunda del caribeño. Muy llamativo es entonces el hecho de que los tres autores insistan en el deseo de ser otro, un sueño imposible. Santos-Febres encontró en el travesti la imagen por excelencia para expresar esta idea, porque en este personaje "nace el impulso de convertirse en Otro" y el travesti "ansía su metamorfosis imposible". En Vázquez Díaz descubrimos la misma idea en el deseo de los cubanos de ir a Miami, que según el autor, "no es un sueño ni es una pesadilla" sino "una Obsesión, con O mayúscula". También Henriquez habla de los anhelos "inalcanzables" de los caribeños y del sueño apasionado de los arubeños de ir a Holanda.

Frente a la ilusión del Caribe de los folletos turísticos, símbolo de alegría despreocupada y de felicidad sencilla, conocemos aquí otro Caribe: un Caribe amargo. El Caribe de los escritores llora, grita y hasta está a punto de hundirse si podemos creer a Henriquez: los escritores del Caribe neerlandófono pertenecen a "una raza en vías de extinción". Por supuesto que los autores tienen sus estrategias para contrarrestar la tristeza y el dolor. Santos-Febres se balancea en el "doble eje de seducción y pena". Su Sirena nos introduce en un mundo de *glamour* y de fantasía. Vázquez Díaz nos confiesa que el humor es para él "una estrategia para aliviar el flujo de tristeza y zozobra". Y también en Henriquez hay ecos de un paraíso caribeño, lleno de placer y de pasión, que suaviza un poco la tristeza omnipresente. Los tres autores nos cautivan con historias de amor apasionantes, enrevesadas o utópicas, que nos hacen olvidar a menudo cuánta tristeza y amargura hay alrededor. Amor hay también en su sentido más amplio: amor por el paisaje caribeño, amor por el país (Cuba, Puerto Rico, Aruba), amor por la vida en el Caribe simplemente.

Sin embargo, soluciones concretas a tanta amargura no nos ofrecen los tres autores aquí incluidos. Más bien asumen su función de observadores de un mundo que para ellos se ha convertido en un teatro: el Caribe como escenario permanente. En la novela *Sirena Selena vestida de pena* de Santos-Febres no sólo asistimos a los espectáculos de la Sirena que embruja con su voz al público, sino que hasta el cuerpo es visto como un espectáculo. En su análisis sobre la novela, incluido en el capítulo tres, De Maeseneer la ve precisamente como "una versión actualizada de las ideas barrocas del ser y del parecer" y la relaciona con "El Gran Teatro del Mundo" de Calderón y de Shakespeare. Vázquez Díaz se imagina que "en los pequeños pueblos se repiten todos los días los grandes dramas griegos" y Henriquez finalmente lo dice sin ambages: "El mundo es un gran teatro. El escenario puede ser diferente, pero las bases del juego serán siempre las mismas". Dos conclusiones podemos deducir de esta percepción. En primer lugar, se observa en los escritores la creencia en el carácter ilusorio e irreal de la vida. En segundo lugar, parece haber cierto fatalismo o pesimismo frente a la inmovilidad de un mundo en el que vemos pasar siempre las mismas tragedias. La repetición de los dramas griegos, según Vázquez Díaz, y la identidad de las bases del juego en Henriquez, sugieren que el hombre, en el fondo, no cambia. Sin embargo, eso no significa que los escritores siempre se conformen con este fatalismo. Tienen sus maneras de resistir, ya que, además de observadores, son creadores de nuevas historias con las que se enfrentan a las vicisitudes de la vida personal, social, política y económica en las islas del Caribe.

En los estudios literarios y culturales no es tan evidente encontrar alguna explicación teórica para el concepto de la amargura. Más bien parece ser un sentimiento que pertenece al campo algo resbaladizo de la sicología, donde las definiciones se vuelven a veces más problemáticas. Si nos limitamos al campo de los estudios postcoloniales, vemos que la amargura ahí tampoco es un concepto clave, aunque en muchos teóricos del postcolonialismo aparece como un sentimiento latente, que resulta de la violencia y de la discriminación, y que a su vez puede explicar la oposición desde la subalternidad y la marginalidad frente a las instancias dominantes y opresoras. Si bien los teóricos no se detienen a analizar el concepto en detalle, de vez en cuando sale a la superficie. Homi K. Bhabha detecta en las sociedades multiculturales el sentimiento de la amargura, con la connotación muy negativa que señalamos al principio, de lo que no debe ser, y hasta sugiere que la amargura "envenena":

> Increasingly (...) on the global stage, and in the multiethnic or multicultural life-worlds of nations, the bitter fruit of exclusion and discrimination poisons the good

> life of communal fellowship. Minority groups and cultural communities demand recognition for their differences (Bhabha en Hutcheon y Valdés 2002: 196).

Lo que Bhabha formula aquí como una metáfora ("bitter fruit"), revela la idea subyacente de que la exclusión y la discriminación causan un sentimiento de amargura, factor perjudicial desde el cual parece ser difícil sacar algo positivo y constructivo, mejorar una situación, o en el caso del fragmento citado, "reconocer" a los grupos minoritarios. Para enfrentar la amargura, hace falta mucha fuerza para no terminar en la resignación. Si no, sólo queda el camino del vacío y de la desesperación, no muy alejado del nihilismo, que se observa en un pensador existencialista como Emile Cioran, cuyos *Silogismos de la amargura* (1952) no dejan ni el mínimo espacio para respirar: todo es sombra, soledad y ruina, y no queda más que el vacío. Es la amargura llevada al extremo. No obstante, la amargura parece a veces como un pozo de aguas profundas e inquietas desde donde se puede ver brotar la rebeldía. Como en América Latina parece haber un bolero para cada tema de la vida, también en este caso encontramos la idea que aquí nos interesa en un bolero titulado "Amargura". La inconformidad y la rebeldía son aquí las estrategias usadas por el bolerista para encarar la amargura:

> Voy cargando en mi vida
> una cruz,
> voy cruzando estos mares
> sin luz.
>
> Soy inconforme y rebelde
> a todo lo que da el destino
> y se me forma en el alma
> este negro desatino... Ay...
>
> (Letra y música de Gonzalo Curiel)

Quedándonos dentro del marco postcolonial, y entendiendo la amargura en el sentido de resentimiento, se destaca la figura de Frantz Fanon, en quien el resentimiento también llevó a la rebeldía. Quizá por su formación como filósofo y psiquiatra, y por sus raíces afroamericanas, el tema se vuelva más visible en su propia obra. En un ensayo "Fanon: Oppression and Resentment", Hayes explica, por un lado, el origen del resentimiento en Fanon: "The psychological roots of African-American resentment came out of the soil of chattel slavery and colonialism." (Hayes 1996: 17) Por otro lado, refiere a la rebeldía, como consecuencia del resentimiento:

> In *The Will to Power*, Nietzsche refers to resentment as "the popular uprising, the revolt of the underprivileged" (p. 108). It often happens, therefore, that the long-standing and ever-present attitude of resentment gives way to rebellion. At times, the feelings of hatred, anger, and revenge, are unleashed, transforming the individual experiencing resentment into a person who decides to embody a sense of freedom, as Fanon might say, by resisting the injustice of racist culture (Hayes 1996: 20).

Siendo "guerreros de lo imaginario", los escritores caribeños se rebelan, cada uno a su manera, contra las injusticias, con armas que no son visibles ni tangibles. Sus armas son la palabra y la imaginación, su campo de batalla es el gran escenario de la literatura. Son observadores de un mundo complejo en el que coexisten y se intercambian la alegría y la tristeza, la fiesta y el duelo, la risa y el llanto, el amor y la amargura. No hay mejor manera de expresar estas paradojas de la vida que con el título de un poema del puertorriqueño Luis Palés Matos: cada uno de los tres textos aquí incluidos es una "Canción festiva para ser llorada" (Palés Matos 1984: 488-491).

2. El grito de los colores y de las formas

El salto de los escritores a los artistas, de la pluma al pincel, es muy grande, y a primera vista no es fácil ver paralelos. Sin embargo, el fondo desde el cual trabajan es parecido: son culturas marginadas y oprimidas. También lo es la busca de un lenguaje, una manera de expresarse y de ser reconocidos. Ineke Phaf-Rheinberger descubre en la obra del pintor Capricorne de Curazao una filosofía de oposición, una protesta política y cultural en contra de la discriminación y de la opresión, en contra del imperialismo también. Si bien se califica el arte de Capricorne como "festivo" (resuena aquí también el poema de Palés Matos), al ver los bailarines y los trajes alegres, las máscaras en cambio, reflejan, según Phaf, "rabia, silencio impuesto o desesperación que se puede deducir de las lágrimas". Al igual que en los escritores hay una gran conciencia histórica en Capricorne, que Phaf sitúa ya desde los tiempos de la esclavitud hasta la explosión social de 1969 en Willemstad. La conexión que Capricorne establece entre la literatura oral en papiamento y sus propias obras, tal como lo desarrolla Phaf, aporta mucho al enfoque interdisciplinario del presente libro. Entre los temas que destacan en Capricorne, señalamos la clarividencia (el juego de naipes), los animales, el movimiento y la inmovilidad, la supervivencia y la preocupación por el medio ambiente. Una temática que enlaza particularmente con lo que ya dijimos respecto a los escritores caribeños es la metamorfosis, que Phaf interpreta como una posible solución frente a lo perturbador de la isla de Curazao. La magia es interpretada por Phaf como un cambio que podría poner fin a los conflictos. En términos de Phaf, Capricorne es un "storyteller" de una "rebeldía sutil".

A diferencia de la obra de Capricorne, en la que hay un diálogo más directo con el espectador, las interpretaciones de la obra de Vicente Pimentel se vuelven mucho más dificultosas, ya que se borran los límites entre el arte figurativo y abstracto. Sin embargo, Christoph Singler nos introduce en el mundo fascinante de este artista dominicano que vive en París desde los años setenta, y descifra los posibles significados de sus pinturas, esculturas e instalaciones. Los trazos en las pinturas parecen a veces garabatos infantiles, líneas erráticas y borrosas, que hasta se asemejan a los mapas geográficos. El signo es enigmático porque sólo quedan huellas, fragmentos, cicatrices, residuos. Los cuatro elementos –agua, fuego, tierra, aire– constituyen la base, pero Pimentel, en vez de representar, por ejemplo, el fuego, sólo muestra la madera carbonizada, la ceniza. Para Pimentel todo es materia, sustancia. En términos de Singler, el artista realiza una "labor arqueológica". Es la materialidad la que se vuelve "idea", y aunque la materia parece ser el único punto de referencia para el espectador, Singler distingue claramente tres temáticas: la relación de poder entre sujeto y objeto, una interrogación ética global y la experiencia afroamericana. Es importante señalar aquí la evolución en el pintor de una primera época, en la que hay una gran reticencia ante el icono y ante cualquier atribución de valor simbólico, a una época más reciente en la que hay una nueva búsqueda, una recuperación de la memoria colectiva y una función social del arte. Como bien lo estipula Singler, "ya no es posible dictar un programa al arte" y el artista, a diferencia del escritor, tampoco dispone de la palabra como arma. Lo que queda es "la meditación ante lo visible", ante la imagen. Sin dejar su primera preocupación matérica y la insistencia en la temporalidad de los signos, Pimentel abre ahora nuevos espacios. Aparecen imágenes "rescatadas", por muy vagas que sean (son sólo "manchas"), presentes en los mismos títulos de las obras: *Fetiche*, *El cimarrón*. También en la instalación *Azúcar, algodón, cadena*, hay, además de la muestra explícita de las diferentes materias, un interés por la historia afroamericana, en particular por la trata de esclavos. En este sentido, la obra de Pimentel tiene mucho en común con la pintura rupestre: escondida en las entrañas de la tierra, se conjugan en ella la memoria individual y la memoria colectiva. El arte rupestre se asocia además con ritos mágicos de conjuro, temática que aparece también en Capricorne. Al igual que Phaf, quien nos da una lectura bastante optimista de Capricorne a partir de la magia, Singler también termina con una visión esperanzadora, si bien frágil e imprecisa. La huella de Pimentel "no sólo remite al pasado". Al mismo tiempo las manchas "se convierten en promesa".

3. Resistencia desde los márgenes

En su análisis de la obra de Ana Lydia Vega, Magdalena Perkowska-Álvarez parte de la conocida discusión sobre la identidad nacional en Puerto Rico, basándose en la idea de Anderson sobre la nación como "comunidad imaginada" y la de Rotker sobre la cultura como "campo de batalla". Perkowska sitúa a Vega en la generación de los escritores de los setenta, quienes se oponen al modelo paternalista y esencialista y a las versiones fundacionales de la identidad nacional tal como se formulaban a principios del siglo XX. La escritura en movimiento de Vega es una de las más radicales y originales de Puerto Rico, porque va en busca de múltiples cuentos llenos de hibridaciones y contaminaciones. La oposición entre texto-árbol (filiación y lógica binaria) y texto-rizoma (nomadismo y heterogeneidad) de Deleuze y Guattari, le sirve a Perkowska de hilo conductor para su estudio de la obra de Vega. El concepto de "zonas limítrofes", tema central del análisis, se entiende aquí en dos sentidos: como espacio fronterizo alejado del centro y como borde que señala la conexión y la intersección. La crítica analiza dos zonas en detalle en la obra de Vega: por un lado el signo "mujer", que tiene una pluralidad de significados, y por otro lado, las relaciones caribeñas, que se caracterizan por una cartografía descentrada y por múltiples desplazamientos. Del estudio de varios "personajes intersticiales", se concluye que son sujetos indefinidos y móviles, "cuya identidad se redefine constantemente". Paralelamente a todo esto, se vislumbra el conflicto entre dos visiones de la historia: la "vieja", basada en la Verdad histórica y la celebración de los héroes, y la "nueva", que se interesa más por la intrahistoria. Finalmente, las deambulaciones limítrofes se manifiestan también en la estrategia narrativa de Vega, muy en particular en el juego de focalizaciones y el cruce de géneros literarios. Perkowska concluye que ante el enigma identitario puertorriqueño, la autora no adopta una posición fija sino que deambula: el objeto observado varía y el punto de vista se desplaza constantemente. Lo que destaca entonces es la heterogeneidad del ser nacional y su inestabilidad ontológica.

El propósito de Salvador Mercado-Rodríguez consiste en leer *La importancia de llamarse Daniel Santos* de Luis Rafael Sánchez como un texto que reescribe o se contrapone a la novela fundacional latinoamericana, que en términos de Doris Sommer se define como un relato alegórico en el que "mediante una historia de amor se promueve un proyecto político nacional". Después de una breve discusión sobre el género problemático del texto –una fabulación, una invención, y no una biografía, ya que la vida del cantante es apenas un pretexto–, el crítico se detiene en las posibles interpretaciones de la frase "Buen provecho" del prólogo, y pasa luego al análisis de la tercera parte de la obra, "Cinco boleros aún por melodiarse". Son cinco situaciones en las que los temas sentimentales y familiares corren pareja con asuntos históricos, sociológicos o políticos. En estos cinco "boleros", la voz de Daniel Santos es el factor integrador, mientras que el narrador Sánchez observa y comenta. Mercado-Rodríguez analiza en detalle cada uno de los cinco fragmentos, que se sitúan en diferentes lugares de América Latina. Es en el primero y en el tercer bolero respectivamente donde el crítico descubre una relectura de dos novelas fundacionales: *Doña Bárbara* de Rómulo Gallegos y *María* de Jorge Isaacs. La referencia a *Doña Bárbara* revela varios aspectos interesantes. Aparte de que se pueden establecer paralelismos entre los personajes y entre los nombres idénticos, la novela de Gallegos es vista como el "paradigma alegórico que las novelas bolero reescriben o contra-escriben". Además, en ambas obras se observa una tensión por territorios en disputa, que en *Doña Bárbara* se sitúa a nivel nacional, y en la obra de Sánchez a nivel internacional: Malvinas, Vietnam, Puerto Rico, Estados Unidos e Inglaterra. La novela de Isaacs, *María*, un clásico romántico, sirve en el tercer "bolero" como fondo para una discusión sobre la represión erótica. En contraste con la represión sexual de *María*, el narrador Sánchez propone una "teoría" que celebra la lujuria, la entrega al placer corporal al margen del matrimonio. La novela de Isaacs vuelve a aparecer en el quinto "bolero" donde se establece un paralelismo entre María y Efraín y la pareja enamorada observada por el narrador. El recorrido del narrador de un lugar a otro termina en un bosque en Puerto Rico, con una "apoteosis de la sensualidad sin regulación social", según Mercado-Rodríguez. La obra de Sánchez se aparta del modelo fundacional ya que trasciende lo nacional para ubicarse en lo continental, la comunidad americana de habla española, donde "El Caribe es la nación capital".

El tercer texto de crítica literaria, de la mano de Rita De Maeseneer, es un análisis profundo de la novela *Sirena Selena vestida de pena* de Mayra Santos-Febres. El objetivo principal consiste en demostrar el carácter "torcido" de los mecanismos de defensa y de resistencia en esta novela. Después de una explicación del trasfondo religioso de la novela (la santería, el vodú haitiano...) y de las implicaciones del signo "avión", como "lugar anónimo de tránsito" (la "guagua aérea" de Luis Rafael Sánchez), De Maeseneer nos ofrece sus interpretaciones de la figura híbrida del travesti. La confusión del género a nivel lingüístico lleva a una discusión sobre la posición de la novelista en el debate entre construccionistas y esencialistas. A nivel ontológico, el travesti revela el carácter *performativo* del ser humano. A nivel metafórico, el travestismo podría simbolizar la indecisión socio-política del Estado Libre Asociado de Puerto Rico. En los tres niveles se manifiesta la línea de destrucción del paternalismo y del canon patriarcal en Puerto Rico. Partiendo de la obra clásica de Pedreira y la interpretación de Gelpí sobre el tema, De Maeseneer se pregunta si Santos-Febres también desconstruye los fundamentos y los clichés, siguiendo la línea de Rosario Ferré y de Manuel Ramos Otero. Pero a diferencia de éstos, en Santos-Febres no hay "mensaje revolucionario, ni reivindicación clara". La figura del travesti es mucho más ambigua, ya que al mismo tiempo confirma y cuestiona el género. Eso explica, según De Maeseneer, el uso del bolero en la novela, ya que es un género conflictivo e indeciso que "incluye resistencia y aceptación". De Maeseneer ve en "esta actitud medio acomodaticia, medio rebelde" un reflejo del *crab syndrome* y explica que en la literatura de Santos-Febres no se trata de una oposición frontal, sino de un desplazamiento lateral. Concluye que esta forma oblicua de resistir se relaciona con los *queer studies* en sentido amplio y, volviendo en el tiempo, hasta con los simulacros y las ilusiones del barroco. Cabe señalar, finalmente, que en este estudio literario aparecen claramente los dos componentes de la dicotomía dulce/amargo. Ya desde el inicio, la segunda parte del título, "vestida de pena", le recuerda a De Maeseneer el bolero "Hoy mi playa se viste de amargura" y a continuación la crítica examina las formas de resistencia frente a este "panorama bastante desconsolado", "de pena" y de "desencanto". Lo dulce, en cambio, es una de las características de Ochún, la diosa del vodú haitiano con la que es asociada Sirena Selena ("brandy con miel, agua de azahar y canela"). También la imagen del "azúcar amargo" está muy presente, aunque de manera implícita, cuando De Maeseneer menciona al magnate del azúcar Graubel, cuya fortuna es descrita en la novela como "lo acumulado sobre sangre y latigazos": se trata de una acerba crítica del carácter perverso del capitalismo.

Erwin Snauwaert nos propone una combinación de un análisis narrativo con una lectura poscolonial de la novela *El mundo alucinante* de Reinaldo Arenas. La incoherencia de la estructura, las particularidades de tono y de ritmo, la variación constante de las instancias narrativas, ponen de relieve una oposición ideológica y desembocan en una inversión de la perspectiva colonial. Dentro de la diversidad de las personas narrativas –la constante variación entre primera, segunda y tercera persona– hay una preferencia por el "yo" en las últimas partes, es decir que domina más la perspectiva del héroe, fray Servando. Esta restricción de la perspectiva corresponde con una intensificación del discurso independentista del protagonista, quien ataca fuertemente el orden colonial. Por haber defendido el carácter mexicano de la Virgen de Guadalupe, Servando es expulsado. Sus peripecias lo llevan a España, donde ya no sólo denuncia los malos tratos sufridos por los mexicanos, sino que ataca a la misma madre patria (por el atraso, la corrupción y la falta de educación) y extiende sus críticas a otros países europeos, hasta Estados Unidos. En esta crítica al eurocentrismo, Snauwaert percibe una tendencia "postoccidentalista *avant la lettre*". El fraile termina cuestionando cualquier régimen opresor, de la misma manera que el autor Arenas critica la situación cubana contemporánea en su autobiografía *Antes que anochezca*, en la que "achaca las taras de Cuba, del mundo caribeño y hasta de América Latina a la 'herencia española', a la colonización". En la figura del fraile se tematiza finalmente la oposición entre la triste condición caribeña y el recurso de las letras. Esta figura alegórica encarna al mismo tiempo el fervor por la libertad y el poder de la escritura que le permite criticar cualquier gobierno autoritario. Por la superposición del personaje y del autor, Snauwaert concluye que se podría leer la novela como autobiografía. Ambos son "guerreros de lo imaginario".

En "La imaginación insubordinada: el Caribe y la cultura marginal", Myrna García-Calderón se une a los que estudian la variedad de desencuentros y desigualdades provocados por el proceso de globalización, y las maneras en que los creadores de cultura representan las múltiples historias y discursos que emergen de estos procesos. Su panorama abarca tanto textos literarios como música y cine del Caribe hispánico, que reflejan la cultura marginal caribeña, particularmente urbana. Consciente de que, debido a la fragmentación, la diversidad y el constante cambio de la región caribeña, su acercamiento siempre será parcial, García-Calderón parte de unos conceptos claves de la historiografía, sociología y filosofía contemporáneas, como la muerte de la historia, la heterotopía, la decadencia intelectual de Occidente frente al surgimiento de culturas alternativas, la descentralización del hombre como eje del universo, el relativismo y el antiestatalismo. Nos parece particularmente revelador su análisis de la noción del margen, de cómo ha sido, por un lado, rescatada y privilegiada, y por otro lado, problematizada desde diversas disciplinas: la sicología, la sociología, la teoría política, y finalmente la literatura, que ha creado discursos alternativos que no aceptan ni respetan el eje convencional y que narran la diferencia. Es en la calle, que es al mismo tiempo tanto un espacio de liberación como de desubicación, donde se sitúa la mayoría de estos textos. En el trabajo de cineastas como Colina, Sánchez y Colón, la investigadora detecta una mirada escéptica, desconfiada y crítica, sea paródica o seria, de las subculturas de drogas y de rock, de los sectores marginales donde hay carencias y donde reinan el caos y la incivilidad. También en la música hay una verdadera explosión cultural y social. Diferentes géneros como el rap y el hip hop cristalizan cambios en la tradición y muestran los complejos procesos de la multietnicidad y la multiculturalidad. Dentro del campo literario, García-Calderón se detiene primero en la obra de Pedro Juan Gutiérrez, cuya obra estremece al lector por representar lo más sórdido y desesperado de la vida cubana. Los hombres se convierten en desechos, son los verdaderos olvidados. La obra de Mayra Santos-Febres también es particular por valorar lo marginal y lo excéntrico. Su literatura, basada en la irreverencia y la transición, coloca el cuerpo en el centro de la atención. Finalmente, la narrativa de la dominicana Rita Indiana Hernández representa la ciudad prohibida e invisible de los jóvenes de los noventa: un mundo marginado de drogas y de alcohol, en el que se oponen constantemente lo real y lo virtual. García-Calderón concluye que, al hablar del Caribe, sólo se pueden usar categorías múltiples y complejas.

El tema de la globalización, punto de partida en García-Calderón, es también el foco de la atención en el texto de Jiménez Williams, quien, además, abre la perspectiva hacia el Caribe anglófono. El crítico estudia las posiciones de dos escritores caribeños, Luis Rafael Sánchez de Puerto Rico y Derek Walcott de Saint Lucia, frente al nuevo orden socio-económico-cultural planteado por la globalización. Es evidente que se trata actualmente de la hegemonía de los Estados Unidos, una nación dominante, descrita como un "sistema monolítico y homogeneizador". Jiménez Williams percibe a Sánchez y Walcott como defensores de paradigmas de identidad que "de manera antagónica a la globalización avasallante, hablan de pluralidad, heterogeneidad, internacionalismo, diáspora, soberanía y desarrollo socio-económico". Ambos autores dan a conocer la aflicción de sus pueblos y los estragos de la realidad actual. Walcott se basa en obras clásicas, pero las criolliza como en *The Odyssey*, e introduce referencias a problemáticas como el imperialismo, la esclavitud y el racismo. El Caribe en Walcott es totalmente "sincrético", como se observa en la mezcla de voces y de culturas dispares. Debido a la dislocación social y geográfica, el autor habla a menudo de la esquizofrenia de la realidad caribeña. Sin embargo, es en la figura de Odiseo, donde se ve una manera atrevida de (sobre)vivir entre los Titanes (es decir EE.UU., etc.) y al mismo tiempo de mantener su identidad. Identificarse como víctima no es suficiente, hay que resistir al opresor. Sánchez por su parte crea obras subversivas en las que se vale del lenguaje popular para hablar del "colonialismo, de la codificación del ciudadano y de la crisis de identidad del puertorriqueño". En el debate de la identidad, Sánchez alude a la "gran mentira" que vive el pueblo puertorriqueño, en particular la clase burguesa, y nos muestra un Puerto Rico de "personalidades inacabadas", incapaces de llevar una vida auténtica. El tono de Sánchez es menos positivo que el de Walcott, sobre todo cuando habla del estancamiento de Puerto Rico como colonia de EE.UU.: "el pueblo puertorriqueño se queda varado en un *Inferno* dantesco". Al denunciar el *status quo* reinante, ambos escritores, Sánchez y Walcott, participan en una lucha cultural en contra del concepto elitista de la globalización.

En el epílogo, finalmente, damos la palabra a Silvio Torres-Saillant quien escudriña con gran perspicacia la posición del Caribe frente al discurso occidental, en particular el discurso poscolonial de la academia euronorteamericana. A ésta la acusa, por un lado, de erigir un conjunto de paradigmas que tendrían que explicar todo "el mundo poscolonial" sin distinción; por otro lado, critica el menosprecio occidental por el saber caribeño y por la producción metadiscursiva de la región. El Caribe sigue siendo para Occidente una región que sólo es "un componente menor de un vasto terreno empírico" y que parece existir al margen de la civilización. Si bien Torres-Saillant no habla de amargura, percibe en el Caribe una tristeza que es muy parecida a la que observamos arriba en los tres escritores, sobre todo cuando señala que hay "un pasado catastrófico que todavía agobia" y que el mundo antillano "no pinta un cuadro promisorio". El crítico habla de "un generalizado panorama de tristeza a lo largo y lo ancho de la región", pero agrega enseguida que el drama "ha inyectado un sentido de urgencia a la tarea de discernir la historia que desemboca en tal tristeza". Al igual que en los tres escritores, esta tristeza corresponde con un deseo de convertirse en otro, lo que en este caso significa "salir". Citando a Benítez Rojo, Torres-Saillant recalca "el sentimiento triste de 'aislamiento cósmico' que nos empuja a abandonar nuestras tierras con fines de alcanzar los lugares donde 'pasan cosas de importancia mayúscula'". Frente a un cuadro tan desolador, Torres-Saillant opina que los escritores caribeños, tales como Glissant, Vega, Condé, Senior, Benítez Rojo o Brathwaite, son los que dan posibles respuestas al realizar "una búsqueda riquísima, eminentemente prometedora y totalmente necesaria". Al mismo tiempo advierte que "esa indagación puede quedar trunca si el cuerpo de conocimientos producido por la región entra acríticamente, se deja colonizar por la mirada predominante en el ámbito conceptual promovido por la academia euronorteamericana bajo el nombre de teoría poscolonial". A pesar de su colocación al final del libro, el ensayo de Torres-Saillant no cierra en absoluto la discusión, sino que abre la polémica y obliga a reflexionar y repensar varios de los conceptos problemáticos del discurso occidental.

Retomando la imagen de la cubierta, *Azúcar, algodón, cadena*, podemos concluir que, debido a la copresencia del azúcar y de la cadena, sólo puede tratarse de "azúcar amarga", la misma que la del poema de Manuel del Cabral, la misma que encontramos en los escritores estudiados en este volumen, la misma que surge esporádicamente en los textos críticos. Sin embargo, en la instalación artística de Pimentel están también los libros, y aunque son dos tomos viejos, cubiertos de polvo, su presencia sugiere una posible resistencia, sea frontal u oblicua, a cualquier forma de explotación: tanto la esclavitud de la época colonial como las formas actuales de discriminación y marginalización. Los textos a continuación nos invitan a seguir creyendo en esta fuerza maravillosa del libro, símbolo de lo imaginario y del poder de la palabra en contra de la cadena y el azúcar amargo.

Bibliografía

CIORAN, E. M. (1952): *Syllogismes de l'amertume*. Paris: Gallimard.

CURIEL, Gonzalo (2004): "Amargura (bolero)", en: <http://argentina.informatik.uni-muenchen.de/tangos/msg08391.html>, fecha de consulta: 12/03/2004.

GARCÍA LORCA, Federico (1986): *Romancero Gitano*. Madrid: Alianza Editorial.

HAYES, Floyd W. (1996): "Fanon, Oppression and Resentment: The Black Experience in the United States", en: Gordon, L. R./Sharpley-Whiting, T. D./White, R. T. (eds.): *Fanon: A Critical Reader*. Oxford: Blackwell Publishers, pp. 1-23.

HUTCHEON, Linda/Valdés, MARIO J. (eds.) (2002): *Rethinking Literary History; a Dialogue on Theory*. Oxford: Oxford University Press.

NERUDA, Pablo (1987): *Veinte poemas de amor y una canción desesperada*. Madrid: Castalia.

PALÉS MATOS, Luis (1984): *Obras. 1914-1959. Tomo I: Poesía*. Margot Arce de Vázquez (ed.). San Juan: Editorial de la Universidad de Puerto Rico.

SÁNCHEZ, Luis Rafael (1989): *La importancia de llamarse Daniel Santos*. Hanover: Ediciones Del Norte.

I. Hablan los escritores ¿guerreros?

CARIBE Y TRAVESTISMO

Mayra Santos-Febres

En el principio fue una Sirena deslizándose por las escaleras de una mansión caribeña. La mansión estaba travestida. Sus muebles de patio en mimbre filipino, sus pisos de mármol, el aire acondicionado exhalando una brisa fresca como de otras latitudes, sus lirios cala doblemente reflejados en el espejo empotrado contra la pared daban fe del sortilegio. Sirena era otro elemento de bisutería. Su cara hecha a la perfección, sus bucles, el vestido de noche con arabescos bordados eran todo de fantasía. La voz de Sirena era lo único verdadero. Con aquella voz embrujaría al público, lo transportaría hacia las regiones de lo innombrado, hacia el lugar donde se originan las tristezas que brotan de la primera violencia. La violencia fundacional, el primer latigazo del deseo...

Ésta fue la primera imagen que desató las palabras de lo que cinco años más tarde se convertiría en *Sirena Selena vestida de pena*. La novela como germen nació de otra imagen –la visión de un muchachito drogado hasta el delirio, cantando boleros y recogiendo latas por los litorales de un bar–. Esta imagen, la de la hecatombe, se fue colando por los goznes y tejidos de la primera que describí. Ambas encarnan el Caribe travestido. El dolor vestido de espectáculo, la miseria vestida de *glamour*, el grito vestido en susurro de seducción. A través de este travesti adolescente encontré mi manera de representar al Caribe; ese que viste su pena y su miseria de fantasía y exotismo para poder nombrarla, cantarla en boleros, llorarla en escena. Para develar la complejidad de las islas caribeñas debía encontrar cómo nombrarlas desde el doble eje de la seducción y la pena, de la fantasía y el ataque que afila las fauces para la venganza y la devoración. En este eje se funda su más fabulosa estrategia de supervivencia.

El travestismo caribeño es una treta de supervivencia que no ha sido muy nombrada en las literaturas ni artes de estas tierras. Ya sabía yo de "Las tretas del débil" que explora la crítica argentina Josefina Ludmer. El decir no queriendo decir que sí. El decir que se calla para nombrar el silencio, el insertar la biografía en medio de otros discursos "oficiales" cuya versión sí es aceptada y ayuda a que se oiga la voz del marginado. Ludmer descubre estas tretas en los giros retóricos que usa la monja mexicana sor Juana Inés de la Cruz cuando escribe su "Carta Atenagórica" para defenderse de los ataques que recibe de la Iglesia patriarcal capitaneada por el obispo de Puebla en el siglo XVIII. La monja mexicana nombra al cuerpo, lo pone en el centro de su discurso y lo propone como otro texto donde se puede leer su pasión por el saber (aunque es mujer y monja y, según la Iglesia, debe callar y obedecer). Pero Ludmer no ve esta treta; o más bien, no se dedica a estudiarla como otra estrategia de supervivencia y ataque ante la violencia recibida. Pero lo es, hacer del cuerpo mudo un espectáculo es otra treta del débil. Esta treta planta al cuerpo en el centro del discurso; exhibe las marcas que lo inscriben como una evidencia de la violencia que recibe el cuerpo. Muestra su cicatriz, su mutilación como una ofensa a los ojos y la "sensibilidad" del atacante. De esta manera, el cuerpo expone las marcas que inscribe el poder sobre su piel. Convierte al cuerpo en arma de ataque. Propone al cuerpo como espectáculo y dice, por ejemplo, cómo se carga con la marca indeleble de la historia y cómo la historia ha vendido ciertos cuerpos, ha herido, silenciado, renegado de ciertos cuerpos para instaurar una versión oficial de los hechos. El cuerpo es el texto que queda fuera del discurso pero que, desde su margen, narra aquello que la voz del marginado no puede pronunciar. La voz dice una cosa y el cuerpo otra. La voz es el canto de la Sirena que embelesa a otros cuerpos para llevarlos junto con el suyo al lugar de los naufragios.

Pero, ¿por qué la voz del cuerpo violentado no usa el discurso directo de la razón? ¿Por qué el cuerpo como espectáculo muestra tan oblicuamente su cicatriz? ¿Por qué la maquilla y la embellece? ¿Por qué al ocultarla la resalta? ¿Por qué el Caribe travestido canta y se maquilla en vez de gritar en denuncias su pena?

En "La simulación", el escritor cubano Severo Sarduy habla del travestismo inspirándose en las estrategias de caza y supervivencia de los insectos que cambian su apariencia para asegurar supervivencia. Explica que el travesti masculino no imita a la mujer. Para él no hay *mujer* porque sabe (y su tragedia es que nunca deja de saberlo) que él, es decir, ella es una apariencia, que su reino y la fuerza de su fetiche encubren un insalvable *defecto* de la otras veces sabia naturaleza. Por lo tanto, el travestismo humano es una aparición imaginaria y la convergencia de las tres posibilidades del mimetismo: la metamorfosis, el camuflaje y la intimidación.

A través de la metamorfosis, el travestido intenta superar el modelo, convertirse en otra cosa mejor, lograr al fin superar el defecto de su naturaleza. Pero a la vez que metamorfoseado, el travestido logra camuflar su naturaleza, protegerse de los ataques de sus depredadores, de aquellos que lo han catalogado como ser inferior, alimento animal, merecedor de desprecio y de burla. Sin embargo, ya que los afeites y el artificio no dejan de hacerse evidentes, el travestido tiene que admitir la existencia de su disfraz y usarlo como arma de defensa. Usa la desmesura de su máscara para paralizar y para aterrar, como ocurre con ciertos animales que utilizan su apariencia para cazar o para defenderse, para suplir defectos naturales o habilidades que no tienen. Travestirse es, por lo tanto, reinscribirse, borrarse e intimidar a la vez. Es saber que en el centro de la experiencia misma de lo que uno es hay un error fundacional. Que uno debería ser otra cosa, superarse en otra modalidad del ser. De ahí nace el impulso de convertirse en Otro.

La metamorfosis nunca se completa. Entonces, el travestismo se convierte o en camuflaje o en arma de intimidación. El travesti se ubica entonces en el centro del *spotlight*. Se muestra como espécimen exótico, como tierna y débil presa del deseo para entonces lograr una de dos cosas –o borrarse de la faz de la tierra entre las otras cosas exóticas y deseables o ir criando su ponzoña para el ataque venidero–. El travesti se disfraza porque si se mostrara tal cual es tan sólo encontraría su aniquilación. El travesti usa la canción y el humor del *stand-up* porque si usara el discurso lógico oficial tan sólo lograría que ese discurso lo negara. Porque un ser como él es imposible, es improbable. No se puede categorizar como animal ni como humano.

Por ello, el travesti que yo quise que representara a mi Caribe canta. A través de su voz melodiosa anuncia su pena entre las rocas; despista al timonel hacia la trampa y logra que encalle y se destruya. Sobrevive, se busca más allá. Ansía su metamorfosis imposible, escapar del defecto de haber nacido en una isla pobre, donde nadie es ni negro ni blanco, ni europeo ni asiático ni nativo ni africano, donde la identidad es una mezcla tan vertiginosa que no se puede nombrar. En el mundo de las categorías fijas, de las identidades demarcadas, de historias de liberación y fundación de estados nacionales, los caribeños nos sabemos "raros". Nos proclamamos herederos de culturas que no nos pertenecen, negamos identidades que nunca llegamos a conocer, nos sentimos ciudadanos y nativos de países en los que nunca hemos vivido. Éste es nuestro defecto, que ahora con la globalización y la discusión de culturas híbridas se nos hace más compartido con otros seres del planeta. O sea, que se nos hace menos defecto. Pero por lo mismo, nos seduce el discutir nuestra anomalía, redefinirla como estrategia de brega y supervivencia. Ahora somos muchos los travestidos en el mundo, debemos arriesgarnos a nombrar la treta. Vigilar y discutir la puesta en escena de una estrategia de defensa quizá hasta sea una manera de lograr alianzas más poderosas contra el poder que nos desplaza incluso de nuestros propios cuerpos. Ensayar una contribución "lógica", es decir, teorizar nuestro doblez y el conocimiento que palpita entre sus pliegues es otra forma de concebir el conocimiento. Nombrar este conocimiento es instaurarlo soluble y cambiante contra las fijas categorías lógicas de la razón tradicional moderna. La experiencia caribeña con la máscara y el travestismo devela el peligro de las categorías. La categoría nombra y deja afuera. La categoría es el germen mismo del doblez. Lo sabemos de cuerpo y voz. Por eso proponemos conocer desde un lugar alterno a las categorías. Proponemos conocer desde lo oblicuo, es decir desde el disfraz opaco que se ríe de la claridad de la Razón.

En sus estudios post-coloniales sobre *Narración y nación*, el teórico hindú Homi Bhabha nombró una estrategia hermana del travestismo: la parodia como treta de enfrentamiento al poder colonial. Mediante la parodia, el colonizado imita y se burla del colonizador. La risa minimiza el poder, lo critica. Esta estrategia que también nombró Fanon en su ensayo seminal *Rostros negros, máscaras blancas*, explora el doblez de la identidad colonizada. Dicho doblez ha sido llamado de muchas maneras; el "double consciousness" de W. E. B. Dubois, el "oppositional consciousness" de Chela Sandoval, lo carnavalesco en Luckács, la "differance" derridiana a niveles discursivos, la hibridez postmoderna de las identidades globales. Pero la lógica del travestismo encierra otros dilemas. La imitación paródica y la conciencia desdoblada siguen enclavadas en el pensamiento binario. De un lado está el oprimido y del otro el opresor. La parodia revela y denuncia desde el margen las instancias del poder. Pero trabaja desde el vacío del oprimido. Es decir, que el oprimido no es nadie reconocible. Su discurso es ininteligible. De hecho, tan sólo puede nombrarse, aparecer en escena a través del discurso diferido y distorsionado del Otro. Tan sólo reconoce su diferencia cuando se viste del otro, cuando toma el discurso del otro para criticarlo y burlarse de él.

El travestismo es más que parodia; es la parodia de la parodia. El travestismo atraviesa el discurso del poderoso Otro para señalar hacia otro punto de partida, un punto que no está vacío; ya ha desarrollado una identidad. Su identidad es opaca, contradictoria, pero suya. Nació precisamente de la parodia. El travesti se sabe de antemano negado, y se disfraza para borrar, cancelar y a la vez exagerar con un disfraz otro disfraz.

En el Caribe, el travestismo es rey de las puestas en escena de la cultura popular. Los carnavales son escenario preferido para que los hombres se vistan de mujeres. En el de Santiago Apóstol, en Puerto Rico, el personaje de la "loca" no puede faltar en toda procesión. En la República Dominicana, hombres negros del gagá visten amplias faldas rojas de las que pende un falo enorme y blanco que pasean por las calles de Baní, La Romana, Santiago. Así llaman a la suerte, a la fertilidad y espantan a los malos espíritus. Los secretos espectáculos del cabaré travesti de Cuba y los más comercializados y turísticos de Santo Domingo y Puerto Rico son otro de los escenarios preferidos para mostrar la vitalidad del personaje del travesti. Ponen en escena y le dan cuerpo a esta doble hibridez, al encuentro de lo imposible en un solo cuerpo.

Así nombran una inversión del poder. El hombre se viste de mujer para feminizar –es decir, negar–, hacer risible su dudosa masculinidad, su problemática pertenencia al poder patriarcal. El colonialismo no ha dejado que el patriarcado se despliegue y desarrolle con toda su fuerza en el Caribe, para bien y para mal nuestro. Para bien, porque las mujeres caribeñas podemos escaparnos con mayor soltura por entre las grietas de un patriarcado nativo muy frágil, muy dependiente de las estructuras importadas de los países coloniales. Para mal, porque la hombría vive demasiado consciente de su fragilidad y por tanto a veces escoge la violencia para imponerse. Para bien, porque al ser tan frágil muchas masculinidades caribeñas pueden reconfigurarse de otras maneras, ser más porosas y maleables, reírse de sí mismas. Para mal porque la risa falla a veces y sigue guardando y magnificando la frustración.

El travestismo caribeño es complejo. No se da tan sólo en el eje del género. En la mayoría de los casos son dos los ejes que pasan por la transformación travesti ?el del género y también el de la raza?. Muchas veces es un hombre negro, mulato, o jabado el que se quiere vestir de mujer blanca. No hace más que practicar uno de los *performances* más cotidianos del Caribe, el del *passing*, el hacer pasar gato negro por liebre blanca, ese enmascarado racial que tanto determina el imaginario de las sociedades pigmentocratizadas. La pigmentocracia, como bien definiera Sidney Mintz, instaura una pirámide de poder y privilegio basada en las tonalidades de la piel de los habitantes de las sociedades ex-esclavistas. Ya que en el Caribe la pureza es elusiva y la hibridez inconmensurable, los de tez más "clara" reciben, reclaman y defienden privilegios de clase que se intersectan las más de las veces con privilegios de raza. Los más "oscuros" buscan "mejorar la raza" a través de untos que aclaren la piel, o bien a través de afeites (alisados, operaciones de nariz y liposucciones, tintes de pelo, lentes de contacto, cremas aclaradoras) que encubran lo más posible el *defecto* de ser negro. El cuerpo oscuro se traviste de blanco, no para parodiarlo, sino para intentar una metamorfosis. Para convertir la oruga en mariposa. La metamorfosis nunca se hace completa. Ni aun a lo largo de generaciones de blanqueamiento, lo negro termina por convertirse en blanco. Porque aun la apariencia blanca revela su costura cultural –esa condición caribeña que instaura la identidad en la mezcla–. Los blancos caribeños nunca pueden pasar por europeos. Muchos viven día a día la nostalgia de lo que nunca fueron ni podrán llegar a ser. Anhelan la determinación identitaria de sus abuelos que sí fueron holandeses, gallegos, alemanes, franceses o italianos –eso imaginan–. Ellos, en cambio, son y siempre serán blancos menores, blancos sospechosos, negros en potencia. Desde los inicios, la colonización configuró una categoría que los separa –indianos, latinos, criollos–. Por ello son un ser a medio camino entre lo blanco y lo negro, anhelando una cultura de la que se saben de entrada desposeídos. El escritor puertorriqueño Edgardo Rodríguez Juliá define este estado en su ensayo *Caribeños*:

> Pero ocurre que la marginalidad vuelve problemática a la propia tradición, haciéndola borrosa aun cuando sea visible, colocándola junto a otras tradiciones que también reclaman la atención del (escritor) marginado... La marginalidad significa llevar el peso de muchos sobre los hombros. Es el pobre chico infeliz que pega las narices al cristal de la confitería; tanta abundancia en los escaparates le resulta cercana y a la vez distante; aún apropiándose de ella a través de los ojos y la imaginación, nunca será suya del todo (Rodríguez Juliá 2002: 65-66).

Ésta es la tragedia que el caribeño (negro, mulato, jabado o blanco) quiere superar, la violencia fundacional, el latigazo del deseo. Es una tragedia alimentada por el discurso mismo que propulsó la identidad caribeña como identidad regional, nacional, moderna. Es decir, que se encuentra en el centro mismo del pensamiento lineal, lógico de la razón occidental y su manera de concebir la Historia. Edouard Glissant apunta hacia el conflicto, discutiendo desde la lógica de lo ilegítimo. Toda Historia es el recuento de filiaciones, de árboles genealógicos que trazan a lo largo del tiempo y del espacio una línea de sucesión y legitimidad. La ilegitimidad atenta con disolver una comunidad. Si se rompe la línea de legitimidad, la cadena de filiaciones deja de significar y la comunidad deambula por el mundo sin poder reclamar ninguna necesidad primaria. Cualquier acción trágica absorbe este desequilibrio. El travestismo es una acción trágica que pone en escena y le da cuerpo a la lógica de lo ilegítimo. Apunta hacia lo que Glissant proclama como el contrapeso de la lógica de la legitimidad –que es la lógica de la transversalidad o las poéticas de la relación–. A través de lo transversal, lo lineal se ramifica. Abandona la violencia de lo lineal, de las categorías que excluyen todo lo híbrido a favor de lo puro. En las sociedades heterogéneas del Caribe, lo transversal y relacional propone una síntesis que se logra no a través de la reunión, sino a través de la expansión. Es decir, que la linealidad es totalmente reemplazada por la contingencia de lo diverso. Y, dice el sabio Glissant, aquello que protege lo diverso es la OPACIDAD. El travestismo caribeño parte no del vacío paródico, ni de la hibridez sintética que reinstaura la linealidad de lo legítimo, sino de la opacidad de aquello que se muestra mudo pero presente en el cuerpo por debajo de la voz y del discurso. La opacidad no es la canción, sino el tono de la voz –es lo único verdadero–, aun en su *falsetto*. De esta manera, el travestismo caribeño no señala hacia el exceso de especificidades, sino hacia las libres conexiones entre dichas especificidades, soñando con anular con esta libertad de conexiones y relaciones el caos de sus confrontaciones, la violencia lineal que las funda en las islas y en el cuerpo.

Ésta es la lógica del travestismo caribeño. Es por eso que en su tenebroso poema "Vestido de novia" el poeta cubano Norge Espinosa define al travestido como un ser que conecta la pureza con la abyección, el espectáculo con la opacidad y la parodia con la develación:

De quién   a quién habrá robado ese gesto   esa veleidad
Esos párpados amarillos esa voz que alguna vez fue de las sirenas.
Quién
Le va a apagar la luz bajo la cama   y le pintará los senos con que sueña
Quién le pintará las alas a este mal ángel   hecho para las burlas
Si a sus alas las condenó el viento   y gimen
Quién   quién le va a desvestir   sobre qué hierba o pañuelo
Para abofetearle el vientre   para escupirle las piernas
A este muchacho de cabello crecido   así   vestido de novia.

"Así" es lo intraducible del gesto, lo intraducible del cuerpo que se presenta como presa y espectáculo para la burla, la abyección, el deseo y el sueño de ser otro. "Así", ese adverbio, es una manera de nombrar lo caribeño. Como concluye Benítez Rojo en su ensayo teórico *La isla que se repite*, lo caribeño es un andar "de cierta manera", una manera de ser y estar en el cuerpo que se resiste a la categorización lógica y que protege su opacidad y por lo tanto su diferencia. El travestismo es una manera de protegerse haciendo múltiple al cuerpo, menos legible en una sola línea. De esa manera el travestismo obliga a suspender la lógica de lo real, reemplazarla con la lógica de lo probable. Embruja al auditorio. Lo obliga a aceptar lo múltiple como motivo de celebración y como defensa y amenaza. Infecta de "anormalidad", de "ilegitimidad" a todo el que presencia la hazaña. A través del afeite revela opacamente la herida. Hace que el auditorio reconozca las suyas, ésas que palpitan escondidas bajo sus disfraces cotidianos tan negados y tan reales.

En el principio fue un montículo de materia, un cuerpo quizá, deslizándose entre las aguas del mar. Alguien gritó "Isla" y nació el Caribe, alguien deseó aquella carne y la convirtió en monstruo, en Sirena. La Sirena aceptó su fantasía, y la convirtió en su disfraz. Lúdica, seductora y amarga educó su voz para que cantara la pena de todos los naufragios que le habían imputado. Convirtió su pena en simulacro y el simulacro de su voz en trampa que causó más hecatombes. El mar se pobló de náufragos y de sirenas, fueron tantos que ya es imposible distinguir quiénes son las víctimas y quiénes los monstruos causantes de tanto llanto.

Bibliografía

BENÍTEZ ROJO, Antonio (1989): *La isla que se repite. El Caribe y la perspectiva posmoderna*. Hanover: Ediciones del Norte.

BHABHA, Homi (1990): *Nation and Narration*. London: Routledge.

CRUZ, sor Juana Inés de la (1976): *Obras completas*. México: Fondo de Cultura Económica.

ESPINOSA, Norge (1995): "Vestido de novia", en: Sánchez Mejías, Rolando (comp.): *Mapa imaginario. 26 nuevos poetas cubanos*. La Habana: Embajada de Francia e Instituto Cubano del Libro, s. p.

FANON, Frantz (1995): *Peau noire, masques blancs*. Paris: Seuil.

GLISSANT, Edouard (1989): *Caribbean Discourse: Selected Essays*; translated and with an introduction by J. Michael Dash. Charlottesville : University Press of Virginia.

LUDMER, Josefina (1985): "Las tretas del débil", en: González, Patricia Elena/Ortega, Eliana (eds.): *La sartén por el mango: encuentro de escritoras latinoamericanas*. Río Piedras: Huracán, pp. 47-54.

RODRÍGUEZ JULIÁ, Edgardo (2002): *Caribeños*. San Juan: Editorial del Instituto de Cultura Puertorriqueña.

SANTOS-FEBRES, Mayra (2000): *Sirena Selena vestida de pena*. Barcelona: Mondadori.

SARDUY, Severo (1999): "La simulación", en: *Obra completa*. Guerrero, Gustavo/Wahl, François (coords.), Paris: ALLCA XX/Archivos, Tomo II: pp. 1263-1316.

"Nosotros avanzamos retrocediendo". Entrevista con René Vásquez Díaz (Amberes, 26 de septiembre de 2003)

Rita De Maeseneer (RDM)/Elke Heyligen (EH)
Universiteit Antwerpen

EH: Abundan los elementos históricos en sus novelas. En su trilogía [*La era imaginaria*; *La isla del Cundeamor*, *Un amor que se nos va*] se detiene en ciertos episodios que pertenecen todos a la Revolución. ¿Por qué esta elección?

RVD: La herencia cultural, política e histórica de Cuba es la esencia de mi escritura. En mi trilogía me propuse ilustrar a través de unos destinos humanos lo que es el drama de mi generación, como lo entiendo yo, el trauma incluso de mi generación, que es la dispersión, la ruptura, y al mismo tiempo la enorme gama de posibilidades que nos ofreció la Revolución Cubana. Para bien y para mal. Y cuando hablo de dispersión, pues hablo de lo que hoy en día se llama la diáspora cubana: la gente que se iba, las diferentes oleadas de cubanos que abandonaban Cuba, tanto gente de la clase media... Al principio hubo muchos ricos, pero después también los pescadores, la gente común y corriente. En esta trilogía me detengo en algunos hechos de la historia de Cuba que para mí son muy importantes a la hora de entender quiénes somos, adónde vamos, qué podríamos hacer para mejorar nuestra situación. Y esos hechos casi siempre tienen que ver con la Revolución. Yo estoy muy marcado por la Revolución Cubana, porque soy un producto de ella. Si no hubiera habido Revolución, yo hubiera estudiado en un colegio católico, por ejemplo, en los Hermanos Maristas. Probablemente no me hubiera quedado en Cuba, me hubiera ido a trabajar en Estados Unidos como todos mis primos. Pues yo quise hacer una trilogía de libros independientes, pero al mismo tiempo interconectados con imágenes y, repito, por destinos humanos. O sea, tres libros que se pudiesen leer como unidades absolutamente independientes, pero que al mismo tiempo estuviesen conectados de una manera soterrada por el destino de los personajes y de Cuba. Entonces, yo creo que los hechos históricos a los que yo aludo en la trilogía son elementos de conexión histórica.

Además, ustedes tienen que tener muy en cuenta la dimensión pueblerina de la trilogía. Se trata de personajes de los pequeños pueblos olvidados de Cuba, los pueblos polvorientos, sobre todo junto a la costa. La pregunta es:

¿cómo han vivido todo este proceso? Como soy oriundo de un pequeño pueblo [RDM: *Caibarién*], esa mentalidad pueblerina me interesó mucho literariamente, porque en los pequeños pueblos se repiten todos los días los grandes dramas griegos, sólo que sin tramoya y sin grandes escenografías. Pero la sangre es igual: es roja y corre. Y el sufrimiento de la gente es el mismo. Los cuchillos entran y salen de los cuerpos. La gente se enferma igual. Entonces me propuse concentrarme en esa mentalidad, en el avanzar día a día de la gente de los pueblos.

EH: En *La Era Imaginaria* Nicotiano va a Miami con su tía, en *Un amor que se nos va* Oracio quiere ir a Miami. ¿Es tan importante y tan real el sueño de Miami?

RVD: Es muy difícil para los que no son cubanos entender la obsesión que existe en Cuba desde los años sesenta con respecto a Miami. No es un sueño ni es una pesadilla, es una Obsesión, con O mayúscula. ¿Por qué? Porque la Revolución Cubana singularizó a Cuba de una manera muy dramática con respecto a Estados Unidos y nos hizo totalmente diferentes del resto de los latinoamericanos. No hubo puentes de la libertad con la dictadura de Duvalier, de Somoza, con dictadores posteriores, pero sí hubo puentes de la libertad para Cuba. El puente de la libertad fue uno de los tantos programas de los norteamericanos para desacreditar a la Revolución Cubana. Sucede algo insólito en Latinoamérica y es que la gran potencia de pronto le dice a la población de un país pequeño que hasta hacía poco tiempo había sido una especie de protectorado, una especie de colonia: "Bueno, aquí tienen unos aviones para literalmente vaciar la isla, tenemos las puertas abiertas para ustedes".

Desde el principio Miami se convirtió en un sueño. ¿Por qué? Por primera vez en la historia de Cuba la gente común y corriente podía irse de su país, salir de sus condiciones de existencia, que casi siempre eran precarias, e iniciar una nueva vida en el Norte. Observa que la palabra "Norte" se hizo simbólica, por ejemplo, en los pueblos del interior la gente todavía hoy no dice: "Fulano se fue para Miami"; dicen: "Se fue para el Norte". Entonces poco a poco, y esto comenzó muy pronto, los cubanos que llegaban allí, sobre todo los de clase baja, gente pobre, ?pescadores, panaderos, delincuentes? enviaban fotos con dos y tres autos en Miami, con una casa, aunque no fuese de ellos. Se retrataban delante de un chalet muy bonito con palmas y con frontispicios griegos como los hay en Miami. Entonces la gente en los pueblos se quedaba absolutamente deslumbrada de lo que uno podía hacer en muy poco tiempo en el Norte. Al mismo tiempo las dificultades creadas por la Revolución y las exigencias de la Revolución se hacían cada vez mayores. Para muchos la Revolución se hizo irrespirable por la falta de libertades individuales, por la escasez, por la falta de comida y por las exigencias de la Revolución de que uno se integrara a ella. Mucha gente no lo soportó. Pero había una puerta abierta en algún sitio. Y si uno no se podía ir por la vía legal, agarraba un barco y se iba.

EH: ¿En cuanto a su novela *Fredrika en el paraíso* que se sitúa en el siglo XIX, cree que la distancia entre Cuba y Suecia/Europa del siglo XIX era más grande que actualmente?

RVD: En el caso de Fredrika, lo que más le choca en Cuba es el sistema injusto de la esclavitud, la situación dramática de los negros. Y después, la naturaleza cubana que la deslumbra. Para ella es una revolución erótica, enfrentarse con la naturaleza de Cuba que es una naturaleza muy exuberante, pero al mismo tiempo muy suave. En Cuba no tienes esa selva salvaje del continente, no hay ningún animal peligroso, verdaderamente letal que te pueda envenenar. Las formas y los colores del campo son muy inspirantes, muy suaves. El campo actualmente es igual, sigue idéntico para el que quiera disfrutar del paisaje y de los detalles de la naturaleza, las flores, el mar... Luego, Cuba sigue siendo un país en pie de guerra. Hay muchas similitudes, aunque muchos no quieren aceptar que Cuba, después de cuarenta años, es un país asediado, en pie de guerra, al que le han impuesto la violencia. La ley Helms-Burton promulgada por Estados Unidos prácticamente es una declaración de guerra que genera una situación de represión dentro de Cuba. Además, el ansia cubana por la independencia sigue siendo la misma. Y todavía existen los diferentes grupos, incluso los grupos que preconizan el anexionismo a Estados Unidos. Yo suelo decir que en Estados Unidos ya hay cubanos que están anexados, anexados en el cuerpo. Han vivido tantos años dentro del monstruo que ya son parte de sus entrañas. Y el trauma nuestro también es que ellos creen que al regresar pueden instaurar en Cuba una especie de Miami en miniatura, un Miami simbólico. No puede ser, porque Cuba es el producto de otras fuerzas históricas y de otras ansias. Yo escribí esa novela histórica para investigar el presente. Esto lo puedo decir con toda honestidad.

EH: ¿Quién es la persona más cubana en su obra y cómo definiría la cubanía/cubanidad?

RVD: A mí me parece que no puedo singularizar a un solo personaje, pero sí podría mencionar a algunos, como la miliciana en *La Era Imaginaria*, o la tía Ulalume desde una dimensión un poco más mítica y nubosa. Y después, a mí me parece que Nicotiano es muy cubano. Todo el mundo dice lo contrario. Lo que pasa con Nicotiano es que él no sabe que lo es. Él lleva una identidad cubana muy arraigada, pero esa identidad la ha sublimado, y la ha reprimido. Es un hombre herido desde el principio. Es un hombre que ni siquiera sabe cómo funcionan los boleros. Y cuando le da una serenata a su novia, le dicen que los boleros pueden ser pérfidos, pueden ser reconciliadores, pueden ser acariciantes y él se queda absolutamente bobo. Y por eso el mundo se le cae encima. Él vivía en función de una mujer. La mujer lo dejó y se le fue. Se cayó de la balsa, como dicen los cubanos. Y el mundo se le cayó encima. Pero yo veo a Nicotiano como muy cubano. Es el típico cubano extraviado y por eso muere como muere [RDM: *muere arrollado por un coche en unos disturbios de negros después de haber sido apaleado*]. Lo que cubaniza a Nicotiano es su relación con las mujeres, su modo de reprimir su identidad cubana, su energía para escapar de sí mismo en lo que está haciendo con los cangrejos. Es un hombre que literalmente se esconde detrás de una era imaginaria, se esconde detrás de un imposible: trabajar, trabajar, trabajar... Y eso lo hacemos muchos de nosotros. De tanto querer no perdernos y no dejar de ser lo que somos, nos perdemos totalmente. Lo que le pasa a Nicotiano es que él trata de huir de su propia situación. Nicotiano en el fondo tal vez no quería irse. Entonces se enquistó en una realidad absolutamente ficticia y cuando lo obligan a tomar conciencia y hacer contacto con esa realidad ajena de Miami, se da cuenta de que es cubano y que no está de acuerdo con su situación vital, existencial.

Claro, Betty Boop es muy cubana también. Es una mujer rara que se inventa su propia ceremonia de santería en la habitación de un hotel norteamericano con un clavo y con un dólar que le robó a Kupiec. Ella trata de ser cubana en doble. Esto también es algo del exilio, de no mezclarnos: no ser americanos, no ser suecos, no ser españoles, vivir siempre en oposición continua con la sociedad que nos recibe. Y al final no podemos evitarlo, cambiamos, nos transformamos. Cambiamos de orgasmos, cambiamos de odios, cambiamos de amores, cambiamos de todo.

EH: En *Un amor que se nos va* Oracio tiene una relación extraña, bastante conflictiva, con su padre Mofeta, un jefe de seguridad bajo Castro. ¿Esta situación tiene una base autobiográfica?

RVD: Sí, es autobiográfica en el sentido de que hago una especie de exorcismo, ahora que ya estoy viejo y que mi padre está muerto y que he logrado entender un poco mejor cuál fue mi relación con él, o mi no-relación con él. Tuve una relación muy azarosa y muy mala con mi propio padre. Mi padre fue un hombre muy cobarde. La que llevaba los pantalones en mi casa era mi mamá en el sentido de que ella era la que resolvía las cosas importantes para la vida. Mi papá creía que con ir al trabajo y volver ya lo había hecho todo. Entonces yo, durante mi primera adolescencia, fui muy infeliz en cuanto a mi relación con mi papá. Cuando volví a Cuba después de diez años durante los cuales las autoridades cubanas no me dejaron volver, me di cuenta de que de una manera inevitable empezamos a discutir el mismo punto que habíamos dejado diez años antes en la discusión. Y era muy amarga, porque él me lo reprochaba todo, que yo me hubiese ido a Polonia, él no quería que yo estudiara, por ejemplo, él quería tenerme cerca de él. Dijo: "Para mí, yo prefiero que seas un pescador, porque te quiero tener aquí cerca de mí". Y eso era imposible. Yo tenía mis propias ideas, yo quería ser un hombre libre.

Lo que hago con Mofeta en el libro es sublimar todo esto y hacer una especie de exorcismo, como ya he dicho. Mofeta ya era un personaje que tengo desde *La Era Imaginaria* y con Mofeta hubo problemas, porque Repelo y él se llevaban mal. Además Mofeta era negro. En mi libro voy al punto neurálgico de la sociedad cubana actual que es el papel muy importante de la Seguridad del Estado. Cuba se parece mucho, por ejemplo, a Israel en el sentido de que es un país que supedita la seguridad nacional al bienestar de sus ciudadanos, en muchos sentidos. Le doy voz a un personaje que dentro de Cuba y fuera de Cuba es un personaje apestado, una especie de apestado moral, ya que pertenece a la Seguridad del Estado. Trato de humanizar todo esto y también le doy una voz de una manera un poco polifónica. Dejo también que él se defienda en las acusaciones que le hace su hijo y que por lo tanto le está haciendo la sociedad cubana. Hay un momento en que él le dice: "¿Pero cómo tú puedes crear una sociedad llena de policías? Hay gente que dice aquí que tú eres el que conculca sus libertades". Y entonces responde: "Sí, es verdad, no habrá libertades para destruir a la Revolución. Tendrán que pelear como peleamos nosotros para construirla". Dentro de Cuba hay unas fuerzas absolutamente decididas a no dejar que su Revolución sea derrotada en las urnas como sucedió en Nicaragua, ni derrotada por la presión exterior, ni derrotada por lo que ellos llaman los grupúsculos interiores. Así lo que hago, también, es dar parte de mi experiencia. Yo creo que la literatura, la verdadera literatura, es transformación de la experiencia humana. Transformación en lenguaje, transformación en imágenes, transformación en anécdotas. Y yo transformo mi experiencia.

Volviendo a la relación con el padre, no sé si ustedes notaron este detalle que hay un epígrafe de la carta de Kafka al padre, que es un documento desgarrador. Parece que nunca la envió y que el padre nunca la leyó. A mí me sirvió mucho de inspiración para entender mi propia situación y la situación un poco simbólica de los cubanos que han tenido que vivir bajo el influjo de un hombre tan fuerte como Fidel Castro. Yo creo que la alegoría es bastante clara.

EH: Muchas veces usted describe la comida cubana en sus obras y también ha publicado un libro de cocina comentado, *El sabor de Cuba*. ¿Qué importancia tiene en la cultura cubana y en su vida privada?

RVD: Es que la comida en Cuba es un trauma enorme. Antes de la Revolución una minoría de cubanos comía fastuosamente y una gran mayoría comía muy mal o nada. Eso está demostrado. Ahora bien, en todas las familias y en los pueblos, se hacían unos banquetes que reflejaban en realidad la esencia de la cultura cubana que es una mezcla de refinamiento y de vulgaridad. No sé si me equivoco, pero es la visión que tengo de la cultura cubana, incluso, de la identidad cubana. Es una mezcla de refinamiento y de vulgaridad, de ternura y de impulsividad destructiva. Los cubanos podemos ser muy tiernos, pero podemos ser implacables. Tres cubanos juntos pueden ser un ejército. Hay también quien ha dicho de los cubanos que es muy fácil reunirnos, para cualquier cosa, pero unirnos es imposible. Y ése es uno de los milagros que ha logrado Fidel Castro. Unirnos en torno a ciertas ideas, de modo positivo y de modo negativo. O sea, Fidel Castro curiosamente nos ha unido a los que lo defienden y ha unido a los que lo atacan. Se nota que él sigue siendo el centro. Es una era imaginaria, Fidel Castro. Merecería la pena estudiarlo así. Se ha metido dentro de todos nosotros y de nuestra época para condicionar nuestra manera de actuar en la vida.

Pero volvamos a la comida. La comida se volvió un trauma. ¿Por qué? La Revolución destruyó la finura del acto de cocinar. A la vez, dio comida a todo el mundo, comida mal hecha, comida de baja calidad, pero una comida que como alimento funcionaba para crear generaciones de cubanos mucho más sanos que el resto de los latinoamericanos. Se perdió la dimensión del gozo del acto de cocinar, la dimensión de fiesta de la comida. La gente comía en los comedores públicos, laborales y escolares. La comida nunca costaba nada. Pero siempre estaba mal hecha, era una comida casi de fábrica. Al mismo tiempo se había instaurado la tarjeta de racionamiento para inspirar y atizar esta obsesión con la comida. Estoy convencido de que mi tía –la que es el modelo de la tía Ulalume– se fue de Cuba porque tuvo que deshacerse de todo aquel placer de estar merodeando las cacerolas todo un día y de invitar a gente a que comiera en su casa, porque no había comida sencillamente y había que luchar mucho por eso. Entonces en mi libro de cocina y en mis novelas he tratado de rescatar una tradición que existía antes, tanto a nivel de pueblo como a nivel de las clases superiores. Es una labor de rescate de una tradición.

EH: ¿Cómo explicaría el humor en sus libros?

RVD: Yo creo que el humor en mis libros, en primer lugar, es algo que llevo dentro. Soy un hombre humorístico. Después del acto de comer y el acto sexual, reír es lo que más felicidad me da. Me siento muy feliz riéndome y cuando la gente está alegre. Me gusta este juego ingenioso de las ideas y las anécdotas graciosas. Pero, al mismo tiempo, de una manera más artesanal y por lo tanto más consciente, es una estrategia para aliviar un poco ese flujo de tristeza y de zozobra que subyace en casi todo lo que yo cuento.

RDM: ¿Lo relacionaría con el choteo cubano?

RVD: El choteo cubano puede ser muy hiriente y negativo. En muchas épocas en Cuba fue utilizado para enanizar a los demás, para aplastarlo todo, para nivelarlo todo y que nadie se pudiera destacar, sobre todo en el plano intelectual. Yo procuro usar el humor y también el sarcasmo cuando quiero ser malo e incluso maligno con algún personaje. Por ejemplo, en mi última novela, *Un amor que se nos va*, usé toda mi artillería en contra del cura del pueblo, el curita que se llama Crismendo. Y al final lo trato tan mal que las descripciones se vuelven humorísticas. Esta manera de escribir es muy cubana, pero también la aprendí muy jovencito de Valle-Inclán. Para mí haber leído a Valle-Inclán tan joven fue incluso dañino, porque me influyó profundamente su manera sarcástica y demencial –esperpéntica– de describir una realidad donde todo el mundo es grotesco y se retuerce al máximo.

RDM: En su trilogía casi siempre hay un loco: Jesús en *La Era Imaginaria*, Nicotiano, un marginado obsesionado, en *La isla del Cundeamor*, Orapronobis de *Un amor que se nos va* que ha estado en un manicomio. ¿Por qué esta fascinación por la locura?

RVD: Cuando era pequeño, en mi pueblo los locos andaban sueltos, como en muchos países latinoamericanos. Y hablaban solos. Me acuerdo de dos, una mujer y un hombre esquizofrénico, Manuel. Eran muy tranquilos y recuerdo que mi mamá me daba comida para que yo la llevara a los locos de la esquina. Ellos comían allí y hablaban y decían las cosas que nadie decía. Ésa fue mi primera impresión de la locura. Después, en Suecia, pasé un cursillo de asistente de locos y me puse a trabajar un año y pico en una clínica experimental. Y allí vi de cerca lo que es la esquizofrenia. La escena de mi novela en la cual el loco, Oracio, le lanza un plato de comida al doctor, me sucedió a mí. Casi no tuve que inventar nada. Y me sucedió con un chico, Per, que es esquizofrénico. Yo nunca he visto un joven tan brillante como ése. Podía recitar a Strindberg de memoria. Era capaz de hacer unos análisis tremendos de la obra de Nietzsche. A la vez era una bomba de tiempo. Él llevaba dentro de sí un tic-tac, estaba programado para matar a alguien algún día o matarse a sí mismo. Creo que el tiempo que pasé allí en esa pequeña clínica fue definitivo para mí y me ayudó mucho a escribir la novela.

La locura tiene una dimensión simbólica. Como el loco no tiene una sola razón, puede usarla como le dé gana. Es el caso de Oracio. El síntoma de su locura, además de todas las alucinaciones que tiene, es que quiere matar a su padre, a su doctor, y amar a todas las mujeres. Él es incapaz incluso de condenar a su hermana cuando se prostituyó. Siempre está tratando de proteger a todas las mujeres quizás por el hecho de que su mamá se suicidó. Además, veo la locura un poco como Foucault, como el síntoma de una rebelión. Hay un inconformismo y hay algo que se rompió dentro del loco con respecto a su relación con la sociedad.

RDM: ¿Sería posible considerar la presencia de la locura como una de las maneras de acercarse a la compleja situación cubana? Usted es de una isla, en un "asilo/manicomio" están los locos. No difieren mucho las dos palabras. Además un loco es diaspórico, muchas veces deambula, no tiene lugar.

RVD: Es muy acertado lo que dices. Yo no lo había pensado así, pero es verdad, un asilo en la isla. Aislarse, asilarse. Sí... El loco de *Un amor que se nos va* es el que cuenta las cosas en la novela, es muy importante. La visión de Cuba se da a través de él. Y él dice cosas que están en contra de todo. Dice, por ejemplo, que Cuba no es un país solar, que debe ser un país lunar. En realidad es una locura, porque en Cuba el sol es lo más cantado y lo más alabado. Y él se opone a todo, todo lo vira al revés. Y se burla de todo eso, ya que respecto a un verso de Martí de "Los zapaticos de Rosa" dice: "Hay sol bueno y mar de espuma. Eso lo convertiremos en un eslogan turístico". Incluso hay otras vertientes de la locura si pienso en la loca Fructidora. Fructidora es la fidelista confesional de esta novela, la que tiene un afiche de Fidel dentro de un armario. Todos los días habla con él, sobre todo cuando tiene angustia, cuando se siente mal. Y eso es lo único que la ayuda a parar su locura. Cuando ella se cree en su demencia que ya Fidel se está muriendo, porque el afiche se está desmembrando dentro del armario, ella es capaz de crear unas imágenes muy siniestras: dice que la casa se está llenando de insectos, que cuando abre el grifo no sale agua sino azufre, que sueña con un puerco blanco encadenado y ensangrentado, etcétera. O sea, lo que ella ve, cuando se cree que se está quedando sin Fidel, es el vacío y no sabe qué pasará cuando ya no tenga a este hombre que la representa de algún modo.

RDM: ¿Por qué Nicotiano hace cangrejos? Basándome en una teoría del antropólogo puertorriqueño Seda-Bonilla sobre la *crab-condition* de los puertorriqueños, me preguntaba si esculpir cangrejos podría expresar una manera de 'bregar' con los problemas no de manera directa, sino de lado, de manera oblicua. En una de sus entrevistas Mayra Santos-Febres comenta también que busca maneras de enfrentarse a los problemas de una manera oblicua. Y creo que usted también lo hace teniendo a un loco como narrador y problematizando las dicotomías que se suelen manejar en relación a Cuba. Entonces el cangrejo a mí me parecía como una especie de imagen obsesiva que se remonta a esta idea.

RVD: Yo estoy de acuerdo. Pero la presencia obsesiva de los cangrejos en esos libros obedece también a una experiencia personal. En el pueblo donde yo vivo, a todos los que provenimos de allí nos dicen los cangrejeros. O sea, ser de Caibarién es ser un cangrejero. ¿Por qué? Pues... es un pueblo que está lleno de cangrejos. Literalmente, hay momentos después de la lluvia, después de la pleamar, después de una tormenta, una turbonada muy grande, que las calles se llenan de cangrejos y los autos los aplastan. A la entrada del pueblo de Caibarién hay una escultura de un cangrejo de gran tamaño. Es algo muy auténtico, muy arraigado lo que hace Nicotiano. Cuando él se dedica a esculpir única y exclusivamente cangrejos, no es porque quiera, sino porque de modo compulsivo, cada vez que agarra una piedra, le sale un cangrejo. Incluso hay una escena en la que Nicotiano está fumando su tabaco y mira la luna llena y dice: "Ay, me gustaría esculpir la luna y convertirla en un cangrejo" (*se ríe*). Lo que está haciendo es sin saberlo arraigarse todavía más en una realidad y una tradición que él tuvo que dejar, que es la realidad cangrejera, lugareña del pueblito en el que nació y en el que tuvo que crecer y del que se desarraigó. Y al mismo tiempo, esto es muy importante también, hay una dimensión de monstruosidad en los cangrejos, una dimensión de cosa terrorífica. Los cangrejos no son animales suaves, son unos bichos raros que tienen pinzas, muelas, patas que hincan, y que además caminan de lado, o sea, que rehuyen. Hay alguien incluso en la novela que lo dice: avanzamos hacia atrás como el cangrejo.

RDM: Bueno, todo eso me hizo pensar precisamente en su manera 'jueyera' de percibir las cosas, que también se puede observar en Puerto Rico. Por eso es muy interesante lo que acaba de decir: el cangrejo tiene una referencia a raíces y a la vez combina *routes* y *roots*, caminos y raíces.

RVD: Exacto. Al terminar la trilogía, yo dejo detrás de mí esa realidad que quise expresar y que queda plasmada en tres libros que son como la huella de un cangrejo en la arena: primero en Cuba, después en Miami y al final de nuevo en la isla, como imagen de un posible regreso. Quise que Ulalume volviese y que lo hiciera como un cangrejo de Nicotiano, y que ese cangrejo monumental fuese desvelado allí, en Villalona, nada menos que por Yoya la Miliciana, y que quedara en el pueblo como símbolo eterno de que nosotros avanzamos retrocediendo (*se ríe*).

Sombras del sol

Denis Henriquez

Una nave entra en el puerto de la isla de Curazao. El joven holandés a bordo, Frits Ruprecht, pasea su mirada sobre el paisaje árido, observa los dulces colores de las casas de estilo colonial y medita. Sus padres han muerto, ahora es el heredero de su fortuna. Ha vuelto para encargarse de la propiedad de sus padres, aunque ésta no es la razón más importante de su regreso. "Quisiera vivir con una negra", nos confiesa. "La llamaré: mi hermana la negra. En Europa odio las caras pálidas de miradas frías como las de los peces, que carecen de la simpatía fraternal" (Debrot 1978: 5)[1]. Se cumple su deseo cuando se encuentra con la negra María en la mansión de su padre. Ella es la que se ocupa de la casa y le recuerda sus años de niñez. Cae la noche, brota la pasión y se abrazan. Pero el fuego se transforma en hielo cuando aparece el viejo mayordomo Wancho y en voz alta rompe el hechizo del amor naciente revelándole que María es nada menos que la hija de su padre. ¡Bienvenidos al Caribe, señores y señoras, que disfruten de su estadía!

Con la novela *Mijn zuster de negerin* ('Mi hermana la negra'), Cola Debrot pone sobre el tapete el conflicto racial en la literatura neerlandesa/caribeña de las islas ABC (Aruba, Bonaire, Curazao), mejor conocidas como las islas de Sotavento.

En el pasado, Curazao fue uno de los mercados de esclavos más importantes del Caribe. La historia de la esclavitud dejó su sello en los corazones de los negros de esa isla. Bajo la superficie de una vida alegre y fácil, se esconde una corriente de tristeza, de rabia y de impotencia. Este fondo amargo obstruye el camino hacia un desarrollo económico normal. Hasta hoy en día sigue siendo una fuente de problemas para el proceso democrático, y perturba las relaciones entre blancos y negros de una manera incómoda que se refleja en la literatura.

En *Weekendpelgrimage* ('Peregrinaje de fin de semana'), la primera novela de Tip Marugg, un reportero blanco y ebrio se estrella contra un árbol hacia la medianoche. Como está lloviendo a cántaros vuelve a encontrar su lucidez y se interroga frenéticamente: "¿Pero qué estoy haciendo yo, un blanco, aquí en

---

[1] Todas las traducciones al español son mías.

esta isla de negros? ¡Aquí todos los elementos –ya sean naturales o humanos– me desprecian por ser blanco! El sol, el aire, los cactáceos, la costa, el mar, todo forma parte de esa negritud" (Marugg 1994: 38).

Hasta Altagracia, una chica de Curazao a la que invitó a nadar en el mar, lo confronta con su aislamiento. En un momento de ternura la quiere besar, pero ella se resiste y lo empuja: "¿Fue esta la razón para llevarme al mar?", le pregunta Altagracia. Desde el punto de vista de la mujer, un hombre blanco solamente entabla relaciones con ella porque es una mulatica, no porque la encuentre atractiva. Como es mulata, él se toma unas libertades que no se le ocurriría tomar con una mujer de su propio color. Después de un largo autoanálisis el protagonista llega a la conclusión de que la isla sin embargo es 'su isla'. ¿Adónde ir? Si se va, este hecho inevitablemente le traerá el dolor de la nostalgia, porque en otro sitio para él tampoco habrá lugar. Prefiere quedarse y 'crear', como lo hace el pájaro *Bula Duifi*. Tiene alas fuertes, y puede ir y venir cuando quiera. Sin embargo se queda, construye y ama. En esta resignación se oyen ecos de Candide que al final de sus andanzas y hazañas decide que "il faut cultiver son jardin". Triunfa el sentido de la realidad.

El personaje Eddy Lejeune en la novela *De Rots der Struikeling* ('La piedra del Tropiezo') del curazoleño Boeli van Leeuwen, es un aventurero por fuera, pero un intelectual religioso por dentro. Muere buscando diamantes en el fondo de un río en Venezuela y deja un manuscrito en el cual cuenta la historia de su vida. El padre de Eddy fue dueño de una plantación y su descendiente Eddy, heredero de su inquietud espiritual, no encuentra sosiego. Se siente un extranjero en la isla. Aunque está convencido de que fuera de Europa el ser humano solamente vegeta, tampoco está a sus anchas en el Viejo Mundo. No se siente en casa en ninguna parte. Démosle la palabra:

> Yo quería ir a un continente donde la vida se redujera a lo esencial: un cielo y una tierra y entre los dos el hombre sostenido por las bisagras de sus articulaciones. Creció en mí el anhelo por el silencio del desierto y el misterio de la jungla. En los callejones de Europa no llegaba a encontrar la verdad, en las catedrales me sentía solo con mi angustia (van Leeuwen 1960).

Francamente eso suena como una ramificación caribeña del existencialismo holandés. Es la expresión de un tormento espiritual que azota el corazón de los individuos aplastados por un cielo gris, gente con pocos placeres en las venas, extranjeros en el calor del Caribe. Nuestro Eddy no buscaba riquezas, no buscaba mujer blanca o negra. Lo que buscaba, era, como nos dice "pureza en la impureza, una virgen entre las putas, la felicidad perfecta...". Como todo el mundo sabe, esos anhelos transcendentes son inalcanzables no solamente bajo el sol caribeño. No nos viene como una sorpresa que el siguiente libro de este autor se llame *Vreemdeling op Aarde* ('Un extranjero en la tierra').

Cabe destacar las diferencias entre los tres protagonistas. Frits Ruprecht, por ejemplo, no nos parece un caribeño enajenado. Sus antecedentes caribeños son a lo mejor una ligera versión desteñida de su identidad holandesa. Aunque su padre ha comido uvas agrias, Frits puede disfrutar sin remordimientos de su vida holandesa en su casa cómoda. Para Eddy y el reportero de Marugg la identidad es un problema existencial, una búsqueda del sentido de la vida que en el caso de Eddy termina fatalmente en el fondo de un río, y en el caso del reportero en una resignación realista y más adecuada para un ser humano. Sus mentes y sus almas retendrán para siempre la inquietud tan típica de la psique caribeña. Al otro lado esa misma inquietud, ese sentido de no pertenecer a ninguna parte del globo, da a los dos personajes su fuerza y su riqueza psicológica. Aunque presentan una orientación europea, aunque sus mentes atraviesan el Viejo Continente en busca de inspiraciones intelectuales, son del Caribe, de temperamento, de sangre y de corazón.

El conflicto entre blanco y negro, entre Europa y el Caribe, que se ha manifestado en la prosa narrativa de los autores ya mencionados, alcanzó su clímax en la vida real durante las huelgas de mayo de 1969. Las llamas transformaron la bella capital colonial, Willemstad, en un caos postcolonial. La furia de los obreros negros arrancó la máscara de la cara de uno de estos supuestos paraísos tropicales. Unos años después, este resentimiento, escondido durante tanto tiempo, vio la luz en *Dubbelspel* ('Doble Juego'), la primera novela del escritor negro Frank Martinus Arion. Evoca una realidad que tiene una cara doble. Cuatro amigos pasan sus domingos jugando al dominó: dos casados, dos solteros. Son oponentes alrededor de la mesa, pero también en la realidad invisible de sus vidas amorosas. Nora, la pobre esposa de Boeboe Fiel, se siente obligada a ganarse la vida también como prostituta. Duerme de vez en cuando con uno de los solteros, Chamon Nicolas. La esposa de Manchi, Soleima, se ha enamorado del otro soltero, Janchi Pau. Así que estamos preparados para presenciar no una tragedia griega, sino más bien para asistir a un desastre.

Los solteros derrotan a los dos casados de tal manera que el resultado se convierte en noticia en la isla. Acuden los periodistas, se reúne el público en el patio donde juegan, es decir en la casa de Boeboe Fiel. Al final Boeboe Fiel comienza a sospechar que su mujer le es infiel con su adversario Chamon. Con todo el ron que lleva en la sangre, se enfurece y agrede a Chamon. Éste se defiende con su cuchillo y hiere fatalmente a Boeboe Fiel. El Doble Juego se completa cuando Manchi, de regreso a su casa, la encuentra vacía. Soleima le ha dejado una nota de despedida ya que se fue a vivir con Janchi Pau.

Los personajes de Frank Martinus no son intelectuales que combaten las inseguridades de su alma sofisticada. Son negros y son obreros crónicamente oprimidos por la realidad en la que se ven condenados a vivir. En su novela, Boeli van Leeuwen llama al negro "el ser más inocente del mundo", porque nunca ha probado el sabor de la maldad. Frank Martinus discrepa con esta opinión. "Un odio destructivo reside en el negro", nos dice. Quizá tiene más razón porque describe su propio ambiente. La inocencia puede ser real, pero no es improbable que sea una máscara que cubre una agresividad latente, una agresividad que se origina en la pobreza, la desconfianza, la humillación, la conciencia de estar atrapado en un callejón sin salida. El fenómeno es conocido. Frantz Fanon, en los años sesenta, ya lo había descrito. En vez de levantar las armas contra los poderes que realmente le oprimen, el pobre prefiere atacar al otro pobre en el momento en que se siente ofendido. Una mirada basta para que el desastre se desencadene. Nos recuerda una idea de Fanon:

> While the settler or the policeman has the right the live-long day to strike the native, to insult him and to make him crawl to them, you will see the native reaching for his knife at the slightest hostile or aggressive glance cast on him by another native; for the last resort of the native is to defend his personality *vis-a vis* his brother (Fanon 1973).

Manchi lleva su pistola; Chamon, su cuchillo; Boeboe no necesita arma, porque intimida ya con su mero cuerpo impresionante. Sólo Janchi Pau no carga armas. Es el que al final resulta el héroe moral de la novela. Alentado por Soleima construye una fábrica de muebles. Es su manera de rechazar la condición del resto de su pueblo, los negros que, en las palabras del autor "no producen nada, no realizan nada, no tienen sus propios almacenes" (Arion 1982).

A primera vista las cuatro novelas no pueden ser más diferentes. Sin embargo, tienen algo básico en común: el elemento de la alienación. Los blancos se sienten incómodos en el territorio negro, como un pez fuera de su hábitat y los negros tampoco se identifican con su país. *Dubbelspel* nos señala que ellos no tienen contacto con la tierra que les nutre, que el mar no les importa, que no se interesan por los vegetales y las frutas que de todas maneras a ellos no les gustan.

Si volvemos la mirada hacia el oeste, siguiendo la costa de Venezuela, encontraremos la isla de Aruba, la segunda más importante de las islas ABC. El paisaje se parece al de Curazao. Lo que sorprende es la diferencia en el espectro cromático de la piel: el color negro no domina en las calles. Esa diferencia también se manifiesta en la sicología del pueblo. Es que para los arubanos la historia no supone un peso opresivo. Los arubanos son más latinos que los caribeños. Tienen muchos lazos familiares con el continente. La isla ha sido un polo de atracción turística y hoy en día es una de las más prósperas del Caribe.

Al comienzo de los años ochenta, un autor arubano se une al coro de voces literarias que siempre fue dominado por el sonido de la isla hermana Curazao. En *Zuidstraat* ('Calle Sur') Denis Henriquez nos muestra la vida, la muerte y el amor en una pequeña calle de la capital de Aruba. Binchi y Alejandro son dos chicos de trece años que crecen en este ambiente multilingüe hasta llegar a la edad en que tienen que decirse el inevitable adiós. El libro es la primera parte de una trilogía que cubre los tres ciclos de la vida. En *Delft Blues* el adolescente Binchi descubre lo que quiere decir ser estudiante en un país como Holanda; en *De zomer van Alejandro Bulos* ('El verano de Alejandro Bulos') Alejandro es un hombre maduro que va en busca de una nueva inspiración en su vida.

Lo que me preocupa ahora no es la trilogía, sino el tema de crecer y dejar su sitio natural para, quizá, jamás volver. En todas partes del mundo los adolescentes dejan sus aldeas para ir en busca de cultura y educación y, por supuesto, aventura, en las grandes capitales. Muchas veces no tienen que abandonar su país. Ésta es la diferencia con la situación de las islas.

Esta emigración a una edad tan vulnerable como la de los diecisiete o dieciocho años caracteriza muchas islas del Caribe. Las sociedades son tan minúsculas que no pueden proveer de todas las necesidades. Tampoco tienen las posibilidades de sacar provecho de las capacidades de todos los talentos indígenas. El ideal de Binchi es ser ingeniero de caminos y Alejandro quiere ser piloto. El amigo Scaramouche sueña con ser científico. Pero ¿adónde ir si tu tierra no necesita puentes, si una carrera de piloto es casi imposible en tu propio país, si la ciencia es una actividad que solamente tiene sentido en los centros científicos de Europa o los Estados Unidos? La educación europea en las islas les ha dado alas, pero en el caso de que regresen, esas alas se atrofiarán.

La alienación, ya sea por causas étnicas o por las limitaciones geográficas, es el tema central en estos libros. Entre la etnia y la situación insular, pienso que la última es más importante en la literatura del Caribe. Llegará el momento en que el conflicto entre los blancos y los negros pertenecerá al pasado. Las limitaciones geográficas, al contrario, no cambiarán jamás.

La situación insular transforma a los escritores del Caribe en nómadas, si no física, seguramente, mentalmente. Tienen que dirigirse a un mundo que no es el suyo y, en el caso de los autores de las islas ABC, tienen que expresarse en una lengua que tampoco les pertenece. Estos autores vuelan como pájaros exóticos en la jaula de una cultura ajena que de un lado tiene problemas en reconocer lo que no refleja su propio estilo, su gusto, pero de otro lado los aprecia precisamente por ser exóticos.

De hecho, para el autor, en realidad, el exotismo puede tener sus ventajas. Exagerando la diferencia entre Occidente y el resto del mundo, uno puede ganarse la vida y llegar a ser reconocido como Emmanuel Egudu en *Elizabeth Costello*, un libro reciente de Coetzee (2003). Egudu explota su supuesta 'africanidad' dando charlas sobre las 'esencias' de África y la novela africana a un público rico, ingenuo o ignorante a bordo de un crucero de lujo. En los intermedios hechiza a las mujeres blancas con el campo de gravitación de sus caderas africanas.

En el caso de que uno no tenga ganas de manipular a un público europeo con la magia del exotismo, no hay más remedio que, como dice Naipaul, dejar de ser un escritor regional. Puede ser que tenga razón. El mundo es un gran teatro. El escenario puede ser diferente, pero las bases del juego serán siempre las mismas.

Para el autor caribeño eso quiere decir agarrar la oportunidad de expresar la variedad de sus experiencias usando los colores, el ritmo y la sensibilidad de su caribeñidad. La lengua no puede plantear ningún problema para los que se expresan en inglés, francés o español. Sus voces resonarán por todo el mundo. Para el escritor del Caribe neerlandófono, sin embargo, el futuro presenta matices oscuros. Puede ser que esté cantando su última canción.

La lengua holandesa se está muriendo en las islas. En Aruba ya falleció más o menos de muerte clínica. La gente no tiene ninguna afinidad con la lengua nórdica y el papiamento, la lengua vernácula de la isla, está suplantando al holandés rápidamente. Los escritores que he mencionado, estos guerreros de la imaginación para quedarme con el tópico de esta conferencia, están solitos, solitos. La nación a la cual pertenecen es la nación que llevan dentro. Otra no hay.

Las sociedades en que nacieron son sociedades que se caracterizan por una fuerte tradición oral. En nuestras islas las historias se cuentan, no se escriben. La costumbre de leer, de retirarse con un libro, no es popular. La lengua en la cual escriben es tolerada solamente como una lengua de instrucción en las escuelas. Entonces, hasta en su propia casa esos autores son marginales. Como ya he dicho, hay razón para temer que pertenezcan a una raza en vías de extinción.

Es la ironía de la historia que estos autores que tienen sus raíces en el crisol del Caribe se estén yendo en una época en que la madre patria, Holanda, está perdiendo su naturaleza ciclópea y se está convirtiendo en un Caribe del norte.

Bibliografía

ARION, Frank Martinus (1982): *Dubbelspel*. Amsterdam: De Bezige Bij.
COETZEE, J. M. (2003): *Elizabeth Costello*. New York: Viking Press.

DEBROT, Cola (1978): *Mijn zuster de negerin*. Amsterdam: De Bezige Bij.
FANON, Frantz (1973): *Black Skin. White Masks*. St. Albans: Paladin.
HENRIQUEZ, Denis (1992): *Zuidstraat*. Amsterdam: De Bezige Bij.
— 1995): *Delft Blues*. Amsterdam: De Bezige Bij.
— (1999): *De zomer van Alejandro Bulos*. Amsterdam: De Bezige Bij.
MARUGG, Tip (1994): *Weekendpelgrimage*. Amsterdam: De Bezige Bij.
VAN LEEUWEN, Boeli (1960): *De Rots der Struikeling*. Amsterdam: Salamanderpocket.
— (1977) *Vreemdeling op Aarde*. Rotterdam: Flamboyant.

II. ¿ARTES VISUALES 'GUERRERAS'?

José María Capricorne: La metamorfosis barroca del animal que habla

Ineke Phaf-Rheinberger
Humboldt-Universität Berlin

José Maria Capricorne nació el 25 de diciembre de 1932 en las Antillas Neerlandesas. El logotipo que se encuentra en la página web de la Sociedad de los Estudios del Caribe es una donación suya[1]. Representa a una figura danzante, sin cara ni sexo definido. Lleva un vestido festivo con franjas y pliegues, además del pañuelo volante en la cabeza. La figura, llena de movimiento y dinamismo, se parece a una reina de rumba, una bailarina de samba o una *drag queen* de Nueva Orleans, Río de Janeiro o La Habana.

Capricorne goza de fama en Curazao, su isla natal. Recibió los dos premios nacionales más prestigiosos, el Premio Cola Debrot (1986) y el Premio del Museo (1988). Ya se han publicado un catálogo (Curazao Museum 1990) así como una monografía ilustrada sobre su obra (Oversteegen 1999). Pero todavía hace falta elaborar un perfil más detallado respecto a su contribución al arte del Caribe como región. Las investigaciones sobre este tema suelen ser escasas. Por lo tanto, es importante mencionar el libro pionero *Caribbean Art* (1998) de Veerle Poupeye, una investigadora belga residente en Kingston (Jamaica). La autora escribe en su introducción sobre el aislamiento y la fragmentación existentes que dificultan obtener una visión más abarcadora sobre el panorama artístico. Define el objeto de su estudio de la manera más amplia posible, sea como arte realizado en el mismo Caribe, sea como arte realizado por artistas de descendencia caribeña inmediata que residen en otros lugares del mundo. Poupeye propone el siguiente índice: 1) Arte prehispánico y colonial; 2) Modernismo y nacionalismo cultural; 3) Religión popular, arte festivo y lo visionario; 4) Revolución, anti-imperialismo y conciencia racial; 5) Naturaleza; 6) Lo propio y lo otro; 7) Procesos recientes.

Veerle Poupeye no menciona a Capricorne ni presta mucha atención al arte de las Antillas Neerlandesas debido a la falta de material disponible. Sin embargo, aplicaremos algunas de las categorías establecidas en su índice para examinar la dimensión caribeña en el lenguaje histórico y temático de nuestro pintor de Curazao.

---

1 <www.fss.uu.nl/ca/socare>.

1. Revolución, anti-imperialismo y conciencia racial

La categoría de la revolución, el anti-imperialismo y la conciencia racial son fundamentales para entender la filosofía de la obra de Capricorne. Salió de un Curazao rural y pacífico a la metrópolis de Río de Janeiro en 1953. Luego residió en Amsterdam y, después de quince años de ausencia, en 1968 regresó a su país de origen. De vuelta en Willemstad, Capricorne se vio confrontado con la explosión social del 30 de mayo de 1969. Los obreros de la multinacional Shell se habían rebelado contra la estrategia laboral exclusivista de esta compañía. Al mismo tiempo, esta protesta iba más allá de los meros intereses sindicalistas. Los isleños se rebelaban contra una opresión cultural que había corrido paralela con los tiempos de la esclavitud y de la trata de esclavos. Protestaban contra la discriminación de la cultura 'pobre', de habla papiamento, 'negra' y por consiguiente considerada sin valor intelectual.

Para Capricorne, ese día constituyó el punto de arranque para desarrollar una filosofía de oposición en la vida isleña. Esa proyección comprometida significó algo nuevo, ya que los artistas de Curazao nunca antes habían tratado la cohesión socio-cultural como una condición explícita (Martis 2002). Este "dia di mas históriko" (Jongh 1970) abrió puertas también para la literatura y otras disciplinas en camino hacia visiones alternativas. De este modo, el tema de la revolución, el anti-imperialismo y la conciencia racial, se identifica en el caso de Curazao con el proceso postcolonial de la cultura a partir de la fecha del 30 de mayo de 1969 (Oostindie 1999).

En el mismo año de 1969, Capricorne pintó el cuadro al óleo *La Sociedad 1* (Oversteegen 1999: 31), que retrata un animal sonriente. Tiene el cuerpo de perro y ojos, caras, piernas y partes de otros animales dibujadas en su piel. La sonrisa demuestra que aquí se trata de un animal humano, una característica que se repite en una segunda versión, *La Sociedad 2* (Oversteegen 1999: 35), de 1979. En este caso el animal no mira al espectador, sino que contempla su propia anatomía, asimismo decorada con partes del cuerpo de otros animales con rasgos humanos. Los cuadros pertenecen a una serie de obras sobre la sociedad, sobre el animal herido, es decir sobre un pintor que insiste en sus esfuerzos por visualizar la problemática de su cultura isleña.

2. Modernismo y nacionalismo cultural

El ojo representa la marca personal de Capricorne, como si fuera el símbolo de su capacidad visual como artista, de la inocencia e ingenuidad de sus observaciones, un motivo conocido en la pintura moderna. Al comentar obras de

Klee, Picasso, Miró, Dubuffet y Kandinsky, Fineberg (1995) lo define como diseñar con el ojo del niño. También explica que los 'angry young men' de CoBrA (1948-1951) aspiraron a encontrar una expresión liberada de sí mismos a través de un intercambio directo y sensual con la realidad. La inmediatez física se expresaba tanto en el tratamiento de los colores como en el trabajo con los diversos materiales usados en sus ensamblajes.

Durante su residencia en Amsterdam, de 1955 a 1968, Capricorne se había familiarizado con la obra de Appel, Corneille y Constant. Por ejemplo, su animal-hombre muestra gran similitud con cuadros como *Animal under stars* (1949) o *Primal Animal* (1951) (Stedelijk 2003: 54-55, 62-63) de Karel Appel. Sin embargo, Capricorne nunca perteneció a un grupo de intelectuales que tenía un programa. Sus diálogos pictóricos con el surrealismo, el dadaísmo, el realismo, el concretismo u otras corrientes estéticas se desarrollaron en el margen de su búsqueda de un lenguaje individual. La condición básica para encontrarlo consistía en sentirse identificado con una cultura históricamente marginada en Curazao y en relación a ella construir una comunicación con su público. El ojo del lienzo de Capricorne comienza a mirar en el mismo momento en el que un observador lo mira con el suyo.

No sorprende pues que Capricorne dé prueba de su experimentación usando materiales varios para la serie de obras *30 de Mayo de 1969*, unos lienzos al óleo pintados sobre madera y metal. En uno de ellos se perfila la silueta del cuerpo de una mujer con un bebé, pintada sobre una prensa tipográfica en la que se halla el texto de un periódico. Los cuerpos de la mujer y del bebé en sus brazos son blancos para enfatizar el contraste con lo oscuro de las líneas y letras negras y con el color metálico, como si fuesen armas. En todos los lienzos de esta serie se reproducen caras parecidas a máscaras reflejando rabia, silencio impuesto o desesperación que se puede deducir de las lágrimas.

3. Naturaleza y color

El compromiso de Capricorne no se limita a orientarse hacia este fondo emotivo en relación al 30 de mayo de 1969 y hacia una protesta política y cultural, sino que abarca aun otras dimensiones. Como se desprende de su perro-sociedad que tiene fragmentos de plantas, animales y hombres diseñados en el contorno de su piel, Capricorne nunca ve al hombre como separado de la fauna y de la flora. De joven se acostumbró al contacto con la naturaleza visitando el terreno de la plantación Esperanza, propiedad de su familia, o nadando y pescando en las aguas alrededor de la bahía de Willemstad. Era un explorador incansable de plantas, insectos y animales que solía coleccionar y dibujar. Este interés se ve reflejado en el conjunto de su obra.

Los cambios en el medio ambiente isleño y la indiferencia al respecto por parte de los funcionarios gubernamentales inquietan enormemente a Capricorne. Su preocupación se desprende de muchas entrevistas publicadas en periódicos locales. Con frecuencia menciona la caída del nivel de agua subterránea, la polución de la bahía, la falta de una planificación espacial y la destrucción de terrenos de gran valor ecológico. Su identificación con la variedad natural se revela en la serie de 29 dibujos pequeños de insectos y animales, realizados entre 1971 y 1972, y expuestos en la galería "De Stulp" en La Haya, donde suscitaron gran interés en el público. En este caso, en los cuerpos de los animales se reproducen gusanos, huevos o insectos para indicar que les sirven de alimento. Después de haber visto la exposición, el poeta y narrador curazoleño Carel de Haseth se sintió tan inspirado que escribió una serie de poemas en papiamento, uno por cada dibujo. Estos poemas fueron luego traducidos al holandés por su paisano J. M. Eustatia y junto con los dibujos fueron publicados en el libro *Bida na koló/Colores de vida* (1981) en blanco y negro. Un año después ya apareció una segunda edición y, en 1989, una tercera edición en color.

En la plantación Esperanza, Capricorne aprendió los detalles sobre el ciclo de la reproducción de la vida. Su aprecio por la complejidad de este fenómeno se expresa en la técnica refinada que usa para los dibujos en *Bida na koló*: una impresión tamizada sobre papel de *cromocoat*. En otra serie posterior de cuadros más grandes, *Paisaje vista a distancia* (1995), Capricorne aplica la técnica de un aguafuerte de alfilerazo seco adaptado a fin de acentuar las intenciones de su composición. El paisaje construido "a distancia" tiene una vida propia, cuyo colorido va más allá del sentido de un puro color concreto. Corresponde a reflexiones que Capricorne da a conocer el 11 de noviembre de 1983, con motivo de una exposición suya alrededor del tema Amor. Nydia Ecury, una de las poetas más destacadas de Curazao y Aruba, inauguró la exposición leyendo un poema anónimo en que se repite el estribillo: "Ai, no trata di komprondé/e amor akí" (Oh, no trates de comprender/el amor aquí). Muchos años después, el pintor reveló que el poema había sido escrito por él mismo. En sus versos remite al enigma de pintar imágenes "incomprensibles" en colores que refieren al mar Caribe, África, Europa y Asia[2]. Se trata de per-

[2] "Amor//Ai, no trata di komprondé/e amor akí, pasobra/mil biaha mi a trata/di pinta bo/ku fèrf di koló/i imágennan inkomprendibel.//Ai, no trata di komprondé/e amor akí./O podisé bo ta strea,/luna òf solo,/universo kisas?/Kuantu biaha mi no a kibra/mi kabes pa sa/si bo ta/Afrika, Asia

sonas "sin cara" (*sin kara*), desprovistas de rasgos individuales, pero decoradas con máscaras que crean una tipología expresiva de sentimientos. Este universo posee una gama de colores propios. Para Capricorne, el color es la vida misma que no tiene límites. Está presente en muebles como una silla o mesa así como en la fauna y la flora y en los hombres. Constituye la génesis de una energía vital que se condensa en una dinámica necesaria para comunicarse, para hacerse visible como presencia de dimensiones cosmológicas.

4. Akademia, arte ornamental y lo visionario

La energía del pintor para generar este dinamismo se concretiza de múltiples maneras. Una condición importante es la construcción de una convivencia inspiradora. Esto explica la participación activa en la fundación de la primera Akademia di Arte en la historia de Curazao que abrió sus puertas en 1970. Después de haber trabajado como profesor, sustituto del director y coordinador del plan de instrucción en la Akademia, Capricorne asumió el cargo de director desde 1972 hasta su jubilación en 1988. El programa de esta Akademia representaba los logros de un gran esfuerzo colectivo. Con un mínimo de presupuesto se desarrollaba un concepto para orientar a una cantidad considerable de alumnos en disciplinas tan diferentes como la fotografía, la pintura, el diseño, el teatro, la danza (Martis 2002: 34-40). Muchos nombres que hoy figuran en los libros sobre el arte antillano han sido asociados con esta escuela. Otra iniciativa pertinente de Capricorne fue mantener el contacto con

---

òf Oropa.//Ai, no trata di komprondé/e amor akí./Pasobra bo ta manera/Laman Caribe, kla i limpi,/ma asina leu.../O podisé bo ta un nubia/ku ta pasa den tempu kla.//Ai, no trata di komprondé/e amor akí./O podisé bo ta un stul/un mesa kisas,/un shimis tur na pal,i fruta,/un soño sin fin...//Ai, no trata di komprondé/e amor akí,/ku mil biaha/mi a trata di splika/sin bisa e palabra final.//O tòg kisas bo ta e oloshi,/e pasahero,/e flor,/e nubia,/Afrika, Asia, Oropa,/Laman Caribe,/e fruta,/e soño,/òf imágennan di koló/sin kara?//Ai, no trata di komprondé/e amor akí." (Oversteegen 1999: 165).

Mi traducción: "Amor//Oh, no trates de comprender/el amor aquí, porque/mil veces traté/de pintarte/con pintura de color/e imágenes incomprensibles.//Oh, no trates de comprender/el amor aquí./O ¿quizá eres una estrella,/luna o sol,/universo tal vez?/Cuántas veces atormenté/mi cabeza para saber/si fueras/África, Asia o Europa.//Oh, no trates de comprender/el amor aquí/porque eres/mar Caribe, claro y limpio/pero tan lejano.../O quizá eres una nube/que traspasa en el tiempo transparente.//Oh, no trates de comprender/el amor aquí./O quizás eres una silla/una mesa tal vez,/una camisa decorada con madera y fruta,/un sueño sin fin.../Ah, no trates de comprender/el amor aquí,/que mil veces/traté de explicar/sin decir la palabra final.//O ¿podría ser que fueras el reloj,/el pasante,/la flor,/la nube,/África, Asia, Europa,/mar Caribe,/la fruta,/el sueño,/o imágenes en color/sin cara?//Oh, no trates de comprender/el amor aquí".

artistas en los países aledaños, en particular con Venezuela. Logró realizar algunas exposiciones con ellos como resultado de sus negociaciones con los representantes diplomáticos u otras personas intermediarias. Capricorne también expuso su propia obra en bienales y exposiciones en Surinam, Brasil, Santo Domingo, México y Ecuador.

Una mirada tan constante hacia América Latina es poco usual en las Antillas Neerlandesas. Las relaciones culturales habían sido estrechas hasta finales del siglo XIX. Después se observa una ruptura cada vez más explícita. Sin embargo, esta identificación con el Sur corre como hilo conductor a través de la obra de Capricorne. El pintor comenzó a ser consciente de ella a partir de 1953, cuando emigró de Curazao a Brasil. Encontró empleo en Río de Janeiro como decorador de porcelana, una artesanía que requiere gran habilidad profesional. No obstante, esta habilidad no es considerada arte con mayúscula, ya que éste es un concepto que se basa en un sentido de originalidad. El gesto de pintar el contorno de las líneas en la porcelana, en cambio, progresa de acuerdo con un modelo prefabricado que debe repetirse *ad infinitum* y sólo admite modificaciones mínimas. Decorar porcelana es un arte ornamental que, a su vez, constituye una parte integral de todas las artes: "It is the art we add to art: shapes and patterns worked into an object or building for the pleasure of outline, color, or fantasy" (Trilling 2003: XIII). Capricorne no duda de la importancia de este arte decorativo en su propio quehacer:

> In Brazil I worked in Rio de Janeiro, on porcelain; I painted on porcelain, but with gold. Later on you will see the influences of my decoration system that I learned at the pottery studio in my paintings and also the gold that I was using, the system - I say it like that - the system that I learned, to work with gold (...) (Rowell 1998b: 481-482).

El debate sobre el papel de este arte ornamental en el Caribe comienza en Cuba en los años cuarenta. La modernización de La Habana o la 'cocalización', como comentaba Ricardo Porro, uno de los arquitectos cubanos de más renombre, obligó a reflexionar sobre la organización espacial. En un artículo sobre las naturalezas muertas de Amelia Peláez, Robert Altmann (1945) interpretó su estilo ornamental a partir de los interiores de las casas residenciales de la colonia. La fabricación de los muebles, los vidrios y las rejas de hierro recuerda una influencia que también encontramos en la obra de Capricorne. En su caso, tiene que ver con las experiencias en el taller de su padre, carpintero en el barrio Otrabanda, un verdadero epicentro para la artesanía y la cultura popular en Willemstad (Nije-Statius van Eps 1995). Las sillas, mesas y cajas, fabricadas por el padre, vuelven en los cuadros del hijo, colocados en

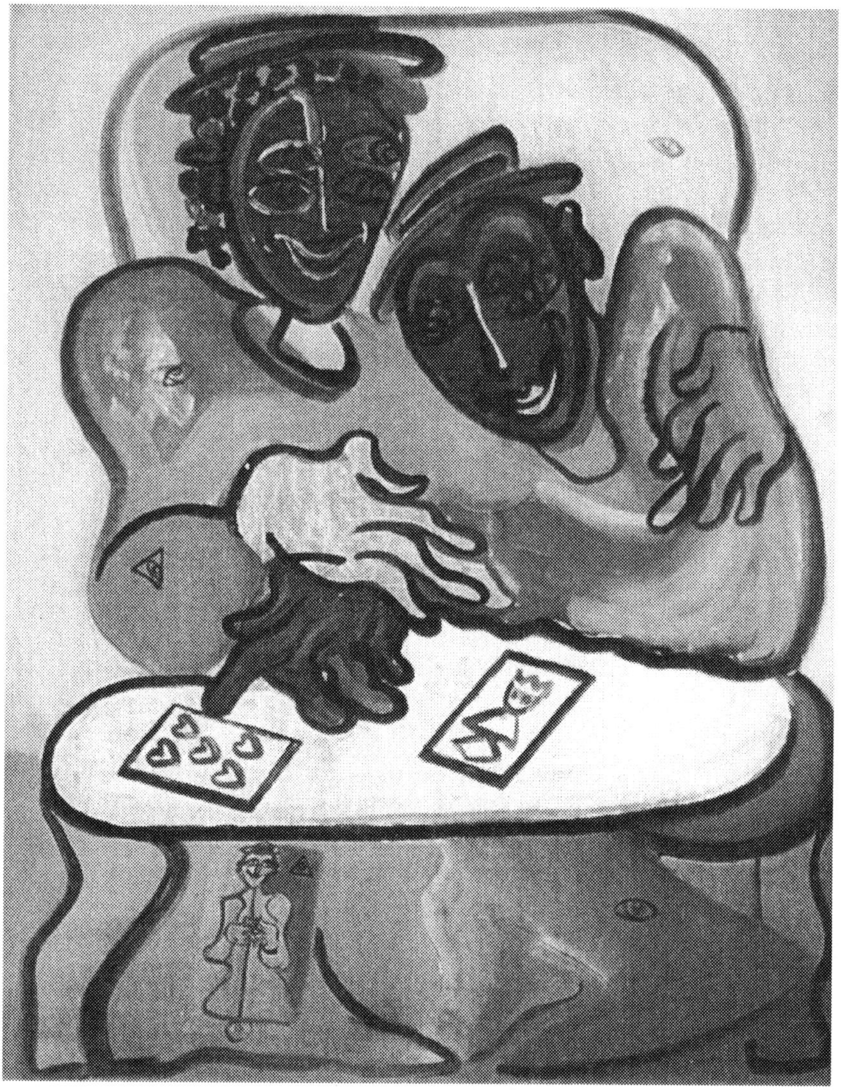

Het Lot ("La Suerte"), 1993, lienzo al óleo. Serie *A Moment of Joy.*

espacios abiertos o diseñados como un teatro. Sus actores enmascarados actúan y bailan en un escenario minuciosamente compuesto. Los ornamentos vuelan por el aire evidenciando la presencia de la energía movilizadora. Se alternan las escenas festivas con escenas más estáticas en que prevalece la posición sentada, con o sin silla al lado de una mesa.

La dinámica de moverse y de sentarse es fundamental. Aquí se refiere a una cosmovisión o religión particular, al mundo de las profecías y los augurios. Una persona sentada ejecuta el ritual de barajar los naipes, de interpretar las líneas de las manos o de predecir los eventos. Tanto en Curazao como en Brasil y en otras regiones de América Latina la clarividencia constituye parte integral de la vida popular. En Río de Janeiro, en la casa de huéspedes donde vivió Capricorne, solía ir una mujer macumba de Curitiba para presagiar el futuro. Esta profesión también existió en Otrabanda, donde de niño Capricorne conocía a una mujer vieja que hacía los trabajos más sucios y humildes. Se llamaba Rosa Pretu, un personaje altamente respetado por su capacidad de clarividencia y por la dignidad con que ejercía su labor diaria. Cuando Capricorne la pinta a principios de los años ochenta (Oversteegen 1999: 90), sentada en una silla, retrata su cuerpo como una prolongación del mueble, un motivo que se repite en otros cuadros como *Niña con frutero*, de 1976 (Oversteegen 1999: 110), *Retrato de Nilka*, de 1986 (p. 140) y *Guitarrista con frutas*, de 1987 (p. 82).

5. La tradición oral en papiamento

Después de haber elaborado algunos aspectos de la obra de Capricorne es posible darse cuenta de su pertenencia a un panorama emotivo del Caribe que incluye el 30 de Mayo de 1969, la Akademia di Arte, los colores, el arte ornamental y la vida popular de América Latina. La cultura popular, en Curazao, remite a la población variada de habla papiamento. Capricorne sitúa su obra en la historia universal del arte moderno. En sus naturalezas muertas y paisajes, por ejemplo, se destacan las composiciones florales, sea como fragmentos de un lienzo mayor, sea como un cuadro autónomo. La frecuencia con la que Capricorne las reproduce, demuestra que, junto con las canastas fruteras, es uno de sus motivos favoritos.

El género pictórico de naturalezas muertas o paisajes nace en el siglo XVII, en los tiempos del barroco, cuando Flandes y Holanda desempeñaban un rol protagonista. Pero en combinación con sus figuras danzarinas los cuadros de Capricorne presentan muchas más semejanzas con el arte cubano de los años cuarenta del siglo pasado. En su capítulo sobre el modernismo y la cultura nacional, Poupeye (1998: 61) denomina este período como la fase clásica en la pintura cubana que se distingue por un barroquismo ecléctico y ornamental característico de las obras de Wifredo Lam, Amelia Peláez y René Portocarrero. *La Silla* (1943) de Lam, por ejemplo, muchas veces equiparada con un altar para hacer ofrendas a los *orishas* de la santería, tiene similitud con las sillas de Capricorne.

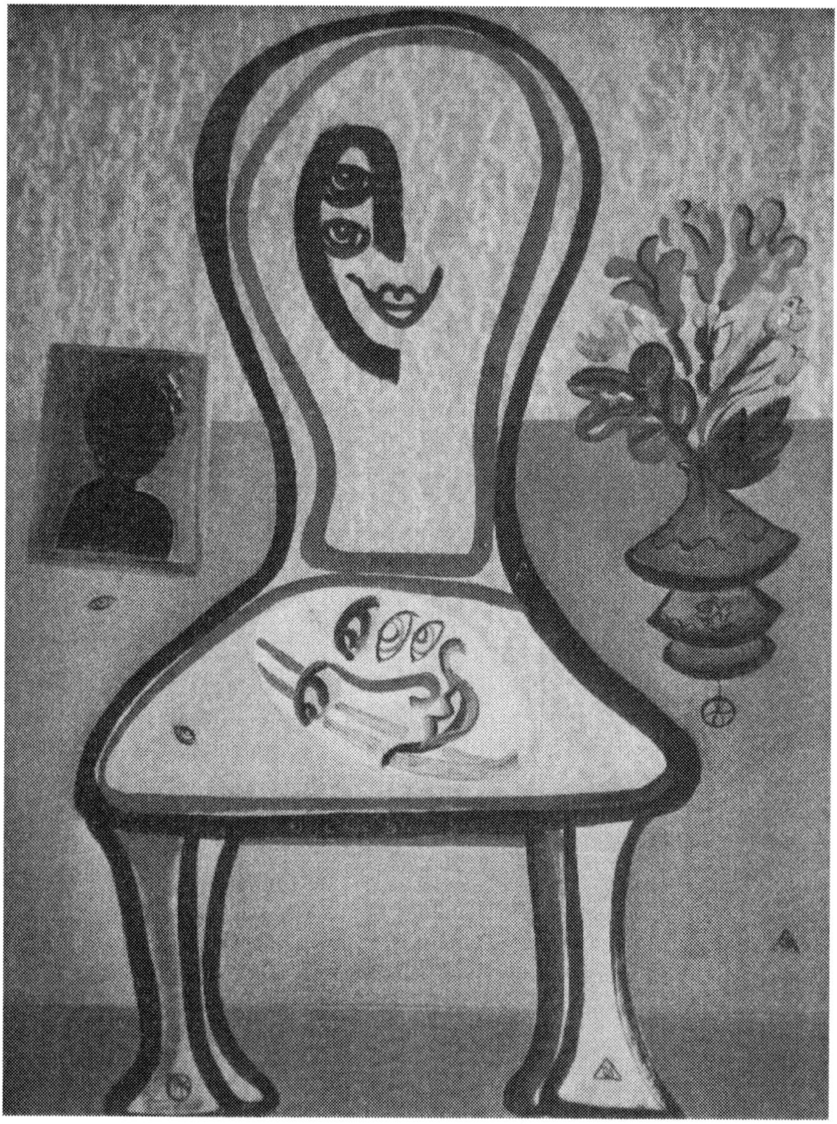

De Stoel des Oordeels ("La Silla del Juicio"), 1993, lienzo al óleo. Serie *A Moment of Joy.*

Elena Benítez (1999), Robert Altmann (2003) y otros críticos contemporáneos han demostrado que este barroquismo fue muy importante tanto en la pintura como en la literatura, con José Lezama Lima como puente entre ambos campos (Phaf-Rheinberger 2002). En su ensayo "La curiosidad barroca", publicado en 1957, el "banquete barroco" constituye para Lezama Lima el arte de la pobreza por excelencia desde los inicios de la colonización del continente americano. En su opinión, la riqueza de su propia naturaleza inspira la gran construcción del paisaje que reclama "un estilo, un espléndido estilo surgiendo paradojalmente de una heroica pobreza" (1981b: 395). Este estilo, en el caso de Capricorne, desafía el concepto del arte ornamental como un arte de segunda categoría y se identifica con la cultura de su papiamento nativo. De la misma manera, el escritor Frank Martinus Arion, en una entrevista, recalca la espontaneidad que se esconde bajo las expresiones literarias en esta lengua criolla:

> You have short stories with qualities, you have memories, I would call them Memoirs. The culture has been Dutch officially since 1907. Before that it was in Dutch and Papiamentu; from 1907 when the Dutch government started subsidizing schools, they did it with the condition that all education would be in Dutch, so that took Papiamentu completely out of schools. And from then on the education was basically given in Dutch. You had a very strong enforcement deliberately of the Dutch culture, promotion of Dutch culture with yearly prizes, so that the higher echelons of intellectual life and the range of intellectual life in Dutch was of course great, because the language was taught in schools. And so the writing tradition was also (...) the children were exposed to the writing tradition in Dutch because simply Papiamentu (...) they had to simply do it spontaneously. So it's something to admire that notwithstanding the fact that Papiamentu has gone out of school from 1907 on, it has *gone on* being a language of literature and has had from the beginning, from the early years, outstanding works (Arion 2001: 538).

Capricorne suele orientarse hacia esta tradición de "Memoirs" o episodios narrados en papiamento que tienen una connotación local, como aquellos sobre Anansi, la araña que siempre llega a salvarse de situaciones peligrosas. Los cuentos sobre Anansi son originarios del África Occidental y se sitúan en un contexto en el que la naturaleza desempeña un papel característico. Los *Nanzi stories* (1972) de Curazao, recopilados de la tradición oral por Nilda Geerdink-Jesurun Pinto y luego traducidos del papiamento al inglés por Richard E. Wood atestiguan su existencia. Pese a la abundancia de las frutas, vacas y legumbres en estas versiones, Anansi siempre tiene hambre, porque la tierra no le pertenece. Las ilustraciones de Capricorne del libro *Nanzi Stories* indican que la supervivencia es el problema clave en este espectáculo. En el cuerpo de su Anansi se reproduce múltiples veces la imagen del mismo Anansi, lo que comprueba su orientación hacia el ciclo de la reproducción de su propia vida, un motivo preferido del pintor como ya hemos visto antes.

La integración de los cuentos narrados en papiamento también se pudo apreciar en la exposición *La metamorfosis*, que tuvo lugar en la galería "Marieke van den Broek" en Oosterbeek (Holanda) en noviembre-diciembre de 2003. El

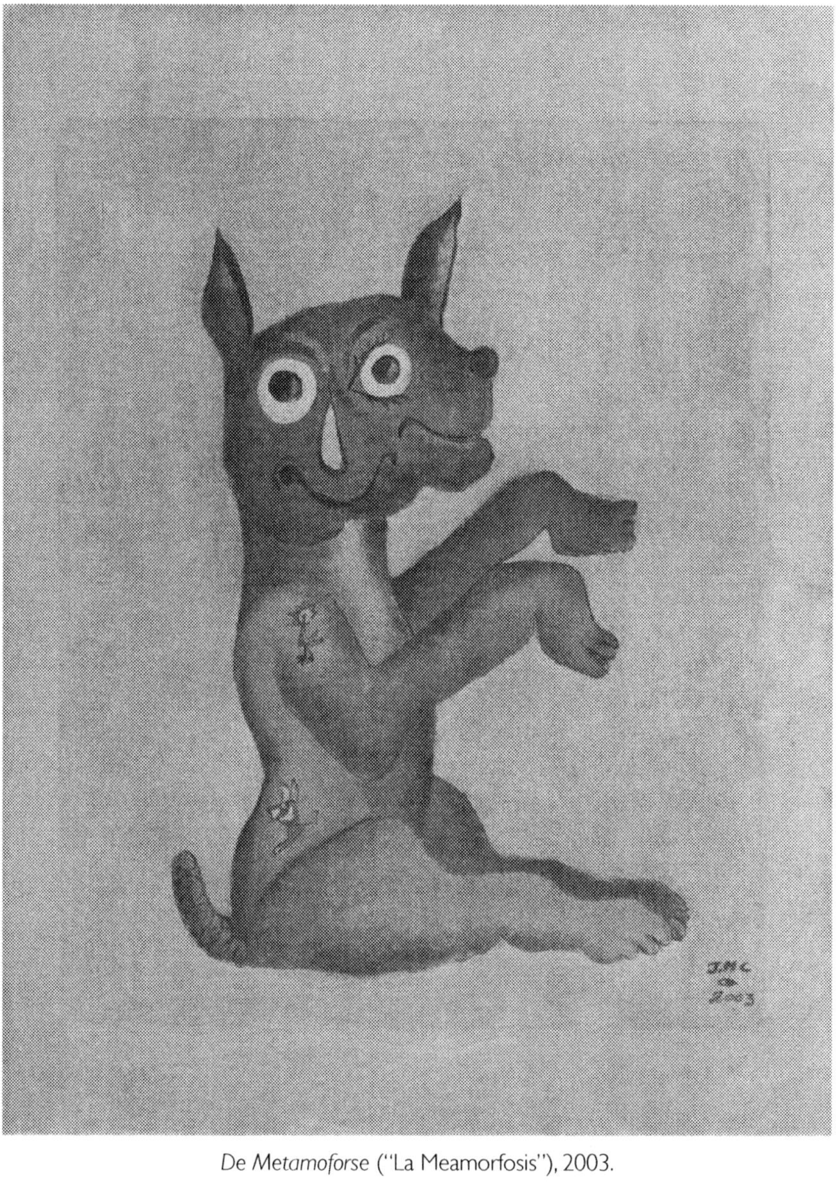

De Metamoforse ("La Meamorfosis"), 2003.

cuadro que da el título a la exposición muestra un perro con dos caras en posición sentada. Adopta la pose de un animal domesticado. Parece amable y tranquilo y muy dispuesto a dar la patita. También en los otros cuadros distinguimos perros, grandes y pequeños, de pie y sentados, y en posiciones diferentes.

Los animales aparecen con frecuencia en la obra de Capricorne. Abundan la cabra, el gallo, el mono, el caballo, pájaros, insectos, mariposas, peces. Pero (como ya observábamos en *La sociedad 1 + 2*), entre ellos se destaca el perro que tiene una connotación específica con la sociedad isleña. En la exposición *La metamorfosis*, esta connotación se genera a partir de un cuento sobre este tema. Dos obreros llegan tarde de su trabajo, están muy cansados y medio borrachos. Deben irse primero a misa. No les gusta el sermón del cura y lo comentan en voz alta. En casa, media hora después, reciben la visita del cura. Les reprocha sus comentarios, pero sólo encuentra a uno de los hombres en la cama con un perro a su lado. Este perro camina meneando la cola y así toca la pierna del cura. De regreso en su parroquia la pierna comienza a dolerle al cura. Manda buscar al curandero de Venezuela, pero éste no tiene remedios. La pierna del cura acaba por dolerle tanto que tiene que abandonar la isla para buscar curación en otro país del mundo.

Obviamente, en el caso de este perro se trata de un *Cave canem* o, en papiamento, un *Kuidó ku Kachó*. El *kachó* es el eslabón en la relación entre la población obrera y el cura. No existe una confrontación abierta, pero se nota una ausencia de comunicación entre ellos. En la versión oral, esto significa que sólo se encuentra una solución por medio de la metamorfosis que elimina este elemento perturbador de la isla.

El perro de *La metamorfosis* tiene dos caras, signo de la ambivalencia: ve lo visible y lo invisible recurriendo a técnicas que tienen que ver con la clarividencia. El perro opera en esta región fronteriza de la realidad concreta. Por lo tanto, no tiene ningún sentido preguntarse si el perro es la metamorfosis de uno de los dos hombres. Más vale constatar que el hombre en la cama y el perro saben liberarse del cura. Su área de acción emite esta energía y, en este sentido, la imagen se priva de una interpretación racional. Responde a un sistema de interpretación particular que engendra dinamismo, magia, cambio con el que se pone fin a los conflictos. Las reacciones no sólo se dirigen contra la falta de comprensión del cura, sino también contra la de la política, justicia u Holanda. Nos recuerda Gladdie o el Gladiador en el cuento narrado en primera persona "El eterno perro" (*De eeuwige hond*) de Arion, cuyo protagonista concluye: "Después de esto voy a protestar en el mundo entero contra la imagen equivocada de las cosas que me han ofrecido. Los perros no sólo piensan, sino que además son capaces de concebir planes a largo plazo" (2001: 124)[3].

[3] "Hierna ga ik over de hele wereld protesteren tegen de verkeerde voorstelling van zaken die men me heeft meegegeven. Honden dénken niet alleen, ze maken zelfs uitgebreide plannen" (Arion 2001:124). Mi traducción.

6. El animal que habla

En resumen, Capricorne es un *storyteller* y conceptualizador de una rebeldía sutil, de una lógica de resistencia que concierne a los cambios en su isla natal. En el caso de su perro-guardián constatamos otra coincidencia con Lezama Lima que, en su ensayo "Confluencias", distingue entre las dos apariencias del perro, una diurna y otra nocturna. Lo entiende como la construcción de un sujeto metafórico que produce la metamorfosis hacia una nueva visión:

> El perro que durante el día había pasado muchas veces por mi lado sin casi haberme fijado en él, ahora, durante la noche, está a mi lado como adormecido, y es entonces cuando lo miro con la mayor fijeza. Compruebo el fruncimiento de su piel, cómo mueve el rabo y las patas queriendo apartar moscas inexistentes. Ladra dormido y enseña los dientes colérico. En la noche tiene enemigos invisibles que continúan fastidiándolo. Sus reacciones coléricas anteriores no dependen del homólogo de sus motivaciones diurnas. No depende en la noche de motivaciones, sino, sin saberlo, está engendrando innumerables motivaciones en la piel de la noche que me cubre (1981a: 356).

Resulta que la filosofía de Capricorne muestra paralelos sorprendentes con la teoría sobre la metamorfosis de una entidad natural en la cultura imaginaria de Lezama Lima. En el caso del pintor, los espacios contrapunteados actúan como factores temporales para los que los colores son muy significativos. Esto explica que los colores de las dos caras de *La metamorfosis*, azul y rojo, tienen una significación explícita. El azul, relacionado con el cielo y la mar, indica un camino sobre el mar Caribe y el océano Atlántico que va de África a Brasil, donde Capricorne vivió y trabajó. En la cultura macumba de Río de Janeiro este azul pertenece al cosmos de Yemayá, la madre de los *orishas* que reina sobre las aguas. Y el rojo gira alrededor del alba o del atardecer, fenómenos impresionantes en el mar Caribe. Asimismo recuerda a Changó, el rey de los *orishas*, símbolo del trueno, de la lucha y de la energía. En general, se entiende la cultura macumba como identificación con la magia blanca, en contraste con la magia negra del candomblé en Brasil. Mediante los rituales macumba se invoca a los buenos espíritus que curan enfermedades, ayudan en problemas sentimentales, protegen contra malas influencias, etc. Sus rituales requieren una coreografía que surte gran efecto teatral.

Capricorne pone de relieve este mundo y señala mediante el fondo de oro de sus cuadros que este cosmos tiene que ver con una decoración de porcelana, con una composición frágil, muy refinada y valiosa, en relación con una cultura desarrollada como estrategia contra la esclavitud y el colonialismo en América. Comprueba que el azul, el rojo y el oro tienen un sentido muy profundo en el proceso de heroica supervivencia que establece una conexión entre el Caribe y el continente americano. Conforme con las ideas de Lezama Lima, el gran admirador de la orfebrería, Capricorne da a conocer de esta manera una "nueva vida" dantesca por medio de un acto de magia revelador. Y la magia, para Capricorne, requiere la habilidad artesana exquisita, de una cultura que habla de las estrategias 'guerreras' en su historia para apropiarse de los cambios en su existencia.

Bibliografía

ALTMANN, Robert (1945): "Ornamento y naturaleza muerta en la pintura de Amelia Peláez", en: *Orígenes*. Vol. 2, N°. 7, pp. 65-72.

— (2003): "Evocation de Virgilio", en: *Caravelle* 80, pp. 233-236.

ARION, Frank Martinus (2001): *De eeuwige hond*. Amsterdam: De Bezige Bij.

BENÍTEZ, Helena (1999): *Wifredo and Helena. My Life with Wifredo Lam 1939-1950*. Lausanne: Acatos Publisher.

CAPRICORNE, José Maria/DE HASETH, Carel/EUSTATIA, J. M. (1981): *Bida na koló/Kleuren van leven*. Haarlem: In de Knipscheer.

— (1989): *Kleuren van leven/Bida na koló*. Zutphen: De Walburg Pers.

CAPRICORNE, José Maria (1990): *José Maria Capricorne. Paintings and Drawings 1962-1988*. Intr. Docco Engels. Foreword Jacqueline C. I. Römer-de Vreese. Willemstad: The Curaçao Museum Foundation.

FINEBERG, Jonathan/FRIEDEL, Helmut/HELFENSTEIN, Josef. (Hrsg.) (1995): *Mit dem Auge des Kindes. Kinderzeichnung und moderne Kunst*. München: Verlag Gerd Hatjé.

GEERDINK-JESURUN PINTO, N. M. (1972): *Nanzi Stories. Curaçao Folklore*. Transl. by Richard E. Wood. Ilustr. José Maria Capricorne. Curaçao: Stichting Wetenschappelijke Bibliotheek.

JONGH, Edward A. (1970): *30 di mei 1969. E dia di mas históriko*. Novela históriko. Aruba: VAD.

LEZAMA LIMA, José (1981a): "Confluencias", en: Ortega, Julio (ed.): *El reino de la imagen*. Caracas: Biblioteca Ayacucho, pp. 355-383.

— (1981b): "La curiosidad barroca", en: Ortega, Julio (ed.): *El reino de la imagen*. Caracas: Biblioteca Ayacucho, pp. 384-399.

MARTIS, Adi/SMIT, Jennifer (2002): *Arte. Dutch Caribbean Art. Beeldende kunst van de Nederlandse Antillen en Aruba*. Amsterdam: Royal Tropical Institute.

NECK-YODER, Hilda van (ed.) (1998): *Caribbean literature from Suriname, the Netherlands Antilles, Aruba, and the Netherlands*, en: *Callaloo*, Vol. 21, N°. 3 (Summer).

NIJE-STATIUS VAN EPS, Georgette E. (1995): *Furniture from Curaçao, Aruba and Bonaire: three centuries of Dutch Caribbean craftsmanship*. Zutphen: Walburg Pers.

OOSTINDIE, Gert (1999): *Curaçao 30 mei 1969. Verhalen over de revolte*. Amsterdam: Amsterdam University Press.

OVERSTEEGEN, J. J. (1999): *Herscheppingen. De wereld van José Maria Capricorne*. Curaçao: Uitgeverij ICS Nederland.

PHAF-RHEINBERGER, Ineke (2002): "Un cortocircuito en el relé postcolonial: Wifredo Lam, José Lezama Lima y la vanguardia cubana", en: *Estudios. Revista de investigaciones literarias y culturales*, Vol. 10, Nº. 19, pp. 187-208.

POUPEYE, Veerle (1998): *Caribbean Art*. London: Thames and Hudson Ltd.

ROWELL, Charles H. (1998a): "An Interview with Frank Martinus Arion", taped on January 28, 1988, en: Neck-Yoder, Hilda van (ed.), *Caribbean literature from Suriname, the Netherlands Antilles, Aruba, and the Netherlands*, en: *Callaloo*, Vol. 21, Nº. 3 (Summer), pp. 538-541.

— (1998b): "An Interview with José Maria Capricorne", taped on January 28, 1988, en: Neck-Yoder, Hilda van (ed.), *Caribbean literature from Suriname, the Netherlands Antilles, Aruba, and the Netherlands*, en: *Callaloo*, Vol. 21, Nº. 3 (Summer), pp. 481-483.

STEDELIJK MUSEUM SCHIEDAM (2003): *CoBrA. The colour of freedom. The Schiedam Collection*. Rotterdam: Nai Publishers Rotterdam.

TRILLING, James (2003): *Ornament. Amodern perspective*. Seattle & London: University of Washington Press.

Materia, signo, tiempo en la obra de Vicente Pimentel

Christoph Singler
Université de Besançon

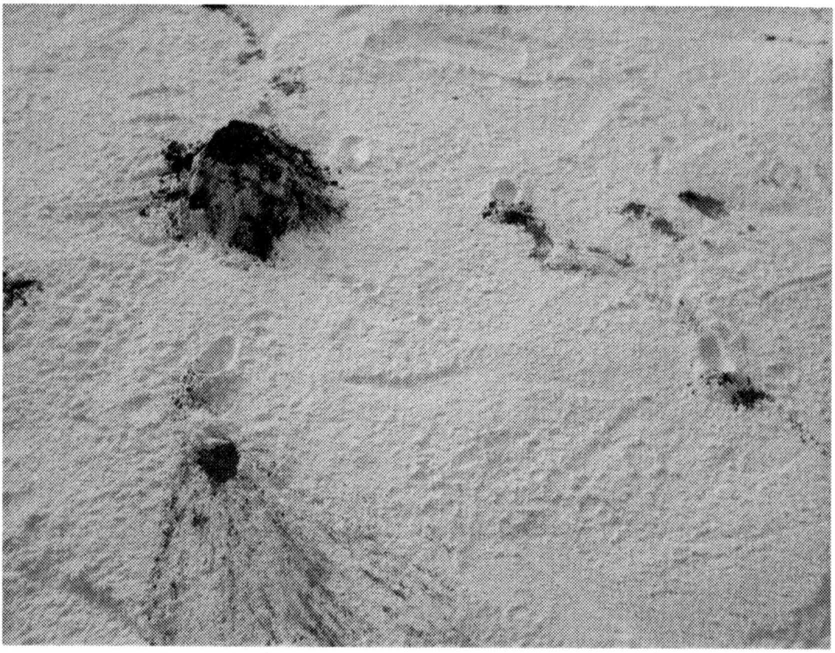

Blackmountain, 2004, proyecto de instalación, técnica mixta.

La obra de Vicente Pimentel es una constante indagación de las huellas que toda actividad humana deposita en la materia, es decir en los elementos. El pintor, pensador que se expresa a través de sus manos, desarrolla una reflexión sensible sobre el espacio y la impronta que en él deja el tiempo, para circunscribir el lugar que corresponde al ser humano. Esta reflexión arranca desde la experiencia personal, desde su infancia en la República Dominicana hasta su vida actual en París, donde reside desde mediados de los años setenta. Experiencia que transparenta en su estilo expresivo, en un trazo espontáneo, parecido por su seguridad al garabato infantil aunque se antoje a veces errático, y en el uso de materias pobres. Pero Pimentel va más allá de la expresión individual. En su obra la intervención pictórica se reduce a la condición de huella, de modo que el signo se vuelve enigmático. Encapsula su significado particular para brindar al espectador una marca abierta que éste descifra entonces según su experiencia propia. El tiempo, correlato necesario del espacio, va modificando el "significado", si es que no amenaza la posibilidad de lectura como tal. Es por la vía de este auto-cuestionamiento que la pintura de Pimentel se abre a un "diálogo" con el público para cuestionar a su vez las certezas y olvidos de la memoria y el imaginario colectivos. Surgen entonces temáticas como la relación de poder que toda mirada establece entre el sujeto y su objeto, pero también, concreción y motivo de esta interrogación ética global, la condición histórica del afroamericano, su herencia africana y su experiencia americana. En lo siguiente intentaré ofrecer un inventario de los motivos principales de esta obra que borra las fronteras entre medios –pintura, escritura, instalación– y entre estilos –entre abstracción y figuración–, entre memoria e imaginación, entre instante fecundo y diálogo hecho posible porque surge de un espacio compartido.

1. La materia

La base para Pimentel son los cuatro elementos: agua, fuego, tierra, aire. Se refleja en numerosas obras como *Memoria del fuego*, *Memoria de la tierra*, *Memoria del aire* o *Poema del agua*. Están inspiradas en experiencias o acontecimientos concretos, que los títulos no especifican y de los cuales sólo aparecen fragmentos, cicatrices, vestigios: huellas no tanto de tal episodio sino del elemento actante. Para lograr la presencia del fuego, por ejemplo, no basta con representarlo –recurso ilusorio, truco ilusionista–, sino que el artista debe apelar a las huellas que ha dejado en los objetos, en este caso pedazos de madera carbonizada, hollín, ceniza. Estos signos ya no remiten a un más allá, son *pars pro toto* de su propia sustancia. Por la misma razón no solamente se "figuran", sino que se utilizan y se mezclan todo tipo de sustancias tales como la ceniza o el carbón con los pigmentos, a la vez que se introducen objetos encontrados, como clavos, pedazos de papel o madera, etc. Del mismo modo, para Pimentel los colores son ante todo pigmentos, es decir sustancias. Destacan tres colores fundamentales que corresponden a los cuatro elementos: el marrón –y variantes terrosos, ocres claros y a menudo cromatismos rojos–, el negro, el azul; este último, gracias al empleo de tonalidades índigo o turquesa, alcanza intensidades inusitadas.

En el empleo de objetos-materia en la pintura ya se percibe el impulso que ha llevado a Pimentel hacia la instalación en los años noventa. Sin embargo, no es pintura matérica, tendiendo hacia el bajorrelieve, porque no tiene volumen. Al contrario, las capas son tan delgadas que hasta las sustancias como el carbón e incluso la misma tierra guardan cierta transparencia (una serie se llama *Matière et Transparence*). En la mayoría de los casos, constituyen un fondo relativamente uniforme, monocromático, aunque saturado de múltiples irregularidades y accidentes. Forman zonas de mayor o menor densidad matérica, zonas de turbulencias donde la capa se espesa o deja traslucir otra tonalidad que insinúa formas por borrosas que sean, medio cubiertas o medio emergentes. Estas áreas, que vienen marcadas por un color de la misma gama, están generalmente ubicadas en un lugar *grosso modo* central y por lo tanto prominente, donde se multiplican los signos, pintados en colores contrastantes. El tamaño y la forma de las zonas varía; unas son rectángulos esquivos, otras sugieren círculos perdidos en un espacio que parece no tener límites salvo los bordes de la tela, ésta habitualmente de gran tamaño. Otras veces el dibujo llega muy cerca del borde, pero en la mayoría de los casos no apunta más allá de la superficie (como en *Sans titre*, de la serie *Mémoire du ciel*, 1993, óleo sobre tela, 200 × 190 cm).

Así se plasman dentro del cuadro unas regiones que podríamos llamar "icónicas", porque es allí donde se concentra la actividad sígnica, que señala la voluntad creadora, sobre fondo accidentado, pero uniforme en su constitución. La imagen parece alojada en contexto "anicónico", virgen de intervención humana por así decirlo y abierto en todas las direcciones. Pero esta dicotomía no da cuenta de las interacciones entre los estratos. En la obra de Pimentel, la imagen incluye la representación de una sustancia despojada de todo contexto figurativo, cuya materialidad en sí se vuelve "idea" a través de su representación. La materia, figura y presencia actual a la vez, constituye pues un macrocosmos que es el único punto de referencia para el espectador. Pimentel elimina el "horizonte" que autorizara la percepción del objeto o de su imagen desde una perspectiva subjetiva. El espectador percibe los componentes y los despojos que abriga la imagen, la relación entre la superficie del cuadro y las figuras que contiene, pero ésta es extensión virtualmente infinita[1]. Tal como los objetos que incluye, la tela es *pars pro toto* a su vez, fragmento de una totalidad. En última instancia tiende a envolver no sólo éstos, sino también al mismo espectador. Al no disponer de punto de referencia se establece una distancia ambigua entre el espectador y la figura. Por más que

---

[1] En cierto modo, los cuadros tienen algo de mapas geográficos (a veces Pimentel utiliza el cuadriculado de los mapamundi) donde se avistan y se aíslan vagas masas en función de su densidad frente a una extensión inasible, porque no se indica su escala.

se acerque, no se borra del todo el sentimiento de una lejanía infranqueable. Esta oscilación se produce sobre todo en las telas. En las obras sobre papel, el trazo sí alcanza cercanía física mucho más intensa y anula la distancia de seguridad; pero es el trazo en su materialidad, no la imagen, lo que se acerca.

Representación no significa imagen. Es que todo en estos cuadros es objetual, en tanto componente material de su entorno físico. Pero interviene en su percepción el tiempo de la acción formadora y el impacto del tiempo sobre su emplazamiento, implicando una reflexión sobre la duración impartida a la imagen. La presencia del objeto representado sigue siendo precaria. Por cierto el trazo o el residuo se percibe como signo, pero se escapa a toda atribución de significado unívoco, porque su materialidad es la de la huella, en el sentido que le da Emmanuel Lévinas (1967 y 1972). Su modo de ser es una presencia que señala un "ya no" anterior a toda remembranza precisable y sin apuntar hacia un más allá. Pimentel rechaza la "iconicidad" por ser índice de idolatría del objeto representado, y no solamente de éste[2]. En términos estéticos –y sigo aquí el credo de Adorno– el rechazo se debe a que cualquier atribución de valor simbólico de por sí refleja el afán dominador del sujeto cognoscente, afán que corre parejas con la idolatría[3]. Veremos luego cómo esta reticencia ante el icono impregna su lenguaje sígnico y cómo se plasma en las series dedicadas a *Los salvajes* y *Los momentos rituales* (no expuestas aún), donde Pimentel remonta a la memoria de la escultura africana y su contenido religioso. Conste aquí que si no comparte la motivación teológica de Lévinas, la posición de Pimentel es fundamentalmente ética. Y a diferencia de Lévinas, en su obra la huella no cierra el camino a la imaginación. Precisamente por el hecho de que se rehúsa el facilismo de toda proyección que resultaría mera apropiación, la huella incita a un vaivén incesante entre la evidencia del objeto o supuesto "símbolo" y el cuestionamiento de su valor sígnico[4]. No

---

[2] La tesis de Elena Bovo sobre *La pensée d'autrui chez Lévinas et Derrida*, presentada en 2002 en París, expone las múltiples dimensiones de la huella según Lévinas así como su interpretación por Derrida.

[3] Véase en particular su discusión de lo "Bello natural", figura de la no-identidad del objeto de conocimiento, en *Teoría estética* (1970).

[4] Juliane Rebentisch: *Ästhetik der Installation*, siguiendo la tradición alemana de discutir la estética dentro de la problemática sujeto-objeto, habla de "desestabilización" del espectador. Rebentisch sostiene que si el modo de ser del objeto estético radica en la imposibilidad de definirlo, queda la vía exclusiva de la *experiencia* estética (es decir, la práctica social). Se opone no sin razón al malentendido objetivista que quisiera limitar la experiencia estética a la reconstrucción del arreglo de una obra, pero olvida que sin objeto (en su sentido lato, incluyendo las artes temporales) sencillamente no hay experiencia. Con mayor razón que en otras esferas, es el objeto estético el que canaliza o produce la experiencia. Pimentel por cierto no es precisamente hedonista. Es tanto más necesario adentrarse en su lenguaje sígnico.

quiere decir esto que la huella aquí sea críptica señal de la utopía como en la obra de Ernst Bloch. Para Pimentel actividad mnemónica e imaginación van paralelas. La huella apunta hacia lo que las múltiples capas de la superficie supuestamente "anicónica" encierran, para sacarlo al descubierto, trazando movimiento desde abajo hacia la superficie.

2. Los signos

Las obras dejan pues grandes zonas "vírgenes", superficies que tienden a ser monocromáticas, en medio de las cuales se asienta una concentración de inscripciones múltiples: manchas, marcas, trazos, líneas erráticas que se van borrando hacia los bordes, etc. Pero el fondo nunca es neutro en Pimentel. La oposición tradicional entre superficie y figura, si persiste, aparece en graduaciones de variedad tal que tienden a ponerla en entredicho. Las zonas donde parece asomar la actividad pictórica son tan indecisas, y las inscripciones son tan diversas en su consistencia como en su aplicación y sus orientaciones, que a menudo resulta imposible determinar dónde acaba la materia de fondo y dónde empieza la intervención del creador.

Una amplia gama de aplicaciones se abre entonces, de acuerdo con las numerosas materias que se utilizan (y que por lo demás constituyen a veces la misma sustancia colorística, como en *Memoria de ceniza*, expuesta en 2001 en Cajarc, Francia). El gesto es punto, línea, garabato, brochazo, golpe, frote. Los trazos se van multiplicando, forman series o superficies estriadas, se yuxtaponen, se cruzan, se superponen; pueden darse de un solo golpe, y a veces se produce un accidente. Entonces el gesto en sí deja rastro, cuando el color gotea y forma una simple mancha o un reguero de salpicaduras. Ocurre con gran frecuencia, pues la tela u hoja de papel se encuentran en el suelo, y su tamaño obliga a efectuar grandes gestos para cubrir la tela; a menudo el pintor debe caminar sobre la superficie o apoyarse en ella, de modo que aparece la impronta de la mano. Es difícil saber hasta qué punto se controlan los efectos secundarios.

Ya sea delicado o violento, el gesto es rara vez expansivo. Su marca inicial es el punto aislado, que se va extendiendo para convertirse en dibujo, en figura o simplemente en línea señalando una trayectoria. Si bien los signos atraviesan toda la extensión de la tela, someros y espaciados a veces y otras con intención figurativa, siempre conservan algo de su origen que es la impronta. De allí la dificultad para distinguirlos de otras marcas anteriores, surgidas al preparar el fondo, a las que quizá aquí y allá se agregarán otras después del trazo. No sólo lo humano deja huella; lo indistinto, lo difuso, lo indefinible se mezcla inextricablemente con la inscripción. Por cierto hay afirmación de la presencia humana, a través del gesto expresivo. Al mismo tiempo aparece frágil y fugaz, características que otorgan intensidad a su presencia.

A lo largo de una trayectoria artística –ya sea la de Miró, Klee o Basquiat– se va formando a menudo un "léxico" de significantes, más o menos privado, más o menos abierto para el espectador, léxico que por lo demás sólo se estabiliza al declinar la creatividad. Algo similar sucede con el lenguaje inconfundible de Pimentel. Con el tiempo el observador se irá dando cuenta de que los signos no son solamente marcas abstractas, representan una suerte de estenografía. Pronto aparecerán objetos y hasta personajes esbozados, estilizaciones garabateadas o apenas insinuadas. Así, en una obra de la serie *Pour un Couple* (1991, técnica mixta sobre papel, 105 × 75 cm), se podría reconocer una forma arborescente al lado de un sexo femenino. En otra obra del mismo año aparece un "fetiche" enano, aunque no se sabe si es ilusión, porque la silueta vagamente antropomórfica se compone de simples manchas de *gouache* azul y negro, a las cuales se agregan unos cuantos trazos de lápiz, sin relación aparente con el personaje.

Pimentel comparte con Tàpies el interés en lo matérico, cercanía quizá más visible en *La godasse* ("El zapato", 1990, técnica mixta sobre papel, 75 × 105 cm). Pero en Tàpies, es el objeto el que posee monumentalidad, mientras que en la obra de Pimentel es el espacio lo que predomina, o sea, el conjunto. Frente a la consistencia del bajorrelieve de Tàpies, sus figuras poseen una presencia frágil. Lo incisivo en él es el dibujo; y cuando concibe formas plenas, casi nunca alcanzan la nitidez rotunda de la *Gestalt*. Se podría establecer una larga lista de los modos en que se desvanecen en su entorno, como en el dibujo del pequeño "fetiche".

Ahora bien, Pimentel no pinta *sobre* una temática. Su gesto expresa, tal como lo practicaron sobre todo Kline y en cierta medida Motherwell, lo que el título luego articula o deja en suspenso. En este sentido, no hay abstracción, sino un lenguaje de signos articulados en el acto, de allí la insinuación de narraciones posibles. Recordemos que los expresionistas abstractos reivindicaron una temática muy concreta, no solamente un lenguaje formal. Sin embargo, las diferencias son igualmente evidentes. En los pintores de la *action painting*, el gesto encierra toda la verdad; Pimentel insiste, al contrario, en su extrañeza. En su obra, la gestualidad expresiva resulta como empequeñecida por su ubicación en un espacio mucho más vasto, ajeno a la función de acoger la acción humana.

Robert Motherwell escribió en 1947 que empezaba sus telas sin tener en mente imagen alguna (Motherwell 1999: 42-43). Pimentel intenta a su vez remontar hasta los orígenes de la actividad pictórica. Utilizando materiales rústicos y renuentes, busca del lado del trazo infantil, representación que no "reproduce". Por lo mismo se interesa en la pintura rupestre, asociada a ritos mágicos de conjuro. Allí se capta quizá, en un solo momento, la voluntad creadora y la violencia inherente a la toma de posesión a través de la imagen, el gesto pensativo y la función social de la pintura. Pimentel no sólo expuso en Cajarc, sino que también pintó en este pueblo situado en la región de los grandes conjuntos rupestres, recordando sin duda las numerosas muestras que existen en su isla natal[5]. Brassaï fue el primero en observar la cercanía entre arte rupestre y *graffiti*. Las telas de Pimentel poseen ambas calidades, por ello se tiene la impresión concomitante de que están hechas de capas sucesivas. Es que los conjuntos parietales se han constituido a través de superposiciones de imágenes, de tal suerte que las anteriores se vislumbran detrás de las más recientes, en una especie de palimpsesto. En un solo panel se combinan distintas imágenes, correspondientes a las sucesivas fases de su desarrollo. La pared comprende a la vez su historia y su presencia actual. Así sucede en la obra de Pimentel. El signo y el fondo, que fue signo en su tiempo, envejecen juntos: cada signo, cada imagen, se convierte en huella. De allí la impresión de fugacidad que se desprende de ellas, por vigoroso que sea el dibujo. El proceso de reconstrucción resulta aquí virtualmente infinito para el espectador, porque la indistinción entre las marcas "naturales" y las marcas dejadas por la mano del hombre se debe esencialmente a esta reflexión sobre la relación entre el tiempo y el trazo.

3. Memoria

Otra característica de la pintura rupestre es su carácter colectivo: son varios los colaboradores a través del tiempo. No es que Pimentel represente miméticamente este proceso múltiple y espaciado a través de un largo tiempo. Más bien interpreta la superficie como un entramado de huellas, que cabe preservar y hacer resaltar. El arte rupestre, por lo demás, pertenece a las entrañas de la tierra, pues la cueva esconde sus signos a la mirada. La superficie, en Pimentel, es esencialmente "suelo", elemento universal por ser espacio com-

---

[5] En el catálogo de la exposición en Cajarc, Pimentel evoca el "silencio de la línea dormida" que encierra lo olvidado lejos de la superficie: "Aux odeurs bien humides de l'histoire engloutie./ Silence./ Aux puissances magiques du temple et aux voix invisibles du passé... À ceux qui ont gravé dans la pierre le désir./ Silence./ *À la pudeur millénaire des signes cachés*... Que mes yeux s'ouvrent dans l'ombre et la ligne endormie se réveille./ LUMIÈRE!/ Et mes mains ont touché les entrailles colorées de la terre" (el subrayado es mío).

partido. Dice Pimentel que "antes que hombre de color, me siento hombre de la tierra". Es aquí donde se conjugan necesariamente lo colectivo y lo individual, la memoria personal y la memoria colectiva que se ha depositado en sus diferentes estratos. La materia, que es naturaleza, no es fondo neutro porque la historia humana se imprime en ella.

En este sentido podríamos hablar de una obra que realiza una labor arqueológica. Pimentel saca a luz no lo excepcional, sino la experiencia compartida, lo común olvidado o subconsciente. El primer gesto consiste en escarbar con las manos el suelo, constatar, recoger, exponer los estratos para hacerlos remontar a la superficie. Justamente cuando emprende lo que podría constituir una tarea política en sentido amplio, Pimentel elimina la violencia gestual, porque opina que ya no se puede hacer trabajo de memoria "en contra de". Por cierto el poeta o el novelista pueden escribir ensayo o panfleto, pueden polemizar, ironizar, manejar la palabra como arma. El pintor no posee nada semejante. A no ser que se trate de propaganda, comercial o política, la imagen siempre encierra la celebración y la inclinación ante lo representado. Lo que sí se puede y se debe efectuar es la meditación ante lo visible, ante lo que precisamente no es discurso en una imagen, es decir, pensar las vías mnemónicas e imaginativas que se abren a través de una imagen. El artista no habla, actúa; ya no es posible dictar un programa al arte (como fue el caso en el muralismo mexicano, que construyó, de hecho, la identidad nacional sobre lo consabido, lo mítico).

El expresionismo pudo ofrecer a los artistas latinoamericanos un lenguaje formal para manifestar su cólera y desesperación, y la obra de Vicente Pimentel entronca sin duda con esta corriente. Efectivamente, en sus años dominicanos practicaba la deformación del cuerpo humano en la tradición del expresionismo alemán[6]. Sin embargo, no basta con pintarrajear al opresor y desfigurar a la víctima. La revelación será tanto más eficiente y duradera cuanto que se concentra en la experiencia íntima. Desde entonces Pimentel ha venido trazando un proceso introspectivo, compromiso con la verdad en tanto exposición de su estar en el mundo. Pero hay que ir más allá de la perspectiva individual. La dimensión ética de su obra radica en un vaivén constante entre lo individual y lo colectivo. Ahora bien, si en toda relación visual se intenta la apropiación del objeto, acto que lo violenta reduciéndolo al solo testimonio de la causa propia, el significado de lo que pueda ser rescatado resulta forzosamente truncado. Por esta razón Pimentel insiste en la alteridad obstinada e irreductible de la huella. Los signos que pinta deben poseer este

[6] Entrevista con el pintor en 2003.

"pudor" que atribuye al arte rupestre. En las obras sobre papel, ejecutadas de un solo golpe, con colorido intenso, el signo se aproxima a la monumentalidad que el expresionismo confería al objeto particular; en cambio, en las telas, aunque la expresividad parece reducida por ser el trazo parte íntegra de la superficie, no se preserva menos lo particular frente a lo general: el mismo suelo común se vuelve enigmático y extraño mientras no se hayan puesto al descubierto todos sus estratos.

Las instalaciones realizadas en la última década abren un nuevo espacio particularmente apto para la exploración de la memoria colectiva. Ya se dijo, prolongan la preocupación matérica que desde hace tiempo anima la pintura de Pimentel y la insistencia en la temporalidad de sus signos. Juliane Rebentisch, al discutir en su *Estética de la instalación* (2003) la teatralidad, la intermedialidad (sobre todo, la integración de artes espaciales y artes temporales), y la especificidad local, insiste, con razón, en que no son características privativas de la instalación. Ésta constituye un procedimiento transgresor de la especialización modernista, pero al mismo tiempo es heredera de la tradición moderna que incluye una auto-reflexión sobre los constituyentes de toda imagen. A no ser que la relación visual incluya de por sí cierta teatralidad, ésta no me parece formar parte de las intenciones de Pimentel, pues supondría un elemento ficticio, ausente en su obra pictórica. En cambio, las instalaciones exigen una puesta en escena de las piezas, aunque se trate sólo de su disposición en el espacio. Ahora bien, Pimentel muestra más bien el proceso de su creación, ofreciendo al espectador los materiales que entran en la composición. Por ejemplo, en *Tierra* (París: Galería Keller, 1989) figura en una superficie horizontal, frente a la tela y ligeramente elevada, la materia utilizada para la tela. Al lado de ésta se encuentra una madera presentada sobre un pedestal a manera de un ídolo. Su presencia parece insinuar cierta ritualización, pero la pieza no es sino residuo, huella que atestigua la existencia de ritos hoy olvidados. Parece haber sido sacada de la superficie horizontal, donde probablemente yacía al lado de una lata de conserva, bien destacada entre otros residuos. El conjunto busca la complementariedad de sus componentes, en cuanto la disparidad de los medios escultóricos y pictóricos resulta compensada por la unidad material de los residuos, posibles testigos de un pasado que cobra vida como huella de la memoria colectiva.

La instalación de Pimentel se distingue de las prácticas actuales de la intermedialidad por el hecho de que rara vez incluye distintos géneros. Sí amplía las posibilidades para implicar al espectador extendiendo su percepción sensorial desde lo visual a lo táctil y hasta lo olfativo, en conjuntos que incluyen el fuego, por ejemplo. Lo invita a circular entre las distintas piezas, quizá a tocar a su vez las materias primas, y sobre todo, a inclinarse. No intenta crear un espacio teatral. Pimentel es parco en la selección de componentes, necesita distancia entre ellos y espacios amplios, abiertos al entorno, para dejar margen asociativo al espectador y facilitar su concentración meditativa. En este sentido sus instalaciones no son tanto obras como "modelos de su posibilidad", según la formulación de Juliane Rebentisch.

4. Huellas de la experiencia afroamericana

El tercer aspecto mencionado en la *Estética de la instalación*, la sensibilidad por la especificidad local, se ajusta mejor a la búsqueda de Pimentel. Con razón afirma Rebentisch que la instalación no arremete contra la autonomía de la obra de arte, sino que invalida la ilusión de su independencia contextual, de acuerdo con Adorno cuando escribe que "no el arte es inmanente a la sociedad... es la sociedad la que es inmanente a la obra" (Adorno 1970: 345). Dos trabajos presentados en Estados Unidos, relacionados indirectamente con la historia del Caribe, testimonian su capacidad de intervenir *in situ*. Una obra realizada en 2001 para el African American Museum en Dallas asocia datos económicos, sociales y culturales para unir en una sola trama la historia de cuatro grupos humanos que conviven en Texas ignorándose mutuamente: los indígenas, los mexicanos, los afroamericanos, los blancos. Aquí su procedimiento arqueológico se muestra particularmente eficaz. Pimentel visitó los distintos centros de vida de cada comunidad recogiendo muestras de tierra, pero incluyó también un cementerio negro cuya tierra utilizó como materia prima para una tela, de modo que en la obra afloraron –en el sentido geológico– pedazos de osamenta. En *Cotton Blue*, instalado en Detroit[7], reconstruye la historia del algodón, con diferentes elementos: fardos de algodón virgen, telas, luz escénica diferenciada, y documentos sobre el comercio triangular implicando la trata de esclavos, etc. El elemento fundamental es el azul (añil), opuesto al blanco del algodón virgen (ver también, en la cubierta de este libro, el proyecto de instalación *Azúcar, algodón, cadena*, febrero de 2004)[8].

---

[7] En 1998, Galería G. R. N'Namdi. El propietario es afroamericano, pero su clientela es blanca en su mayoría. En estas condiciones parecía indecente adoptar actitud militante. Dentro del contexto dominicano, la investigación de Pimentel cobra otro significado, puesto que la temática afroamericana, ocultada durante los años sesenta, época, años de su formación, ha quedado relegada al discurso del "mestizaje", construido como contrapeso al ejemplo de Haití. En cuanto a la pintura dominicana, véase el libro de Veerle Poupeye (1998).

[8] De paso se descubre el concepto del "negro azul", relacionado con la esclavitud en los campos de algodón, que tiene correspondencia con las denominaciones en el español caribeño. En el primer plano de la ilustración se percibe una muestra de índigo.

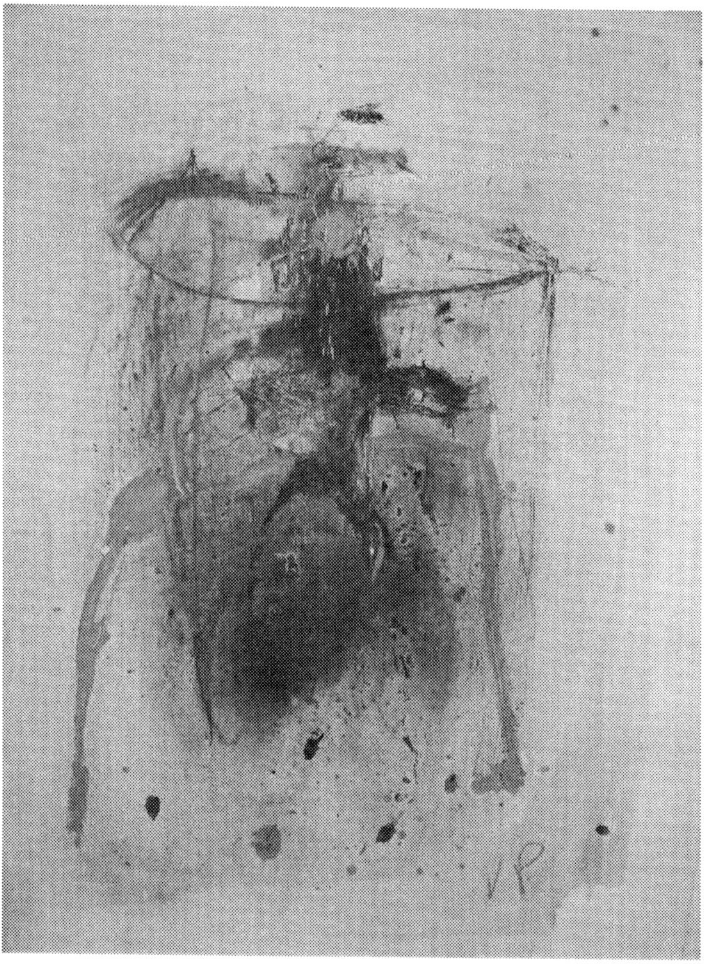

Fetiche, 1992, collage y técnica mixta sobre papel. Serie *Rituels*.

Ambas exposiciones señalaron un vacío de hecho sorprendente en las artes plásticas afroamericanas de Estados Unidos, donde la historia parece ausente; incluso en sus formas militantes, se concentran en la época contemporánea[9]. En estas instalaciones, Pimentel intenta dar un paso más allá de una historia

[9] Véase, entre otros, Sharon F. Patton, 1998. Lo mismo vale para las artes caribeñas. La obra de Pimentel resulta perfectamente inasimilable dentro de las categorías que en este marco se manejan actualmente (ver Veerle Poupeye 1998), tanto por la temática, o mejor su perspectiva, como por su lenguaje formal.

etnocéntrica, al establecer una relación íntima entre la población negra esclavizada y los demás grupos sociales, para implicar de este modo al conjunto social alrededor del suelo común[10].

Fuera de las religiones sincréticas, donde se han mantenido los dibujos rituales, la herencia plástica africana no se ha conservado en las Américas. Pimentel se ha acercado en varias ocasiones a la tradición africana, a la estatuaria, las máscaras y en particular a lo que llama "los fetiches", figuras dotadas de poder espiritual. Sin duda la temática religiosa –en sentido amplio– está presente en toda su pintura, en la medida en que no hace realmente distinción entre lo profano y la esfera espiritual. Ya he observado que en su reflexión sobre lo mágico en el arte rupestre, Pimentel no se lo apropia, sino que lo rescata en forma de huella, manteniendo sus trazos a nivel de signo, anterior a la iconicidad. En *Los salvajes*, un conjunto de cuarenta obras en técnica mixta (*gouache* con tierra), hay evidentes correspondencias rítmicas entre su pintura y la escultura, y en cierta obra el artista encuentra, además, la estructura de los relicarios centroafricanos[11]. Pero no se trata de reconstrucciones en busca de un tiempo perdido. Recogen las tensiones internas de la escultura africana, su energía anterior a la forma.

Para meditar sobre los poderes de la imagen, estudiados por David Freedberg (1989), Pimentel parece dar mayor énfasis a la figura en *Momentos rituales* y en *Los salvajes*, ambas series ejecutadas sobre papel. En *Los salvajes*, el fondo se conserva en blanco. Pimentel utiliza un papel muy fino como soporte frágil que se contrae bajo el impacto de una materia densa y grumosa; así se forman pliegues que irradian desde las formas hacia los bordes, a modo de aura hecha visible. El trazo es sumamente rápido y ejecutado con anchos brochazos estriados, dejando regueros de salpicaduras. La imagen parece a punto de desbordar el marco, porque está dinamizada y puesta en movimiento a menudo por un desfase entre dos figuras superpuestas, realizadas con dos colores principales, marrón o negro. Sin embargo, se utiliza tanta agua que por su estructura interna desarticulada las formas se parecen más a una mancha que a una figura determinada. Expresan la situación en que está la memoria de la imagen rescatada y exponen el proceso de su rescate. Ya se pudo observar esto en el *Fetiche* de 1992 (de la serie *Rituels*, collage y técnica mixta sobre papel, 105 x 75 cms), donde la forma blanca, cabeza de una estatua trazada

---

[10] Esto no excluye que recurra a la ironía. En la *performance* realizada para inaugurar *Cotton Blue*, su mujer, de origen japonés, cantó *Summertime* de Gershwin. La visión blanca, folclórica, del mundo afroamericano que escamotea la violencia que padeció la población negra (restablecida en la versión de Dianne Reeves) sirvió de contrapunto a la exposición.

[11] La lista de evocaciones podría extenderse a la escultura senufo, dogón y baulé.

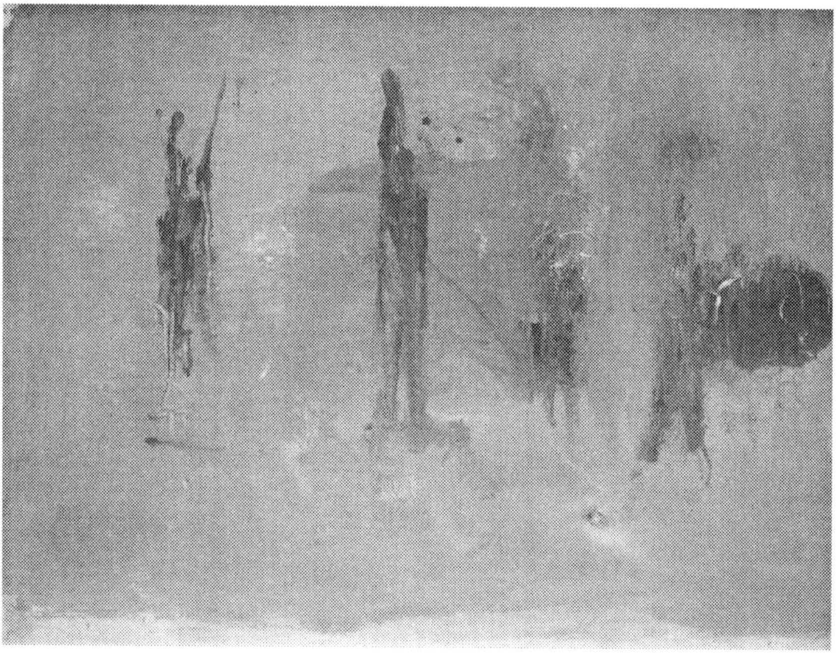

El cimarrón, 2003, óleo sobre papel.

como con tiza por el suelo, está hecha con trazos irregulares, medio desdibujada. En *Momentos rituales*, una serie en óleo y técnica mixta de mayor tamaño, el exterior y el interior de la figura están en osmosis, según otro principio compositivo de Pimentel que no admite yuxtaposición *hard edge*. Dentro de una forma cilíndrica, aunque no cerrada, se divisa una silueta negra como en levitación, la figura de un fetiche truncada pero prolongada por extremidades ocres y tentaculares como de insecto, y del mismo color aparecen manchas y "brazos" que sobresalen del cilindro. El espectador vuelve a mirar, y la unidad de la figura ha desaparecido: ¿habrá sido proyección suya, o necesidad imaginaria ancestral?

Aquí también prevalece el silencio del signo que es huella. La arqueología de Pimentel extrae la memoria colectiva del imaginario individual. Ésta es una de las empresas fundamentales del artista. Sin embargo, la huella no sólo remite al pasado, porque recuerda el inicio de la figuración más que la figura misma. En *El cimarrón*, obra terminada recientemente, en 2003 (óleo sobre papel, 120 x 160 cms), se deslizan sobre una larga banda horizontal, apenas esbozada, una serie de personajes furtivos. Las manchas que mantienen viva su presencia pasada se convierten en promesa.

Bibliografía

ADORNO, Theodor W. (1970): *Teoría estética*. Frankfurt: Suhrkamp.
BERGERET, Yves (1998): "Vicente Pimentel", en: *Poésies* 71 (février). Paris: Seghers.
BRENEZ, Nicole/MICHAUD, Alain-Philippe (1991): *Vicente Pimentel*. Cat. exh. Espace Valles, St. Martin d'Heres.
CHALUMEAU, Jean Luc (1992): *Vicente Pimentel. États de fusion, œuvres sur papier*. Paris: Éditions Garnier Nocera.
FREEDBERG, David (1989): *The Power of Images*. Chicago: University of Chicago Press.
LÉVINAS, Emmanuel (1949 [1967 reedición ampliada]): "La trace de l'autre", en: *En découvrant l'existence avec Husserl et Heidegger*. Paris: Vrin.
— (1972) *Humanisme de l'autre homme*, Montpellier: Fata Morgana.
MOTHERWELL, Robert (1999): *Collected Writings*. Los Angeles: University of California Press.
PATTON, Sharon F. (1998): *African-American Art*. New York: Oxford University Press.
PIMENTEL, Vicente (1991): "Silence", en: *Préhistoire – histoire de peintures contemporaines*. Cat. exh (Bruno Bolze, Vicente Pimentel, Fabrice Rebeyrolle, Martín Ward), Cajarc: Maison des Arts Georges Pompidou.
POUPEYE, Veerle (1998): *Caribbean Art*. London: Thames and Hudson.
REBENTISCH, Juliane (2003): *Ästhetik der Installation* ("Estética de la instalación"). Frankfurt: Suhrkamp.
SINGLER, Christoph (2003): "La vérité à portée du regard. L'œuvre de Vicente Pimentel", en: *Arts d'Amérique Latine, marges et traverses, Caravelle* 80 (juin), Toulouse.

III. Guerra a los textos

Puerto Rico burundanga/ Puerto Rico, "cuento en camino": deambulaciones limítrofes de Ana Lydia Vega

Magdalena Perkowska-Álvarez
Hunter College, CUNY

La cultura es siempre un campo de batalla.

Susana Rotker

Nous sommes fatigués de l'arbre. Nous ne devons plus croire aux arbres, aux racines ni aux radicelles, nous en avons trop souffert.

Gilles Deleuze y Félix Guattari

Desde finales del siglo XIX, la identidad nacional ha sido un tema obsesivo del discurso cultural puertorriqueño. "Entender lo que es Puerto Rico" (Rodríguez Juliá 1991: 124), articular al ser nacional, es una tradición que atraviesa generaciones de intelectuales y se manifiesta tanto en la literatura como en la historia y las ciencias sociales o políticas[1]. La nación es, afirma el ineludible Benedict Anderson, una comunidad política imaginada, cuyos miembros, sin conocerse directamente, viven mentalmente la imagen de su comunión (1991: 6). Para auto(con)figurarse y diferenciarse, la nación se imagina, es decir, deposita su identidad en imágenes cuyo registro inmensamente profuso abarca desde nombres propios y simples palabras convertidas en símbolos ("Puerto Rico-burundanga"[2]), pasando por metáforas poéticas, escenas históricas o

[1] Véanse estas aseveraciones de Edgardo Rodríguez Juliá y Ana Lydia Vega: "[La] tradición [en la literatura nacional] es la de explicar lo que es Puerto Rico. El problema de la identidad aflora a través de las generaciones" (Rodríguez Juliá 1991: 123); "La literatura nuestra (...) constituye una variación constante sobre el mismo tema obsesivo: la sinfonía de la identidad nacional con sus dos vertientes melódicas de la lucha anti-imperialista y la lucha de clases" (Vega, cit. en Gelpí 1993: 185).

[2] El verso viene del muy conocido poema de Luis Palés Matos, "Canción festiva para ser llorada" (1971: 243). Ana Lydia Vega incorpora esta palabra que epitomiza lo heterogéneo y lo

paisajes nacionales en la pintura, retratos de los próceres y dirigentes, esculturas, edificios, símbolos patrios (la bandera, el escudo), hasta los relatos fundacionales e identitarios, tanto los históricos como los ficticios; hoy en día, incluso los anuncios comerciales con su énfasis en lo típico explotan y, al mismo tiempo, refuerzan la comunidad imaginada de los espectadores. Todas estas imágenes se afianzan en el pasado, en lo que suele llamarse la historia o la tradición nacional, construyendo puentes entre los tiempos pretéritos y el presente; a la vez, son proyecciones al futuro, concretizaciones imaginarias de voluntades políticas y/o culturales, en otras palabras, son invenciones deseantes. Imaginarse es inventarse y viceversa, porque toda invención necesita plasmarse en imágenes que van formando el campo de cultura de cada nación. Ahora, si bien "la cultura es, por definición, el territorio donde toda imaginación es posible y donde todo pensamiento libre tiene su lugar, es también el punto de refugio de los dogmas y de los absolutismos" (Rotker 1994: 7). Es por eso por lo que, como sostiene Susana Rotker, "la cultura es siempre un campo de batalla" (7) y los que batallan en él son siempre, de alguna manera, guerreros de lo imaginario. En las visiones de la identidad nacional que proponen y defienden estos guerreros, se cifran no sólo sus convicciones políticas, sociales y culturales, sino también la ideología de su época, clase, raza y género. Los duelos o diálogos que se libran entre los imaginarios nacionales en diferentes épocas o en el marco de la misma época evidencian el carácter dinámico del campo cultural y revelan al mismo tiempo que la nación no es una realidad absoluta y fija, sino una construcción histórica y cambiante. Imaginarla de nuevo, inventarla de otra manera, no sólo es posible, sino también necesario; cada imagen nueva revisa las anteriores y le permite al/a la guerrero/a de lo imaginario inscribir su apuesta/propuesta para el futuro, condicionada por la evolución de las circunstancias políticas, sociales y económicas del Estado-nación al que pertenece.

La dinámica del campo cultural se debe no sólo a la pugna de los imaginarios, sino también a la variedad de tácticas de las que se sirven los artistas e intelectuales, en general, y los escritores, en particular, para edificar su visión de la "nación soñada"[3]. Dado que la identidad nacional es una construcción, las estrategias –de representación, de persuasión, de evocación o de inven-

---

contradictorio en su obra (por ejemplo, en el ensayo "Madera y pajilla" de *El tramo ancla* se lee: "Interesante burundanga. No cambien de canal, no vayan a perderse ese duelo de ópera y merengue" 1991: 296) y "lo convierte en uno de los principales organizadores de gran parte de [ella]" (Gelpí 1993: 187).

[3] Este término aparece en el título del Congreso Internacional celebrado del 24 al 28 de abril de 1995 en Aranjuez: "La Nación Soñada: Cuba, Puerto Rico y Filipinas ante el 98".

ción– por medio de las cuales un artista/escritor crea su imagen identitaria son tan significantes como la imagen misma; de hecho, las dos son indisociables. La presencia constante de la preocupación ontológica nacional en el campo cultural puertorriqueño hace de él un terreno adecuado para observar los duelos de las imágenes identitarias y la abundancia de estrategias utilizadas. El objetivo de este trabajo es examinar "las tretas de guerrera"[4] a las que recurre la puertorriqueña Ana Lydia Vega y la imagen de la nación que construye a partir de ellas en su obra narrativa, tomando como punto de arranque: 1. la actitud desafiante de la autora frente a las versiones fundacionales de la identidad nacional formuladas al principio del siglo XX; 2. los conceptos de texto-árbol y texto-rizoma planteados por Deleuze y Guattari en *Mille plateaux. Capitalisme et schizophrénie*.

Fue la primera generación cultural, conocida como la Generación del Treinta, la que, respondiendo a una nueva situación colonial y social, fraguó la imagen fundacional de la nación puertorriqueña, elaborada alrededor de los conceptos de continuidad, cohesión, y orden social y moral:

> En el marco de una nueva relación colonial y desde los círculos letrados de los núcleos urbanos, alarmados por las implicaciones tanto reales como simbólicas del cambio de soberanía y por la emergencia de nuevos sectores sociales, los intelectuales puertorriqueños fueron definiendo una ideología y una práctica social y literaria. En la misma trazaron sus límites respecto a otros campos de poder y se otorgaron sus modos específicos de legitimación. En una retórica modelada en el discurso de la crisis se presentaron ante una sociedad en cambio como índices de permanencia y continuidad, custodios de una cultura concebida como memoria colectiva; ante los intereses materiales que asociaron a dicha transformación se presentaron como una voz autorizada y confiable, como la conciencia moral de la sociedad; ante la especialización y heterogeneidad resultantes de la modernización se presentaron como un factor de orden y cohesión (Rodríguez Castro 1993: 33-34).

Esta primera definición del ser nacional se articula alrededor de un grupo recurrente y semánticamente homogéneo de metáforas: la familia, la casa, la hacienda, la ciudad –la plaza central y sus alrededores–, y la isla[5]. Todas ellas

---

[4] La expresión está modelada sobre "las tretas del débil", acuñada por Josefina Ludmer; señala, sin embargo, el cambio en la posición de la mujer en cuanto sujeto enunciador.

[5] La familia, la casa y la hacienda son tres variantes de la misma idea. La hacienda comprende, además de la familia y la casa del propietario, a los trabajadores y sus familias. Sin embargo, según señala Ángel Quintero, antes de que empezaran los procesos de la modernización, la hacienda entera se percibía como una gran familia y los trabajadores de la hacienda formaban parte de ella (Quintero Rivera 1976: 15). El centro de la ciudad –la plaza y las calles adyacentes– es el espacio donde se concentran las principales instituciones –el ayuntamiento, el juzgado, la

evocan espacios cerrados o difícilmente accesibles y se basan en lo que Gaston Bachelard llama "la dialéctica del fuera y del dentro" (1994: 191). Esta dialéctica divide brutalmente –Bachelard usa la palabra "descuartizar"– los espacios, creando "geografías solemnes"[6] y absolutas de inclusiones y exclusiones que repercuten en todos los dominios del pensamiento. A la dicotomía dentro/fuera corresponden las de acá y allá, sí y no, lo positivo y lo negativo, lo abierto y lo cerrado, el ser y el no-ser (191-192). Bachelard sostiene que la nitidez cortante de esta estructura expresa la voluntad de "fixer l'être et en le fixant (...) transcender toutes les situations pour donner une situation de toutes les situations. (...) On fait passer au rang d'absolu la dialectique de l'*ici* et du *là*. On donne à ces pauvres adverbes de lieu des puissances de détermination ontologique mal surveillées" (192). En los relatos fundacionales de la Generación del Treinta, la familia, la casa, la hacienda, el centro y la isla fundan el "acá" ontológico de la identidad nacional y se constituyen como una imagen absoluta y fija, una meta-imagen, que trasciende situaciones, realidades y geografías particulares. Es así como se debe entender el adverbio "globalmente" en la pregunta que abre la reflexión nacional en *Insularismo* de Antonio S. Pedreira: "¿qué somos? los puertorriqueños globalmente considerados" (1968: 17). Mediante una dialéctica de apertura y cierre que es un mecanismo de legitimación, la casa nacional diseña una zona de inclusión y exclusión[7]. Se incluye todo lo que la autoriza, enraíza e integra: los cimientos, el linaje, las tradiciones "de familia", reales o inventadas, que funcionan como puentes hacia el pasado, o porciones aceptadas y/o deseables del pasado. Se excluye la heterogeneidad no asimilada y no asimilable que amenaza la solidez y la cohesión de esta construcción simbólica y desautoriza sus códigos interpretativos.

Uno de los ataques más virulentos (aunque, también, discutibles) en contra de los códigos y esquemas que en nombre de la interpretación reducen la complejidad de lo real fue lanzado por Deleuze y Guattari. Al considerar la relación entre el texto y la realidad, estos autores distinguen entre estructuras arborescentes y rizomáticas. El texto-raíz es un sistema arborescente y jerárquico con centros de significación y reconocimiento que funcionan de acuerdo a pautas preestablecidas (1980: 25) y que es incapaz de comprender la multiplicidad porque su *modus operandi* es la lógica binaria (11); para imponer orden y continuidad se apoya en la filiación –las raíces que lo sostienen– y busca genealogías;

---

iglesia, la policía o la guardia civil, la escuela y la universidad– y donde se encuentran las residencias de la elite. Se trata, por lo tanto, de un espacio altamente institucionalizado y homogéneo.

[6] Estas palabras, provenientes de un poema de Paul Eluard, aparecen en el epígrafe del capítulo "La dialectique du dehors et du dedans".

[7] Sobre la casa como metáfora del alma nacional, véase Rodríguez Castro (1993).

persiguiendo esencias y absolutos, hace del verbo "ser" su pivote (36); finalmente, el texto-árbol no experimenta con lo real ni lo produce, sino que calca sus formas, reproduciendo mitos, imágenes o modelos imaginarios que previamente había seleccionado y aislado; de esta manera, organiza, estabiliza y neutraliza las multiplicidades de acuerdo con sus propios ejes de significación (21).

Si se concibe la imagen de la nación como una forma de texto (y, en este caso, sería un meta-texto), entonces la nación imaginada como familia-casa-centro-isla sería un texto-árbol con raíces. La figura dominante del *pater familiae*, encarnada en el prócer, maestro, médico, alcalde o capitán, señala una organización jerárquica paternalista[8]; la distribución de núcleos significativos según la ya mencionada dialéctica de dentro y fuera, bifurcada en acá/allá, nosotros/ellos, tradición/modernización, revela el apego a la lógica binaria; el reconocimiento de los cimientos hispanos y católicos atestigua la búsqueda de una genealogía fuertemente arraigada en el pasado y la tradición; el verbo "ser" y el adverbio "globalmente" de la pregunta que guía a Pedreira, hacen sospechar modelos esencialistas impuestos a la realidad.

Una verdadera batalla en contra de esta imagen del ser nacional se desata en Puerto Rico en la década de los setenta, con debates académicos, creación de nuevas revistas, cuestionamiento del y ruptura con el discurso histórico dominante, y la promoción de una nueva generación de escritores, como Luis Rafael Sánchez, Edgardo Rodríguez Juliá, Juan Antonio Ramos, Manuel Ramos Otero, Rosario Ferré, Olga Nolla, Carmen Lugo Fillipi, Magali García Ramis y Ana Lydia Vega[9]. La vieja preocupación por la identidad nacional, este "entender lo que es Puerto Rico" (Rodríguez Juliá 1991: 124) no pierde vigencia. Confrontados con una sociedad en crisis, alimentados de las teorizaciones poscoloniales y posmodernas y desconfiados de los sistemas canónicos de representación, estos escritores inician "la búsqueda de nuevas formas para expresar contenidos sociales nuevos, (...) la búsqueda de un nuevo decir" (Rodríguez Juliá 1991: 123). Ana Lydia Vega se destaca como una de las voces más radicales y originales de esta generación. La visión móvil o ambulante, creada y recreada por una mirada que, en busca de hibridaciones, contaminaciones y fugas identitarias, recorre sin cesar diversos espacios que configuran la realidad puertorriqueña, es una de las estrategias del "nuevo decir" que privilegia Ana Lydia Vega, además del humor, la parodia, la ironía, la oralidad y la mezcla de lo culto y lo popular, comentados ya ampliamente por la crítica.

---

[8] Sobre el discurso paternalista en la cultura y literatura puertorriqueña, consúltese Gelpí (1993).

[9] Sobre este cambio y el cuestionamiento del discurso hegemónico paternalista, véanse los estudios de Daroqui (1998), Díaz Quiñones (1984) y Gelpí (1993).

La puesta en escena de este quehacer literario se da en el último relato de la colección *Falsas crónicas del Sur* (1991), titulado "Cuento en camino". La narradora-protagonista se encuentra en un autobús que conecta el sur de la isla con el norte, siendo Río Piedras su destino. Instigados por el chofer que declara tener sueño, todos los pasajeros, excepto la narradora, cuentan historias de su región o pueblo. Algunas de ellas son miniaturas de las historias contadas en los capítulos de *Falsas crónicas del Sur*, otras son "nuevas", pero todas tienen el sabor inconfundible de un "chisme de pueblo" (*FC* 174)[10]. Al final del relato, los participantes del contar colectivo, que antes del viaje se desconocían entre sí, se despiden como buenos amigos, entre "presentaciones y apretones de manos" (*FC* 187), mientras que la narradora se aleja apresurada "con la cabeza llena de palabras y (...) ansiosa por sentar[se] al escritorio y destapar la maquinilla" (*FC* 188). Este cuento pone al descubierto la práctica de escritura que el lector encuentra o intuye en todos los relatos de Ana Lydia Vega: la autora/la narradora sale de casa y recorre las provincias (el sur en *Falsas crónicas del Sur*, el oeste en "Sobre tumbas y héroes", *PH*), las calles y carreteras; se mete en los barrios y vecindarios, fisgonea en casas ajenas, negocios, tiendas y moteles, observando y oyendo; persiguiendo a sus compatriotas, viaja a las Antillas vecinas o a Europa. Salir de casa y recorrer la geografía nacional por dentro y por fuera en busca no de un cuento, sino de múltiples cuentos es la posición y la estrategia de la autora ante el enigma ontológico puertorriqueño. Cabe subrayar que se trata de una práctica fecunda en connotaciones y significados culturales e ideológicos.

En primer lugar, esta táctica alía el rechazo del encierro al que condenaba a las mujeres la tradición patriarcal con el reto a la configuración paternalista de la nación como casa. Cruzar el umbral no sólo cuestiona la auto(con)figuración basada en la dialéctica identitaria de acá/allá, sino que también pone al descubierto la lógica binaria que estructuraba la casa por dentro. En segundo lugar, el atisbar del carácter nacional recorriendo las calles y carreteras cuestiona la asociación del acto productor del conocimiento con un espacio cerrado. Para los treintistas, el discurso sobre la nación se origina en el sacrosanto "recinto del saber" (Rodríguez Castro 1993: 41) que es el estudio o la biblioteca del letrado; al igual que la casa, este "cuarto propio" aísla y demarca, fijando la posición de la voz enunciativa en términos de clase, raza y género. El conocimiento que se produce copia las características del lugar y del sujeto

---

[10] Las siguientes siglas van a indicar los títulos de las colecciones de cuentos de las que provienen los relatos: *EN* = *Encancaranublado*; *FC* = *Falsas crónicas del Sur*, *PH* = *Pasión de historia y otras historias de pasión*; *VM* = *Vírgenes y mártires*.

de enunciación mismo, demarcando, aislando y fijando su(s) objeto(s) en una imagen de orden, unidad y permanencia. Al salir "del cuarto propio", desafiando no sólo el discurso paternalista, sino también los cimientos del discurso feminista, Ana Lydia Vega pone en práctica lo que Mayra Santos-Febres llama la "escritura en movimiento" (1991: 76). Esta navegación de las calles reales y literarias[11] sugiere una fuerte vocación para el nomadismo que Deleuze y Guattari presentan como una alternativa ante la permanencia simbolizada por las raíces del libro-árbol.

"Jamais l'histoire n'a compris le nomadisme, jamais le livre n'a compris le dehors", escriben Deleuze y Guattari (1980: 36). La historia y el libro-árbol se escriben desde un punto de vista sedentario, representado en la figura del letrado encerrado en su recinto del saber. En cambio, la escritura nómada es móvil, traza líneas de recorridos imprevisibles y variables, modificando constantemente sus direcciones, huyendo de los centros hacia otras dimensiones y otros espacios. El nomadismo crea otro tipo de texto, el texto-rizoma, cuyas principales características son la conexión, la heterogeneidad (13), la multiplicidad (14) y la ruptura asignificante de estructuras que reta las dualidades (16). Dos son sus modos de operación. En primer lugar, rechazando el principio y el fin, el rizoma crece entre las cosas, está siempre en medio, abierto a espacios y realidades colindantes. A diferencia del texto-árbol que impone el verbo "ser", el texto-rizoma instaura la lógica de la conjunción "y" que sacude y desarraiga el verbo "ser", derribando así las bases del conocimiento ontológico (36-37). En segundo lugar, confrontado con la realidad, el texto-rizoma no hace calcos, sino mapas que experimentan con lo real, construyendo la realidad en vez de reproducirla (20). Esto determina las características del mapa:

> La carte est ouverte, elle est connectable dans toutes ses dimensions, démontable, renversable, susceptible de recevoir constamment des modifications. Elle peut être déchirée, renversée, s'adapter à des montages de toute nature, être mise en chantier par un individu, un groupe, une formation sociale. (...) Une carte a des entrées multiples (...) Une carte est affaire de performance (...) (20).

El texto-rizoma desterritorializa sin cesar lo real, es decir, cambia su imagen, mientras que el texto-raíz/árbol, lo localiza en un espacio y lo inmoviliza bajo el imperio del verbo "ser". Cada uno es producto de un gesto cultural distinto: "deambulaciones limítrofes" para el texto-rizoma y "legislaciones de territorios" para el texto-árbol (Richard 1989: 19).

---

[11] La expresión "cruising the streets of literature" es de Santos-Febres (1991: 76)

La narradora de los cuentos de Ana Lydia Vega es un ser nómada que cruza distintos espacios de la geografía nacional y está siempre en camino, como la protagonista del ya mencionado "Cuento en camino" que se encuentra entre el sur (Arroyo) y el norte (Río Piedras), o entre la provincia y la capital, la periferia y el centro. El itinerario de esta narradora privilegia las zonas limítrofes. La palabra "limítrofe" designa, en primer lugar, los espacios fronterizos, alejados del centro, es decir, la periferia geográfica y social del ser nacional; a la vez, a pesar de connotar la demarcación por sus vínculos con el concepto del borde o límite, señala la conexión y la intersección o la hibridación porque las zonas limítrofes son compartidas por las entidades que las contienen. Lo limítrofe es lo que se tiene en común. Es en estos dos sentidos que las deambulaciones de la narradora son limítrofes: exploran las zonas descentradas del imaginario nacional buscando contaminaciones, intersecciones o hibridaciones.

Son cuatro las principales zonas que recorre la autora en pos de cuentos e imágenes de la colectividad puertorriqueña: la que dibujan las experiencias de las mujeres; la integrada por la historia; la cultura y la vivencia africanas; la configurada por diversas manifestaciones populares; y la que comprende el exterior contiguo de la isla, es decir, el mar Caribe, las otras Antillas y los Estados Unidos. La movilidad de la autora impide que estas zonas se construyan alrededor de un punto hacia el cual convergerían todos los semas y que sería un nuevo centro, único y fijo, del significado. Sus desplazamientos por el espacio geográfico, social y cultural de Puerto Rico trazan, más bien, una pluralidad de puntos que juntos crean complejas y tránsfugas constelaciones o líneas de significados[12]. Para mostrar la construcción interna de estas redes significativas, voy a comentar la primera y la última de las zonas señaladas: la experiencia femenina y las relaciones caribeñas.

El signo "mujer" que el discurso patriarcal leía como "esposa, madre y guardiana de la tradición" se deshace en los cuentos de Ana Lydia Vega en una pluralidad de significados:

---

[12] El ensayo "Seducción/sedición" de Nelly Richard que utilizo para este estudio se inspira en el trabajo de Deleuze y Guattari en lo que concierne a la terminología y algunos conceptos (el nomadismo, sedentarizaciones). Sin embargo, con respecto a "Introduction: Rhizome", Richard invierte el significado atribuido a los conceptos de "punto" y "línea". Para Deleuze y Guattari, el punto supone la unidad y la fijación y es, por lo tanto, asociado con la estructura arborescente. La línea representa el movimiento, la fuga, la conexión y la multiplicidad y se asocia con el texto-rizoma: "Il 'y a pas de points ou de positions dans un rhizome, comme on en trouve dans une structure, un arbre, une racine. Il n'y a que des lignes" (1980: 15); "Faites la ligne et jamais le point" (1980: 36). En cambio, Richard habla de "puntos de fuga" que expresan "la creatividad" y de "líneas de dominancia" que encarnan "la razón social o el programa político" (1989: 19). Mi análisis se atiende a las atribuciones propuestas por Deleuze y Guattari.

– las heroínas anónimas de la lucha patria (la "futura madre" en "Cupido y Clío en el Bazar Otero", *FC*) y las (in)significantes representantes del quehacer cotidiano (Doña Yamila, la narradora en "Premio de Consolación", *FC*, "que hace el mejor dulce de coco amelcochao", 165);

– mujeres de la clase alta que no trabajan (Susan en "El baúl de Miss Florence", *FC*; la Mamá Yona en "Ahí viene Mamá Yona", *VM*), de la clase media con un puesto modesto (Suzie Bermiúdez en "Pollito Chicken", Dalia en "Caso omiso", la maestra negra y las demás participantes del viaje en "Puerto Príncipe abajo" y la Tipa, asistente dental, de "Letra para salsa y tres soneos por encargo", todos los cuentos de *VM*) y mujeres de la clase baja que sobreviven a la pobreza (Doña Reme, la madre del ladrón en "Sobre tumbas y héroes", *PH*);

– ricas y pobres; blancas (Susan), mulatas (la Tipa) y negras (la maestra); intelectuales (Carola Vidal en "Pasión de Historia" y Guiomar en "Sobre tumbas y héroes", en *PH*) y mujeres sin educación alguna (Doña Yamila, Doña Reme);

– jóvenes (Carola y Vilma en "Pasión de Historia", Guiomar, Dalia, la narradora en "Ahí viene Mamá Yona") y viejas (Mamá Yona, Doña Yamila);

– casadas (Susan, Vilma), divorciadas (Carola, Dalia) y solteras (Guiomar, la maestra negra, la Tipa, Suzie Bermiúdez); las vírgenes que desafían al macho (la Tipa), las mujeres con experiencia que inician al inexperto (Dalia) y las amantes desvergonzadas (la "jabá pelicolorá" en "Premio de consolación", *FC*);

– las esposas sufridas por la traición y/o el abandono del marido (Susan y la protagonista sin nombre de "Premio de consolación", *FC*), las exasperadas por la perfección del cónyuge (la clienta en "Ajustes S.A.", *VM*) y las que lo traicionan (Vilma, Elena en "Despojo", *EN*); las que se vengan (la protagonista de "Premio de consolación") y las que sufren en silencio (Susan);

– las inteligentes que ven más allá de las apariencias (la maestra negra, Guiomar) y las necias que sólo reparan en lugares comunes (Suzie Bermiúdez y todas las "cacatúa[s] portorricensis" en "Puerto Príncipe abajo").

La misma cartografía descentrada configura la zona de relaciones caribeñas. El discurso nacionalista de la década del treinta prestó poca atención a estas relaciones, porque el mar era, como lo indica el título del ensayo de Pedreira, un espacio que aísla. Gelpí señala que en la obra de Ana Lydia Vega el mar tiene un significado diametralmente opuesto: "es un espacio que *comunica* a Puerto Rico con su entorno o contorno" (1993: 185). Se podría decir que para Vega el mar es un espacio limítrofe por excelencia, porque es lo que las islas comparten. La concepción del mar como espacio comunicante permite imaginar a Puerto Rico como una zona de tránsito de una vasta colectividad que la autora recorre a través de sus personajes, emigrantes o viajeros, puertorriqueños o extranjeros. Las múltiples direcciones de sus desplazamientos –hacia o desde la isla– garantizan el cambio de perspectivas. Por un lado, los cuentos despliegan una percepción exterior desde los Estados Unidos, proveniente de los norteamericanos, los puertorriqueños americanizados y los niuyorricans nacionalistas, como Guiomar del cuento "Sobre tumbas y héroes" (*PH*). Por el otro, siguen la mirada de los dominicanos y haitianos que ven a los puertorriqueños desde el ángulo definido por sus condiciones sociales (la pobreza). Para los norteamericanos, como el jefe de Suzie Bermiúdez en "Pollito Chicken" (*VM*) o el capitán del barco –"ario, apolíneo lobo de mar de sonrojadas mejillas, áureos cabellos y azulísimos ojos" (20)– que rescata a los tres náufragos en "Encancaranublado" (*EN*), los puertorriqueños pertenecen a la categoría global e inferior de los "spiks". Suzie Bermiúdez misma viaja a Puerto Rico para vivir allí una fantasía incitada por un afiche repleto de lugares comunes acerca del trópico y su mirada americanizada reproduce la de su jefe cuando piensa que sus compatriotas deben "[a]prender a hablar good English, a recoger el trash que tiraban como savages en las calles y a comportarse como decent people" (*VM* 77). La lógica de superioridad/inferioridad enunciada por la protagonista de "Pollito Chicken" se desplaza cuando los viajeros son puertorriqueños que visitan Haití en el cuento "Puerto Príncipe abajo". La lente prejuiciada y la noción de superioridad se sitúan en este texto del lado puertorriqueño, aunque la perspectiva no es fija, sino que oscila entre la de la maestra negra y la de sus compañeros de viaje, otras maestras y sus maridos. La mirada de estos últimos se desliza sobre la superficie de la realidad haitiana percibida como inferior: "Ay, m'ija, la De Diego es Fifth Avenue al lao de aquello" (*VM* 92) o "Gentuza y titerería era lo que había allí" (*VM* 95). La maestra trata, en cambio, de traspasar la coraza de lugares comunes y buscar un Haití más real, identificándose con los sufrimientos de los haitianos, aunque se da cuenta de que su mirada es, como la de sus compañeros, turística. En este cuento los viajeros puertorriqueños se reflejan en la otredad del país visitado, porque la mirada dirigida al otro es siempre también una mirada a través de la que uno se lee a sí mismo. El viaje a Haití es así un pretexto para poner al descubierto dos caras distintas del puertorriqueño: una –minoritaria– la de un ser abierto, profundo y compasivo; la otra –mayoritaria– la de un ser ciego, superficial, discriminatorio e indiferente.

En numerosos cuentos el Caribe se sitúa dentro de Puerto Rico, encarnado en los emigrantes dominicanos, haitianos y cubanos que han hecho de la isla su nueva casa, permanente o transitoria. Cada uno de estos grupos nacionales forma su propia visión de Puerto Rico y de los puertorriqueños que la autora incrusta en su red de perspectivas. Así, los cubanos que han llegado a la isla desde Miami, y que en Cuba pertenecían a la clase media blanca, perciben Puerto Rico como un "criadero de negros" y una "isla de atorrantes y analfabetas" ("Trabajando pal inglés", *VM*, 103 y 107). Para los dominicanos y los haitianos que emigran pobres, la Borinquen es, en cambio, un lugar de ascenso económico porque "en Puerto Rico no es pobre sino quien quiere" ("El día de los hechos", *EN* 24). A la vez, el suelo puertorriqueño es el espacio en el que estas dos naciones saldan sus viejas cuentas históricas, como ocurre en el cuento "El día de los hechos" (*EN*) en el que un haitiano se venga de la masacre de su familia matando a un dominicano, descendiente de los que denunciaron a sus padres.

Este breve recorrido de dos de las zonas que configuran la identidad puertorriqueña en los cuentos de Ana Lydia Vega revela el principio rizomático de su construcción interna, sostenida por la conjunción "y" que conecta las imágenes entre sí, las pone en movimiento, multiplica sus lecturas (cada imagen cambia cuando es vista por el prisma de otra) y añade sin cesar nuevas perspectivas. Si bien este mecanismo en sí hace que la visión pierda el pivote que la podría inmovilizar (el verbo "ser") y se vuelva nómada, Ana Lydia Vega recurre también a la estrategia de intersectar o cruzar las líneas que pertenecen a zonas distintas o que recorren la misma zona en sentidos opuestos, para crear espacios limítrofes o intersticiales, donde impera la conjunción "entre", el signo de fugas y zigzagueos creativos de la realidad frente a las simplificaciones de los mitos culturales.

Estas intersecciones se manifiestan con frecuencia en los elementos constitutivos del relato, tales como el personaje y la situación narrativa. El ejemplo más elocuente del personaje intersticial o limítrofe es la protagonista del cuento "Pollito Chicken" (*VM*), una joven puertorriqueña que llegó a Nueva York diez años antes, trabaja de secretaria en un "housing project de negros" (75) y vive en Bronx. Durante estos diez años, Suzie Bermiúdez no sólo se asimiló, sino que adoptó por completo la perspectiva americana sobre Puerto Rico. Sin embargo, Suzie no es un personaje unívoco, sino que esconde una desgarradura cultural que se manifiesta en el lenguaje. No me refiero únicamente al "spanglish" del que se sirve la narradora para otorgar verosimilitud a la focalización interna de la narración. De hecho, el "spanglish" que se usa para presentar los pensamientos de Suzie es sólo uno (aunque dominante) de los tres idiomas que se "oyen" en el cuento. Además del spanglish, se "oye" el inglés "legal" que la protagonista usa cada vez que habla en público (a su jefe, pero también para "hacerse" americana ante la "fauna local" [77] de sus compatriotas) y el español puertorriqueño que se le escapa de algún pliegue interno durante la intimidad de un orgasmo. La frase en inglés dirigida al jefe y el nombre americanizado de Suzie abren el cuento. La exclamación en el español de Puerto Rico lo cierra. Las dos lenguas y las situaciones en las que se usan representan, mejor que el spanglish sólo, la aporía identitaria de la protagonista. El inglés simboliza a la persona pública de Suzie, un disfraz creado conscientemente para no distinguirse de los "full-blood Americans" (77) y para diferenciarse, en cambio, de los "lazy, dirty, no-good bums que eran sus compatriotas" (75). La transformación de Bermúdez en Bermiúdez es el índice de esta trabajosa creación de la identidad americana. El español que se le escapa de la boca en un momento de placer representa una pertenencia eclipsada y latente, una pulsión de otro tiempo y espacio, que sobrevive en ella y se libera cuando la persona pública deja de controlar. Suzie es un ser de esencia indefinida que oscila entre la fonética americanizada de su nombre propio y la fonética puertorriqueña del nombre de su país.

Otros personajes cuyas identidades son zonas de intersecciones de distintos horizontes culturales son la Tipa y el Tipo del cuento "Letra para salsa y tres soneos por encargo" (*VM*) y Guiomar de "Sobre tumbas y héroes". Algunos críticos han afirmado con entusiasmo que la Tipa encarna a una mujer liberada que reta a un típico macho fanfarrón, mostrándole que en materia de citas y sexo ella es la que controla la situación (ella maneja un vistoso carro rojo, escoge un motel como el destino de la pareja, paga por el cuarto en vista de la incapacidad financiera del hombre que no trabaja y vive de cupones, se desviste y le ordena que haga lo mismo, etc). El arrojo y la seguridad de la Tipa incapacitan al Tipo exponiendo la supuesta "virilidad patria" (84) que él representa en el cuento más como una fantasía cultural que un hecho real[13]. Sin embargo, esta identidad "feminista", moderna e independiente se desdibuja cuando la narradora revela los pensamientos de la Tipa mientras ésta espera la llegada del Tipo, quien en el baño en vano trata de "[levantar al] muerto" (86). Resulta que la Tipa es virgen y que ha guardado la virginidad durante siete años soñando con casarse con el dentista para quien trabaja y de quien está enamorada. Éste, no obstante, ha defraudado sus esperanzas, porque acaba de esposar a una "blanquita comemierda del Condado" (86). La excursión al motel no es una afirmación de la libertad e independencia femenina. Es un acto de desilusión y desesperanza por parte de una mujer que durante años ha rendido culto a la tradición patriarcal del matrimonio (para casarse bien con un hombre de cierto estatus hay que ser virgen) y que de repente se percibe como víctima de esta misma tradición (un hombre de cierto estatus se casa más bien con una blanca –una mujer de su clase– que con una trigueña). Situada entre la modernidad y la tradición, la Tipa representa "a multiply organized female subject" (Den Tandt 1994: 16), cuya identidad es un cruce inestable de distintos horizontes culturales[14].

---

[13] El mejor ejemplo de esta lectura del cuento es el artículo de Handelsman (1982-83).

[14] Para una interesante lectura de las intersecciones entre las categorías identitarias en este cuento y la obra de Ana Lydia Vega, véase el artículo de Den Tandt (1994).

Guiomar, por su parte, se encuentra en la incómoda intersección entre el nacionalismo y el feminismo, que Ana Lydia Vega describe como un "tremendo cruce de cables" (45) en el ensayo "De bípeda desplumada a escritora puertorriqueña con E y P machúsculas: textimonios autocensurados". Guiomar es una joven estudiante de maestría en Estudios Puertorriqueños que trabaja en un proyecto de investigación titulado "El rol de la mujer en las luchas emancipadoras de Puerto Rico" ("Sobre tumbas y héroes", *PH* 106). Al intervenir en la búsqueda de las huellas de los héroes de Lares que llevan a cabo su tío-abuelo y su amigo Emanuel (ver *infra*), Guiomar abandona su investigación para ayudar a los hombres. La vocación feminista de la muchacha queda subordinada al espíritu patriótico-nacionalista compartido por los tres personajes: "Todo Sea Por La Patria. Su maestría en Estudios Puertorriqueños tendrá que esperar y *That's all*" (116). Como otras protagonistas de Vega, Guiomar a la vez experimenta y representa el "tremendo cruce de cables" o una problemática oscilación entre dos posiciones de sujeto no siempre compatibles. La incomodidad de esta experiencia se expresa en las protestas que la joven emite a través de un monólogo interior: "pensar que yo no he vuelto a dar un tajo en mi [research], pero *that's what we get* por pasarnos cosiendo banderas y cuidando enfermos para que ellos queden a la larga con la gloria" (116). El conflicto feminista-patriótico no es el único cruce identitario que personifica Guiomar. Según observa con asombro Emanuel, la experiencia e identidad cultural de la muchacha forman un espacio limítrofe en el que colindan la educación universitaria y las creencias y prácticas populares: "Lo increíble, lo inaudito es que, con la preparación universitaria que tiene, ella cree como dogma todas esas vainas del viejo [las sesiones espiritistas para convocar a los héroes]. Si esto no es lo que se llama contradicciones, Papi Marx..." (114). Cabe recordar también que Guiomar es una niuyorrican, un puente entre dos culturas en contacto que experimentan un constante proceso de desterritorialización (en el sentido de cambio de imagen de Deleuze y Guattari) que imposibilita la fijación identitaria. Aunque Guiomar, Suzie Bermiúdez y la Tipa pertenecen a distintas clases sociales y se mueven en diferentes espacios culturales, las tres representan un sujeto indefinido o móvil, cuya identidad se redefine constantemente en contacto con la siempre polivalente realidad, jamás tan sencilla como pueden serlo los discursos culturales que se proponen encapsularla.

La dislocación y el cruce de categorías u horizontes identitarios se evidencian también en las situaciones que desarrollan los relatos de Ana Lydia Vega. Un ejemplo notorio se encuentra en el cuento "Sobre tumbas y héroes (Folletín de caballería boricua)" cuyo tema y acción entroncan con la tradición nacional de fundar la identidad puertorriqueña en el discurso histórico. El primer cruce significativo se produce entre los personajes masculinos del relato, Don Virgilio y Emanuel Meléndez que comparten la misma vocación: la historia nacional. Don Virgilio batalló en el pasado bajo el liderazgo nacionalista de Albizu Campos; en el presente de la narración es ya un viejo casi octogenario que lucha contra el olvido preservando la memoria de la gesta de Lares y de los héroes nacionales en una voluminosa obra (10 tomos) titulada *Guerrillas del Recuerdo*. Emanuel es un joven universitario interesado en rescatar los episodios menores de la historia nacional para establecer, a la vez, las relaciones entre el pasado y el presente. El encuentro de estos dos personajes en el espacio narrativo pone en escena dos visiones de la historia. Don Virgilio, educado en la época de la Generación del Treinta, encarna la versión de la historia que Arcadio Díaz Quiñones llama "vieja" (1984: 21-32): sitúa los orígenes de la nación en las luchas por la autonomía en el siglo XIX, celebra a los héroes y cree en la Verdad histórica ("Sobre tumbas..", 143). Emanuel, en cambio, declara su interés en la intra-historia y le resulta "bastante cursi esa canonización a priori de cuanta víctima de represión colonial apareciera, esa insaciable sed de epopeya engendradora de insurgencias míticas. Como digno crío del post-Vietnam, [prefiere] creer en la resistencia anónima de toda una gente" (116-117).

Sin embargo, esta nueva visión de la historia no va en par con nuevos métodos. Emanuel investiga en las bibliotecas nacionales –el Archivo Histórico o la Colección Puertorriqueña (108-109)– leyendo libros de historia y crónicas, tomando apuntes y buscando datos nuevos, con lo cual participa del "fetichismo documental" que, según César A. Salgado, "caracteriza toda una tradición de praxis histórica en el país, desde el siglo XIX hasta la década de los sesenta en Puerto Rico" (1999: 161). Busca datos concretos, sostenidos por una autoridad, y considera como literatura toda información que no proviene de fuentes tradicionales, es decir, relatos históricos o testigos oculares (110). Es Don Virgilio quien con la ayuda de su sobrina Guiomar le ofrece a Emanuel un método alternativo de investigación histórica: sesiones espiritistas con los revolucionarios cuyas muertes investiga el joven. De esta manera, no sin cierta resistencia por parte de Emanuel, el ideal científico se intersecta jugosamente con una creencia y práctica populares. El conocimiento que resulta de esta metodología híbrida lleva a Emanuel y Guiomar a buscar una vieja hacienda borrada de los mapas, donde supuestamente se encuentran las tumbas de los revolucionarios asesinados. En medio de una geografía desconocida, deslumbrados por la vegetación tropical, desorientados por una tormenta, una aventura erótica y un asalto, los jóvenes investigadores, acostumbrados a la letra, el libro y el archivo (la pesquisa libresca), no encuentran nada. Es Doña Reme, una campesina humilde y, probablemente, iletrada, quien les explica que la hacienda Asunción que buscan se llama ahora La Suncha y pertenece a un americano. El cuento desdibuja los bordes que el discurso histórico tradicional erige para separarse de otras experiencias cognitivas. Muestra que el libro, el archivo y la biblioteca son sólo *loci* posibles de la historia nacional que también perdura depositada en la creencia, la práctica, la experiencia vital y la memoria del pueblo. La línea de la erudición se conecta en este relato con la del conocimiento popular (el espiritismo y el conocimiento directo del terreno y las tradiciones locales) creando un espacio histórico híbrido y flexible, poblado de voces claras y susurros apenas audibles de la historia nacional. La lectura de esta historia se presenta como un recorrido entre todas estas voces.

Las deambulaciones limítrofes de Ana Lydia Vega se manifiestan no sólo al nivel de las historias narradas, sus espacios, personajes o acciones, sino que constituyen también la estrategia narrativa de la autora, su *modus operandi* en cuanto constructora de relatos. Además de la parodia, la ironía, el humor y la mezcla de registros culturales sobre los cuales se funda la hibridez de su discurso literario y que, por eso, han suscitado ya numerosos comentarios críticos, las principales herramientas de su escritura deambulante y limítrofe son el juego de focalizaciones y el cruce de géneros literarios. Desde el punto de vista de la estructura narrativa, los relatos de Ana Lydia Vega siguen casi siempre el mismo patrón: una narración extra- y heterodiegética con la focalización delegada variable y sobre distintos objetos, a través de la cual se desestabiliza y disloca la perspectiva porque la mirada no se encuentra anclada en un punto, sino que deambula de un personaje a otro, trazando líneas que a menudo se entrecruzan. Así, el cuento "Letra para salsa y tres soneos por encargo" (*VM*) se abre con el Tipo que focaliza a la Tipa como un objeto de focalización externo. A continuación, el Tipo se focaliza a sí mismo (objeto de focalización interno). Luego la focalización es delegada a la Tipa que es el objeto de su mirada. Finalmente, el relato se cierra con la focalización no delegada de la narradora. Es justamente este cruce de puntos de vista el que permite detectar la incertidumbre identitaria plasmada en el personaje de la Tipa, descrita arriba. La misma construcción deambulante de las perspectivas se observa en "Sobre tumbas y héroes", donde el punto de vista se desliza entre Don Virgilio, Emanuel, Guiomar e, incluso, Doña Reme y su hijo. El fragmento comentado arriba, en el que el lector accede a los pensamientos de Guiomar que, en su interior, se rebela en contra de la subordinación de sus propios objetivos a los de Emanuel, está "rodeado" por la perspectiva del muchacho, de manera que cada uno de estos personajes dinamiza la percepción de sí mismo y de la situación por parte del otro. A veces los cambios del focalizador son muy breves, encerrados en una frase o un párrafo que resultan fundamentales para señalar la hibridación de categorías identitarias. Esto sucede, por ejemplo, en "Pollito Chicken", donde la frase del jefe al principio del cuento y la del barman, al final, producen dos bruscos contrastes con el punto de vista de Suzie, dominante en el relato. En "Encancaranublado", la palabra "niggers" aplicada a los tres naufragados caribeños por el capitán rubicundo del barco americano hace estallar la visión que ellos tienen de sí mismos. Estas focalizaciones que se intersectan, entran en tensión o, literalmente, chocan entre sí, crean una estructura narrativa rizomática que explora y subraya las conexiones y fugas identitarias.

Algo parecido sucede al nivel de la construcción genérica de los relatos de la autora puertorriqueña. Ana Lydia Vega practica géneros fragmentarios e impuros. Son impuros porque desdibujando las diferencias se parecen a otra cosa (los ensayos con talante de cuentos, como "Madera y pajilla" de *El tramo ancla*) o porque son injertos construidos por implantación de materiales dispares. Así, "Sobre tumbas y héroes" combina una narración retrospectiva en tercera persona, una crónica en presente, notas de un diario y cartas de los personajes; "Pasión de historia" es un cruce entre una ficción autobiográfica, un diario y un relato policial; "Trabajando pal inglés" tiene forma de una carta; "Puerto Príncipe abajo" es una colección de cuadros fragmentarios, "diapositivas" del viaje. *Falsas crónicas del Sur*, en tanto colección, combina una novela sentimental, cuadros de costumbres, relatos de aventuras y cuentos callejeros. La fragmentariedad y la impureza genérica permiten multiplicar voces, variar ángulos, desplegar miradas y modificar planos narrativos. Son una expresión formal de la poética de las conjunciones "y"/"entre" que des-arraiga y deslocaliza las representaciones. A la vez, esta concepción de género como *performance* es un reto a los géneros entronizados por el canon –el que no es otra cosa sino la casa de la literatura–, tales como la novela y el ensayo interpretativo, de carácter totalizante y centrípeto. Al margen de la discusión del género, es de observar también que Ana Lydia Vega privilegia consistentemente las formas breves, las que no agotan las posibilidades interpretativas, sino que son apenas unos puntos a partir de los cuales se trazan líneas de deambulaciones representacionales.

El recorrido de los relatos de Ana Lydia Vega sugiere que la propuesta de la autora ante el enigma identitario puertorriqueño consiste en no adoptar una posición fija sino deambular, variando el objeto observado y desplazando constantemente el punto de mira. El nomadismo como estrategia de conocimiento de la realidad e identidad nacional produce un texto rizomático –no me refiero a un cuento específico, sino al conjunto de cuentos de la autora–, una red de líneas entrecruzadas que nunca deja de crecer o pulular, porque su principio, si alguno tiene, es la añadidura de nuevas líneas y nuevos cruces. De esta manera se evidencia no sólo la heterogeneidad del ser nacional –Puerto Rico como una mezcla de muchas realidades y experiencias, Puerto Rico burundanga–, sino, sobre todo, su inestabilidad ontológica. La nación aparece como una realidad cambiante o movediza que pone a prueba todas las representaciones e interpretaciones centradas en permanencia. Es imposible, entonces, inmovilizar esta realidad múltiple e inconstante en una imagen fija, por amplia y abarcadora que sea. Ana Lydia Vega nos indica otra posibilidad: concebir la identidad nacional como un "cuento en camino", no un producto o una meta, sino un proceso, una travesía, una deambulación. Conocer esta identidad consistiría entonces en ir contándose, sin que jamás se llegue a formar un cuento completo y acabado, en explorar la vereda sin asumir el hallazgo de la verdad en el punto de llegada. Dijo Antonio Machado: "Caminante, no hay camino,/ se hace el camino al andar" (1987: 223). Ana Lydia Vega parece decir: Puerto Rico, no hay imagen, se hace la imagen al andar.

Bibliografía

ANDERSON, B. (1991): *Imagined Communities. Reflections on the Origin and Spread of Nationalism*. London: Verso.

BACHELARD, G. (1994): *La poétique de l'espace*. Paris: Quadrige/Presses Universitaires de France.

DAROQUI, M. J. (1998): *(Dis)locaciones: Narrativas híbridas del Caribe hispánico*. Valencia: Universitat de València.

DELEUZE, G./GUATTARI, F. (1980): *Mille plateaux. Capitalisme et schizophrénie*. Paris: Éditions de Minuit.

DEN TANDT, C. (1994): "Tracing Nation and Gender: Ana Lydia Vega", en: *Revista de Estudios Hispánicos* (St. Louis, WA). Vol. 28, N°. 1, pp. 3-24.

DÍAZ QUIÑONES, A. (1984): "Recordando el futuro imaginario: la escritura histórica en la década del treinta", en: *Sin Nombre*, Vol. 14, N°. 3, pp. 16-35.

GELPÍ, J. (1993): *Literatura y paternalismo en Puerto Rico*. San Juan: Editorial de la Universidad de Puerto Rico.

HANDELSMAN, M. (1982-83): "Desnudando al macho: un análisis de 'Letra para salsa y tres soneos por encargo'", en: *Revista/Review Interamericana*, N°. 12, pp. 559-64.

LUDMER, J. (1985): "Las tretas del débil", en: González, P. E./Ortega, E. (eds.): *La sartén por el mango*. 3ª ed. Río Piedras: Ediciones Huracán, pp. 47-54.

MACHADO, A. (1987): *Poesías completas*. Madrid: Espasa-Calpe.

NARANJO OROVIO, C./PUIG-SAMPER, M. A./GARCÍA MORA, L. M. (eds.) (1996): *La Nación Soñada: Cuba, Puerto Rico y Filipinas ante el 98*. Actas del Congreso Internacional celebrado en Aranjuez del 24 al 28 de abril de 1995. Madrid: Doce Calles.

PALÉS MATOS, L. (1971): *Poesía 1915-1956*. Río Piedras: Editorial Universitaria de Puerto Rico.

PEDREIRA, A. S. (1968): *Insularismo*. San Juan: Edil.

QUINTERO RIVERA, A. G. (1976): *Conflictos de clase y política en Puerto Rico*. Río Piedras: Ediciones Huracán.

RICHARD, N. (1989): *La estratificación de los márgenes*. Santiago de Chile: Francisco Zegers Editor.

RODRÍGUEZ CASTRO, M. E. (1993): "Las casas del porvenir: nación y narración en el ensayo puertorriqueño", en: *Revista Iberoamericana*, 162-163, pp. 33-54.

RODRÍGUEZ JULIÁ, E. (1991): "Entrevista", en Julio Ortega (ed.): *Reapropiaciones. Cultura y escritura en Puerto Rico*. Río Piedras: Editorial de la Universidad de Puerto Rico, pp. 123-162.

ROTKER, S. (1994): "Estudio preliminar", en: Rotker, Susana (ed.): *Ensayistas de Nuestra América*. Tomo 1. Buenos Aires: Losada, pp. 7-45.

SALGADO, C. A. (1999): "Archivos encontrados: Edgardo Rodríguez Juliá o los diablejos de la historiografía criolla", en: *Cuadernos Americanos*, N° 73, pp. 153-203.

SANTOS FEBRES, M. (1991): *The Translocal Papers: Gender and Nation in Contemporary Puerto Rican Literature*. Ph. D. Dissertation, Cornell University.

VEGA, A. L. (1983): *Encancaranublado*. Np: Editorial Antillana.

— (1984) "De bípeda desplumada a escritora puertorriqueña con E y P machúsculas: textimonios autocensurados", en: *La torre del viejo*, N°. 1, pp. 44-48.

— (1987) *Pasión de historia y otras historias de pasión*. Buenos Aires: Ediciones de la Flor.

— (1991) *Falsas crónicas del Sur*. San Juan: Universidad de Puerto Rico.

— (ed.) (1991) *El tramo ancla. Ensayos puertorriqueños de hoy*. 2ª ed. Río Piedras: Universidad de Puerto Rico.

VEGA, A. L./LUGO FILIPPI, C. (1991): *Vírgenes y mártires*. Río Piedras: Editorial Antillana.

La reescritura de la ficción fundacional en *La importancia de llamarse Daniel Santos*, de Luis Rafael Sánchez

Salvador Mercado-Rodríguez
Ithaca College

Este trabajo es parte de un proyecto de investigación más amplio donde considero varias novelas de autores latinoamericanos escritas en los años ochenta y en las cuales el bolero es un tema importante. He tratado de mostrar cómo en estos textos el lector puede experimentar una impresión musical mientras lee, particularmente mediante la evocación simultánea de letras y melodías de canciones citadas en las obras pero también mediante el empleo de otros recursos. He estudiado además en estos textos la reescritura de lo que Doris Sommer ha llamado ficciones fundacionales, relatos alegóricos en los que mediante una historia de amor sentimental se promueve un proyecto político nacional. Además, he tratado de ver cómo estos dos aspectos se interrelacionan. En esta oportunidad quiero considerar específicamente de qué manera Luis Rafael Sánchez reescribe o contra-escribe la alegoría fundacional en *La importancia de llamarse Daniel Santos.*

Luis Rafael Sánchez usa el término fabulación tanto en el subtítulo como en el prólogo o "Presentación" de la obra, titulado "El método del discurso". Con este término el autor intenta no sólo describir el género de la obra, que insiste en distinguir de la novela y de la biografía, sino además sugerir una aproximación a su lectura:

> Los géneros literarios son calculadas sugerencias de lectura que el escritor propone, llaves para acceder a la habitación independiente que es un poema, un drama, un cuento, una novela. Más allá de los textos que demarca la preceptiva, más acá de los textos que se confían a la tradición, se asientan los subgéneros, los postgéneros, los géneros híbridos y fronterizos, los géneros mestizos. A pesar de la marginalidad, a pesar del asiento en la periferia, ellos reclaman, también, una sugerencia de lectura, una llave de acceso.
>
> *La importancia de llamarse Daniel Santos* es una narración híbrida y fronteriza, mestiza, exenta de las regulaciones genéricas. Como fabulación, nada más, debe leerse. ¡Buen provecho! (5-6).

Según el diccionario de la Real Academia, "fabulación" es acción y efecto de fabular. Y "fabular" es inventar cosas fabulosas; inventar, imaginar tramas o argumentos; y, antiguamente, hablar. Estas definiciones enfatizan lo ficticio, lo imaginativo, aquello que aparta el texto de Sánchez de la biografía, ya que la vida de Daniel Santos le sirve apenas de pretexto para armar su invención, su fabulación. Apuntan además hacia el fundamento del lenguaje literario de Sánchez, el habla, la oralidad. Las varias definiciones de "fábula" que da el diccionario insisten en lo ficticio, la invención, la mentira, la murmuración. Fábula y bolero coinciden en esta acepción. La tercera parte de la obra, titulada "Cinco boleros aún por melodiarse", está compuesta por cinco relatos, denominados "boleros". En el primero de dichos relatos un personaje usa el término "bolero" para designar un relato de modo que cuestiona su legitimidad y pone en entredicho el móvil del narrador. El personaje Lipe se refiere así a las declaraciones de Inocencia Valladares, que lo señala a él como padre de su hija: "Al pozo de Inocencia Valladares bajó a estrenarse toda la muchachería. ¿Por qué, entonces, venirme a mí con el bolero de que yo era el que la había preñao? ¡Porque sabía que el Viejo mío tenía reses y unas cuerditas de malojilla!" (147-148). Este uso registra una de las acepciones del término en el habla popular. Un bolero es un cuento triste o melodramático, una fabricación ficcional, una fábula o fabulación.

La frase "¡Buen provecho!" con la que termina "El método del discurso", y que introduce el texto, implica una concepción de lo que es la obra y una clave para su lectura. Cuando alguien propone un relato cuya veracidad es cuestionable, cuando alguien "nos viene con un bolero", a menudo el oyente o receptor se resiste a *tragarse el cuento*. Decir que alguien se ha tragado un cuento equivale a que creyó algo que no era cierto. Sánchez mantiene el carácter ficcional (no verídico) del relato, pero invita al lector a consumirlo como un alimento, no meramente tragándolo, sino degustándolo como se disfruta una comida apetitosa. En la narrativa subsiguiente, particularmente en la parte tercera de la obra, el motivo de la deglución alcanza otras dimensiones. Como veremos más adelante, el acto de comer se celebra en la obra en cuanto placer de los sentidos, una de las muchas formas de gratificación sensual. Y la canibalización de otros textos, específicamente de boleros, se menciona como método, como aproximación al diverso material cultural frente al que se hallan escritor y lector.

En las páginas siguientes haremos un recorrido por la tercera parte de la obra, "Cinco boleros aún por melodiarse", para ver de qué manera la obra contradice la alegoría fundacional. Las cinco situaciones propuestas como boleros incluyen temas sentimentales y familiares, junto con asuntos de carácter más bien histórico, sociológico y político. En cada relato o situación se comenta la propiedad de algún nombre en particular, la función de nombrar en general. En cada parte se escucha la voz de Daniel Santos, ya sea en tocadiscos, vellonera o grabadora. Sánchez se representa a sí mismo en medio de situaciones "reales" que le permiten observar el comportamiento de personas diversas. La voz de Daniel Santos es el factor integrador que identifica a todos como su público. Así, el narrador tiene ocasión de comentar sobre asuntos de sociología, cultura, literatura, siempre en relación con lo que observa.

El primer bolero tiene lugar en un área rural del este de Puerto Rico. Sánchez conversa con el dueño del bar Las Malvinas, Lipe, que le sirve de informante sobre los demás personajes mencionados en la sección e, incluso, asume funciones de narrador. Lipe está, además, implicado en un "melodramón". Es un hombre de unos 34 años, casado, sin hijos, y la descripción de su matrimonio da pie a la recuperación del tema, ya antes mencionado en la obra, del "matrimonio como institución penitenciaria" (152). En su juventud, Lipe tuvo relaciones con Inocencia Valladares, entonces prostituta y ahora dueña de un prostíbulo, que le achaca la paternidad de su hija Quetita. Lipe se ha negado a reconocer a la joven como su hija pero vive angustiado por la preocupación de que, sin tener noticia de su parentesco, Quetita se involucre en una relación incestuosa con Crispín, hermano menor de Lipe. El otro pretendiente de Quetita es Julito, también conocido como La sombra, El mudo, Cara de Machete, el Vietnamero, y otros apodos varios. Julito es veterano de la guerra de Vietnam. Recibe una pensión del ejército que lo licenció por desajustes emocionales. Es un hombre silencioso que apenas tiene comunicación con nadie y se la pasa oyendo discos de Daniel Santos en la vellonera de Las Malvinas.

A lo largo de toda la sección llama la atención la profusión de nombres y apodos. El narrador principal y su interlocutor explican el origen de casi todos los apodos. Generalmente se basan en alguna característica prominente del sujeto o en alguna anécdota memorable. Muchos son diminutivos, algunos burlones, todos tienen el sonido inconfundible del barrio. El proceso de asignar un nombre se discute en varias instancias. Lipe cuestiona la idoneidad de algunos nombres que le parecen caprichosos. Llamarle Ratón a Presbiterio, por ejemplo, no tiene mucho sentido considerando que el sujeto en cuestión parece ardilla, no ratón. Tampoco entiende por qué algunos le llaman a él Habichuela, porque él no parece habichuela. Lo que Lipe no sabe es que el nombre de Habichuela le quedó a raíz de un comentario de Inocencia Valladares sobre el tamaño de su miembro viril.

El narrador principal, Sánchez, aprovecha la discusión sobre los nombres para plantear algunas generalizaciones sobre la vida y la literatura. La vida, sin encomendarse a nadie, lanza a diario incoherencias y exageraciones que asombran. Sin embargo, a la literatura, que pretende ser un instrumento para el escrutinio de la vida humana, se le exige coherencia y mesura. En el fragmento final del primer bolero, para ilustrar sus observaciones, Sánchez comenta un texto que Doris Sommer ha identificado como la novela fundacional venezolana por excelencia:

> En concordancia con el freno y la cordura que se le exigen a la literatura, se juzga de pobre tino y débil factura que Rómulo Gallegos nombrase Mister Danger el personaje villano de *Doña Bárbara.* Porque explica pronto el fundamento del personaje. Porque si el personaje es un gringo ladino que andurrea el subdesarrollo latinoamericano con la escopeta lista a expoliar, resulta concedente y fácil el nombre de Mister Danger (158).

Aparte de lo que el narrador dice directamente (defiende la posición del autor y el uso de nombres que revelen inmediatamente aspectos de lo que se nombra) la mención del texto de Gallegos es importante por otras razones. Se trata de la incorporación y discusión directa de una obra que ejemplifica el paradigma alegórico que las novelas bolero reescriben o contra-escriben. Y contribuye a enfatizar la significación de ciertos nombres y personajes en la misma obra de Sánchez.

A Lipe le quita el sueño una mujer llamada Inocencia Valladares, conocida también como doña Ino. Como la doña Bárbara de Gallegos, se trata de una mujer fuerte, dominante, muy sexualizada. La doña Bárbara de Gallegos usurpaba y acumulaba terreno, desplazando a otros. Doña Ino tiene un pequeño negocio muy próspero, ubicado tan cerca al de Lipe que lo hace sentir incómodo y amenazado. De niña, Barbarita tenía el potencial de ser buena. La transformación que la encamina hacia la maldad (la barbarie), y que le procura el nombre de doña Bárbara, viene a consecuencia de la violación, la humillación a manos de hombres. Inocencia Valladares también cambia de nombre y recibe el apelativo de doña, y su actitud viene como reacción ante la explotación sexual a manos de los hombres del barrio. Doña Bárbara es "marimacho", una mujer de comportamiento masculino, lo que se proyecta como un síntoma de su deterioro moral. En la novela de Sánchez la inversión en los roles sexuales se presenta en otros personajes y se habla directamente del comportamiento homosexual. Todo esto se presenta como hecho objetivo, sin someterse a juicio moral.

Como en la obra de Gallegos, hay en la de Sánchez una tensión por un territorio en disputa pero, mientras que en aquélla se trataba del territorio nacional, en ésta el conflicto tiene resonancias internacionales. Vietnam, Las Malvinas, Puerto Rico son los territorios disputados o arrebatados. La cuesción de Las Malvinas[1] se plantea como algo profundamente propio: "Nombre de guerra que perdimos tiene el bar" (143); "bar con nombre de guerra que nos puso a prueba" (148); "un bar puertorriqueño, raso y sato, nombrado, defensivamente, Las Malvinas" (159). El sujeto de este discurso, ese nosotros, no puede ser otro que el americano de habla española.

Dentro de lo latinoamericano, la relación del puertorriqueño con la guerra de Vietnam es un caso peculiar. Los puertorriqueños combatieron como parte del ejército de Estados Unidos. Cuando se habla en el texto de la experiencia de Julito en esta guerra se da cuenta del proceso traumático en que se "desajusta" el individuo, y el conflicto en la base no es ya territorial sino de clase. Es posible identificarse con el "enemigo", con la gente pobre de Vietnam. Y Julito se quiebra cuando mata a una mujer demasiado parecida a su propia madre. Vietnam no es la guerra que perdimos, sino aquella en la que conocimos el horror sin límites. El narrador pasa de la conmovedora descripción del horror de la guerra a la sátira violenta contra los Estados Unidos, que licenciaron a Julito por "estar *incapable of assuming the risky joys of the war*" (154, itálicas en el original).

El otro conflicto en la base de la situación descrita atañe al imperialismo, presente en la guerra de Vietnam y en la de Las Malvinas, así como en la situación política de Puerto Rico. Coincidentemente los dos países imperialistas con los que el "nosotros" latinoamericano se halla en oposición son países de habla inglesa. A lo largo de toda la obra la comunidad cuyos rasgos definitorios se busca describir, el público de Daniel Santos, es la comunidad americana de habla española. Hay una exploración y puesta en escena de la diversidad de los modos dialectales del español americano, hay una interacción entre personajes de nacionalidad diversa que se reconocen como parte de una totalidad más amplia y muestran solidaridad unos con otros. Y cuando se habla de la América amarga, la América descalza, la América en español que idolatra a Daniel Santos hay que adjetivarla para distinguirla de esa otra América, la que no habla español.

En una novela donde se discute abiertamente el proceso de nombrar y la importancia de un nombre, y donde se menciona directamente la obra de Gallegos, llama la atención la coincidencia entre algunos nombres. El protagonista de Gallegos es Santos Luzardo, el de Sánchez, Daniel Santos. La hija de

---

[1] Argentina intentó tomar las islas el 2 de abril de 1982. Tras unas diez semanas de combate, cedió la victoria a Inglaterra el 14 de junio de ese año. Las relaciones diplomáticas entre ambos países no se reinician hasta 1990, dos años después de publicada la novela de Sánchez. En el vigésimo aniversario de la guerra, el presidente argentino, Eduardo Duhalde, habló de recuperar las islas por medios diplomáticos en el futuro.

doña Bárbara, se llamaba Marisela y también en la novela de Sánchez hay una Marisela, que aparece en el segundo bolero, que tiene lugar en Venezuela.

Este segundo bolero tiene lugar en "Discolandia", un negocio de venta de discos de segunda mano ubicado en El Silencio, barrio "desclasado" de Caracas que se describe en contraste con Chacaíto, barrio de la clase adinerada. Los demás vecindarios de Caracas de alguna manera median entre estos extremos. El dueño del negocio es Maracucho, un apodo tomado de un gentilicio: significa oriundo de Maracaibo. Marisela es una atractiva mujer de cerca de cuarenta años cuya presencia en Discolandia salta escandalosamente a la vista. Repetidamente, Marisela llega, en limusina y con chofer uniformado, a comprar discos usados. Escucha llorosa e interminablemente el bolero "Fichas negras" cantado por Daniel Santos y se va sin comprar nada.

Sánchez (o su doble ficcional) contempla y comenta la interacción entre Maracucho y Marisela. Dentro de esta realidad ficcional, se ve a sí mismo contemplando la realidad y transmutándola en literatura. Como si lo estuviera viendo, describe cómo sus personajes recurren al bolero de un modo análogo al que usa él con la literatura culta. Comenta su propio placer en apropiarse de todo a lo cual tiene acceso en el mundo y convertirlo en texto, literaturizarlo. La novela aglutina intertextos: se acumula, se reorganiza y se exhibe lo que se ha sacado y saqueado de una variedad de textos. De esta actitud se desprende lógicamente la canibalización del bolero que el narrador hace explícita:

> Las observaciones se me hacen preguntas que se me hacen observaciones, una desapareciéndose en la siguiente. ¿Sorpresa de cajas chinas o magia de espejos aritméticos que si quieren suman y si quieren restan?
>
> (¡Cuánta lectura de Hammett y Simenon interponiéndose! ¡Cuánta deuda con la Françoise Sagan dada a las narraciones de la contrariedad y el desamor! ¡Cuánta perversión la inteligencia que textualiza cada gesto! ¡Cuánto morbo placentero en literaturizar las horas y los días!)
>
> En el bolero que canta Daniel Santos y que no deja de oír y padecer Marisela, se alude a una apuesta y una derrota. ¿Jugó, acaso, Marisela? (...) ¿Es Maracucho el objeto de deseo de Marisela? ¿Por qué no canibalizar el bolero de contrariedad y desamor que se teje alrededor del bolero Fichas negras cantado por el Inquieto Anacobero Daniel Santos?
>
> Hoy yo perdí,
> Como pierde aquel buen jugador
> Que la suerte reversa marcó
> Su destino fatal (170).

La referencia directa a la canibalización es un ejemplo de la autorreflexividad que permea la novela. A través de esta referencia también se alude a la reivindicación de la figura de Calibán como imagen con la cual se identifica lo latinoamericano y que Hortensia Morell ha visto en su lectura de la obra. Sánchez, además de presentar como deseable la calibanesca figura de Daniel Santos asume la canibalización como método de escritura.

Alrededor del bolero "Fichas negras", Marisela articula unos signos que no llegan a delatar su sentido con la supuesta claridad del lenguaje hablado. El gesto significativo de Marisela y el comportamiento de Maracucho, que parece complementar el cuadro, sirven de supuesto pretexto al narrador para la conjetura. El narrador, que ha inventado estos personajes y todo este mundo en el que se ve inmerso, propone una trama, una interpretación del "bolero" que viven Maracucho y Marisela. El narrador propone, como especulación, una trama que da sentido a la fascinación de Marisela con el bolero "Fichas negras". En la lectura del narrador, los personajes, que fingen no conocerse, se conocieron y se amaron. Pero, como "en el amor una mitad venera y la otra se deja venerar" (171), la relación cumplió su ciclo y terminó cuando "Maracucho, honesto, le dijo a Marisela –Se acabó" (171). Lo que queda por saberse es si la escena se volverá a repetir, si Marisela regresará para escuchar el disco al día siguiente.

La relación sentimental que se sugiere entre los personajes se aparta considerablemente del modelo característico de la alegoría fundacional. El modelo tradicional propone la unión entre sectores o clases sociales distintos representados en una pareja heterosexual en la que el varón es la figura de la clase dominante, que se propone como dirigente, y la mujer representa sectores subordinados. La mujer también representa el territorio nacional y es el foco del deseo masculino. La relación que la pareja procura se presenta dentro de los moldes de una moral convencional dirigida hacia el matrimonio. En el cuadro que describe Luis Rafael Sánchez en este "bolero" tanto la mujer como el hombre se proyectan como figuras atractivas, deseables y deseadas pero, en última instancia es Maracucho el objeto del deseo de ella. Y es la mujer la que pertenece a una clase social más alta, la clase dominante. Más que el origen de un enlace matrimonial, se plantea lo contrario cuando la empleada de Maracucho, preludiando la especulación del narrador, acusa a Marisela: "*Es una descarada. (...) Abandonó el marido por el amante y ahora el amante la desprecia*" (166-167, itálicas en el original). Finalmente, toda la lógica que gobierna el enlace y su desenlace, la manera de entender o de imaginar la relación sentimental está orientada por el discurso del bolero. En este caso, el bolero "Fichas negras" plantea la relación como una apuesta en la que se puede ganar o perder. El buen jugador debe saber perder. Siempre cabe una queja cuando la otra parte no juega limpio, pero la única manera de evitar esa circunstancia es no volver a jugar.

El tercer bolero tiene lugar en "La Fonda del Paisa" en Cali, Colombia. Mientras cae la tarde y oscurece, el narrador espera su cena, un plato llamado "Frescas Noticias del Caribe". Espera y siente nostalgia por Puerto Rico. Cena y conversa con Plinio, el mesero, que pone discos en la vellonera. Varios son los placeres en que se regodea el narrador, dándole gusto a los sentidos. Bebe, con "delectación morosa", aguardiente de Popayán. Su cena es un "suculento atentado a la paz estomacal", que describe apetitosamente para el lector, con generosas porciones de puerco azafranado y vaca rehogada en cominos, yuca encebollada y aguacate. Escucha un disco de Daniel Santos en la vellonera y, contagiado, silba versos de la canción remedando el efecto con que el cantante fracciona las palabras (182). Esta disposición a darle gusto, de buena gana, al cuerpo y al alma contrasta con la lectura de un cartel que había visto un rato antes en la misma fonda:

> mal miro la represión que delata un cartel promotor de excursiones a la hacienda *El Paraíso* donde reprimieron calentones María y Efraín: María desfalleciente y adivinada entre las cien batas que proteccionan su virgo intactísimo, Efraín cariasaltado por la gorguera y la barba con caspa (175, itálicas en el original).

El comentario sobre el cartel es una lectura de la novela de Isaacs, *María*, clásico romántico, novela fundacional por excelencia. La lectura reduce la obra a un aspecto, la represión erótica. Sánchez se coloca en posición opuesta y autoriza al personaje de Plinio a compartir con él su "teoría de bailar el bolero que canta Daniel Santos":

> *A Daniel lo trato de Danielito cuando deja de ser el artista que entretiene y se convierte en el hermano que nos logra los favores.* Plinio se crece en el esbozo de la teoría, Plinio extravaga. –*La hembra que baila un bolero que canta Danielito sabe que el perfume de la carne limpia causa la arrechera del hombre. La hembra que baila un bolero que canta Danielito sabe que el jardín colgante del hombre empezará a lanzar mensajes intermitentes no más abrazarla, ceñirla, imaginarla tendida, entregada.* Obrero diestro de la lujuria como parece, obrero diestro del parejarse gustoso como parece, camarero que se encariñó con el papel del lírico como parece, Plinio resume – (…) *La hembra que baila un bolero que canta Danielito tiene que aceptar la rubicunda invitación a horizontarse* (184, itálicas en el original).

Según la teoría, la voz del cantante tiene una función importante dentro de la ceremonia que tiene lugar, se le reconoce la facultad de conseguir el favor de la hembra, de facilitar el encuentro. Pero los participantes no se limitan a escuchar, interactúan dinámicamente en el baile, parte integral del proceso de seducción, preámbulo del coito. La teoría enfatiza que la mujer debe estar consciente de las implicaciones eróticas del baile, y que el baile implica más erotismo cuando quien canta es Daniel Santos. En contraste con la represión sexual y la restricción del sexo al ámbito matrimonial de *María*, se celebra la lujuria, la entrega al placer corporal, al margen del matrimonio. Se mantiene una perspectiva machista en la cual la mujer sigue siendo el objeto del deseo del sujeto masculino.

El cuarto bolero tiene lugar en un mercado de Quito, Ecuador. De los cinco, es el que más se detiene en una exposición de ideas más cercana al ensayo que a la narrativa. Es también el que menos se presta a nuestra discusión. El narrador, que busca un rebozo para una amiga, se ve tentado a detenerse en un puesto de mercado que se anuncia con un auspicioso cartel:

> Uno se detiene donde no está concurrido, frente a un arco que porta un nombre irisado y hóspito –*Bueno y Barato*. Además, el indio joven y el indio viejo, encargados o dueños del puesto *Bueno y Barato*, armonizan una estampa de padre e hijo bien llevados que comparten una heredad libre de boches, libre del destructor –*Yo mando*. [...] –el indio viejo me recuerda, vaya el Lector a saber por qué, a Mustafá el sastre y papá de Aladino (191, itálicas en el original).

Lo de "Bueno y barato" resulta ser, si no totalmente falso, como mucho una verdad a medias, ya que el indio joven le pide doscientos dólares por el rebozo. Luego se ofende cuando el narrador le pide una rebaja. El regateo (que el narrador identifica como una costumbre de origen árabe), tan común en el Caribe, parece inconcebible en las alturas de los Andes. La alusión a Aladino acaba sonando a ladino, término con el que el narrador ya había descrito al Míster Danger de Doña Bárbara. Finalmente, el joven y el viejo ni son dueños ni comparten una heredad libre del destructor "yo mando". Una mujer, cuyo parentesco con los demás no queda claro, llegará y se hará cargo en un despliegue de autoridad: es suyo el puesto.

El narrador insiste en las diferencias entre el mundo del indio y el suyo. El paisaje es distinto. La cultura y la raza, así como los modos particulares de hablar la lengua común, el español, son elementos diferenciales. Por encima de las diferencias, los une la afición a Daniel Santos. Como los boleros anteriores, el cuarto se sitúa en un negocio, el quinto será la excepción.

En el quinto bolero el narrador está de nuevo en Puerto Rico, en un bosque conocido como El Verde. El narrador se deleita en la soledad, en la tranquilidad de un lugar apartado. Se regodea en la contemplación de la naturaleza y en el disfrute de la poesía. Celebra la poesía "para la voz baja y el corazón alto" (202) y menciona un buen número de poetas apropiados para leerse en la tranquilidad del lugar. Punto de referencia continuo es la piedra en la que se recuesta a leer. En una obvia alusión al famoso poema de Darío, "Lo fatal", se refiere inicialmente a ella como "una piedra dura que no siente. ¡Piedra solitaria! Que ni un árbol dichoso, apenas sensitivo, la sombrece" (199). Pero la actitud del narrador no puede estar más lejos del "dolor de ser vivo" rubendariano:

> Tenderse, boca arriba, en la piedra solitaria es aceptar, de buena gana, el regalo de estar vivo. Una complacencia que no avergüenza ni inculpa se ofrece en préstamo entonces. Y la tranquilidad, sin causa, irriga el sistema sanguíneo y los otros sistemas. Uno, consternándose en el desamparo, musita –*Todo lo llenas tú, tranquilidad, todo lo llenas* (201, itálicas en el original).

Como en la cena en la fonda del paisa en Colombia, hay una complacencia en el goce sensual. Un poco más adelante, el narrador piensa que sólo Adán y Eva podrían interrumpirlo en su soledad y se imagina a la pareja edénica acercándose al lugar donde se encuentra, lo que da pie a un comentario moral. Disfruta la vida como un regalo, sin vergüenza ni culpa. Su tranquilidad no obedece a una causa. Adán y Eva sí han padecido la vergüenza y la culpa. Un comentario del Adán que el narrador se imagina es el punto culminante de un pasaje en el que se censura sutilmente la moralidad autoritaria judeocristiana: "*Pecar fue mi pecado*" (203, itálicas en el original). A renglón seguido la pareja primigenia expresa su propia disposición al goce sensual, al erotismo en ritmo caribeño:

> Eva rodando por la pendiente paralela al *Espíritu Santo* [nombre de una cascada], Eva desgalillando –*Amame en bolero. Amame en el bolero que demanda el beso devorador de los ombligos.* Adán siguiéndola pendiente abajo, Adán despalillando –*Amame en guaracha. Amame en la guaracha que nos menea los instintos* (203, itálicas en el original).

Un grupo de jóvenes adolescentes interrumpe las cavilaciones del narrador. Ellos también han venido a disfrutar del paraíso alejado del mundanal ruido, aunque de otra manera. Se han escapado de la escuela (institución social que tipifica la educación-socialización-domesticación-represión) en lo que se conoce tradicionalmente en Puerto Rico como una fuga. Pasan cerca de él sin notarlo, tan embebidos están en su propio despliegue de energía vital. El narrador escucha, primero, sus gritos y juegos, y la música que oyen. Luego, se encuentra sin querer en posición de *voyeur*, cuando una pareja hace el amor a corta distancia. Su descripción de la escena es el momento en que culmina su planteamiento sobre el goce sensual. Es también el momento en que comienza a citar por segunda vez la canción "Amor" de Pedro Flores, canción con que comienza y termina la obra.

La pareja de jóvenes que hace el amor al aire libre toma el lugar de Adán y Eva, realizando en la práctica lo que momentos antes, en la imaginación del narrador, aquellos anunciaban y pedían a gritos. Reemplazan también a María y Efraín, los personajes de la novela de Isaacs en la hacienda "El Paraíso". El encuentro sexual entre los jóvenes es un momento crucial en el texto. Se describe como un momento elemental, un comportamiento animal y al mismo tiempo cargado de ternura. Los individuos, desconocidos para el narrador y por tanto innombrables, se denominan simplemente el muchacho y la muchacha. Son el hombre y la mujer, nuevos Adán y Eva, nueva pareja para el nuevo comienzo que se anuncia con el bolero "Amor". Es la celebración del amor erótico sin los escrúpulos de la moralidad que reprime, regula y domestica el deseo para organizar la familia y la sociedad conforme a unos ideales e intereses.

La novela de Sánchez alude a múltiples textos. Reúne, y celebra o confronta discursos y tradiciones. Se coloca en contraste con la tradición de escritura fundacional en cuanto censura la imposición de restricciones y se identifica con la práctica de la más libre expresión en todos los aspectos de la vida. Si la literatura fundacional utiliza el relato sentimental para promover un programa político, lo hace desde la óptica de regular las relaciones eróticas conforme a estructuras patriarcales represivas. Luis Rafael Sánchez destaca, a través de los boleros y de la figura de Daniel Santos, una perspectiva distinta de la relación erótica. El individuo se rebela contra las fuerzas sociales que intentan regular su intimidad y su sexualidad.

A lo largo de la obra, el narrador se desplaza de una ciudad a otra de Latinoamérica y, en Estados Unidos, visita "la utopía perforada que es Nueva York" (55). Visita particularmente ciudades donde Daniel Santos cantó, y en las que dejó abundantes huellas de su paso. En cada oportunidad especifica el lugar donde se encuentra y el país de origen de sus personajes e interlocutores. No sólo los demás personajes usan el dialecto propio de cada lugar, sino que el narrador principal, Luis Rafael Sánchez, asimila los giros y modos propios de cada dialecto según el lugar donde se encuentre. Se hace hincapié entonces en la unidad, los dialectos son variaciones de una misma lengua y un individuo puede moverse de uno a otro como se mueve geográficamente. En el tránsito de un lugar a otro no se atraviesan fronteras, es un movimiento dentro de una comunidad. "Cinco boleros aún por melodiarse" plantea también un recorrido por Caracas, Cali, Quito, y dos paradas en Puerto Rico. En Puerto Rico, sin embargo, en lugar de ubicarse en la capital o en algún lugar de la zona metropolitana del país el narrador visita primero una barra en un barrio de una zona suburbana y luego un bosque. Es en ese espacio, en un ambiente dominado por la naturaleza, donde se inscribe la apoteosis de la sensualidad sin regulación social.

Finalmente, este tratamiento del espacio es un aspecto principal en el que la novela se aparta considerablemente del modelo fundacional. El movimiento a través de la América que habla español implica el abandono de la noción de una nación (o Estado) limitada a un territorio nacional como comunidad imaginada y centro fijador de la identidad. El territorio que se abarca trasciende lo nacional para ubicarse en lo continental y, sobre todo, en la comunidad de hablantes de la lengua. El mismo empleo del término "nación" en la obra asume un carácter distinto cuando se dice que "de la América órfica el Caribe es, sin dudas, la nación capital" (106). La comunidad y la identidad que la novela propone imaginar son la comunidad y la identidad hispanoamericanas. Una comunidad basada en una lengua y cultura comunes, por encima de fronteras. Una comunidad que se expresa y se reconoce en el bolero. Una comunidad que se identifica también por contraste con la otra América, la que no habla español (específicamente Estados Unidos).

Bibliografía

MORELL, Hortensia R. (1999): "Entre el teatro radial y la tempestad shakespereana: *La importancia de llamarse Daniel Santos*", en: *Caribe; Revista de Cultura y Literatura* 2:2, 99 (diciembre), pp. 5-23.

SÁNCHEZ, Luis Rafael (2000): *La importancia de llamarse Daniel Santos: Fabulación*. San Juan: Editorial de la Universidad de Puerto Rico.

SOMMER, Doris (1990): "Irresistible Romance: The Foundational Fictions of Latin America", en: Bhabha, Homi K. (ed.): *Nation and Narration*. London: Routledge.

— (1991): *Foundational Fictions. The National Romances of Latin America*. Berkeley: University of California Press.

Los caminos torcidos en *Sirena Selena vestida de pena*, de Mayra Santos-Febres

Rita De Maeseneer
Universiteit Antwerpen

> Para algo soy puertorriqueño, es decir isleño hasta cierto punto,
> negro negado y blanco sin serlo.
> Un híbrido, la mitad de algo, el doble del doble.
>
> Santos-Febres (2002: 171)

Quisiera reflexionar sobre el tema de la escritora caribeña como "guerrera de lo imaginario" a partir de la primera novela de Mayra Santos-Febres (1966), *Sirena Selena vestida de pena* (2000). Intentaré demostrar por qué considero los mecanismos de defensa y de resistencia en esta obra "torcidos"[1] en todas sus acepciones.

Recordemos rápidamente cómo está construida la novela. La historia, que se sitúa a mediados de los noventa, es narrada en tercera persona. Se describe el viaje de negocios a la República Dominicana de la "empresaria" puertorriqueña, Martha Divine, una transexual "pre-op" (que quiere hacerse operar), y de su "hijito", Sirena Selena, a quien recogió de la calle. A este chamaquito de quince años Martha lo traviste de mujer para que embelese al público con su voz fabulosa de bolerista. El propósito del viaje es vender *shows* a los hoteleros de la República Dominicana de este travesti quinceañero, un negocio prohibido en Puerto Rico donde rigen las leyes norteamericanas, muy severas en cuanto a trabajos de menores. Sirena Selena es contratada rápidamente por un magnate cañero pudiente, un homosexual en el *closet*, Hugo Graubel. La/lo invita a actuar en una fiesta privada en su casa. Se seducen mutuamente, pero Sirena lo abandona después de unos días no sin llevarse su reloj Cartier,

[1] Pienso en el sentido de doblar algo recto, inclinar, desviar, tergiversar, distorsionar, falsear, pervertir, apartar a alguien del recto proceder... Agradezco a Hortensia Morell sus comentarios y a Carmen Ana Pont sus lúcidas observaciones.

la ropa que le regaló y su cartera, y desaparece. Esta trama principal se combina con una historia paralela sobre un niño dominicano, Leocadio, tildado por su madre de "diferente, frágil, vulnerable..." (Santos-Febres 2000: 196)[2]. Martha lo ve bailar con su amigo Migueles desde lejos en el hotel para gays 'Colón', un lugar más propicio a su tipo de negocio que el hotel 'Conquistador' al que llegaron primero. Al final de la novela se sugiere que Leocadio podría servir de sustituto de Sirena para que Martha pueda por fin realizar su gran sueño que consiste en "poder descansar en un solo cuerpo" con "tetitas y totita" (19).

Aunque el tiempo del discurso está muy limitado (unos siete días), en capítulos en primera persona nos enteramos del pasado de los diferentes personajes: la educación de Sirena por la abuela y luego su rescate de la calle por Valentina Frenesí; la vida de Martha con su esposo hondureño; la seducción de Leocadio por el hijo de la patrona; la infancia de Graubel y la adquisición de su mujercita suiza, Solange... También están diseminados en el libro monólogos, entre los cuales se destacan los graciosos fragmentos de los discursos pronunciados por Martha durante sus *shows*. Es ella quien cierra la narración con la sabrosa historia sobre su marido que la dejó por una amante nueva. Pero "[h]ay que mantenerse positivas" (266), como dice su casete de "Positive Thinking", y por eso Martha va a cantar una canción sobre la buena estrella que hay que esperar, probable alusión a "The impossible dream"[3].

Del resumen se desprende que los personajes son guiados por intereses de índole material de manera que se (con)funden[4]. El caso más obvio es el de

---

[2] En adelante sólo indico la página de *Sirena Selena vestida de pena*.

[3] El libro termina de la siguiente manera: "Ustedes sigan esperando su buena estrella. Ella está allí arriba, brillando en el firmamento, augurándoles un futuro de lujo y felicidad. Por eso les quiero cantar este numerito positivo y juguetón, para que nos dé ánimos de alcanzar nuestra estrella. La mía casi la veo a la punta de mis manos. Siento que la alcanzo. Les juro que hay días en que creo que con la punta de los dedos la puedo tocar" (266). La letra de la canción "The impossible dream" reza así: "To dream the impossible dream/To fight the unbeatable foe/To bear with unbearable sorrow/To run where the brave dare not go. /To right the unrightable wrong /To be better far than you are/To try when your arms are too weary /To reach the unreachable star /This is my quest, to follow that star, /No matter how hopeless, no matter how far /To be willing to give when there's no more to give/To be willing to die so that honor and justice may live/And I know if I'll only be true to this glorious quest That my heart will lie peaceful and calm when I'm laid to my rest /And the world will be better for this/That one man scorned and covered with scars/Still strove with his last ounce of courage/To reach the unreachable star". Agradezco a la doctora C. Pont este hallazgo. Este final optimista recuerda también la frase-leitmotiv de *La Guaracha del Macho Camacho*: "La vida es una cosa fenomenal".

[4] Basándose en el esquema greimasiano, Kristian Van Haesendonck (2003: 81-83) estudia en detalle los papeles de oponente y/o ayudante que desempeñan los personajes para obtener

Leocadio y de Sirena, hasta tal punto que en una reseña el crítico Nyren presenta erróneamente el pasado de Leocadio como el de Sirena. La única vez que se encuentran es en la playa de Boca Chica de la República Dominicana. Leocadio lo ve así: "Era un muchacho, un muchacho que parecía una nena, igual que él, igual que su hermana, pero con la piel color canela claro, el pelo muy oscuro y las cejas depiladas. El muchacho le devolvió la mirada con un hastío hostil. Pero después el chico le regaló una sonrisa" (57). Esta descripción del niño que parecía una niña se aplica asimismo a Graubel, "el niño enclenque y blanco" (132). Sirena advierte que tiene mucho en común con la esposa de Graubel, Solange, que se casó con él a los quince años para hacerse gente aprovechándose de su riqueza[5]. Observa: "Tú eres una busconcita como yo, una chamaquita vestida de mujer, que se cree en la cima" (168). También a los ojos de Graubel se fusionan Sirena y Solange, ya que el potentado aplica la misma frase bolerística, "Te amaré como siempre he querido amar a una mujer", tanto a Solange (162) como a Sirena (60; 107; 218; 235; 255). Tampoco es un azar que el nombre de ambos/as empiece con una ese susurrante y presente la misma estructura silábica. Las dos madres sustitutas de Sirena, Valentina y Martha, y la misma Sirena se caracterizan todas por tener "sangre de empresarias" (78; 142; 228; 230; 234...). Se teje de esta manera una densa telaraña entre los personajes cuyos entornos se diluyen. El pivote central en este juego de espejos es la seductora Sirena Selena.

El mismo título de la obra nos facilita muchas pistas de lectura divergentes, ya comentadas en parte por otros críticos. La Sirena inevitablemente nos hace pensar en Ulises. El héroe y sus compañeros fueron seducidos por la voz de este engendro-monstruo, mitad animal (pájaro y luego pez), mitad mujer, que evolucionó de una representación muy masculina en los mitos más antiguos a un ser muy femenino y sensual (Brunel 1992: 1040-1043). Frases como "Selena llegaría brincando húmeda sobre las olas de su voz" (145) o el nombre del pianista que la acompaña, don Homero, refieren a este intertexto clásico[6]. Sirena se asocia asimismo con la sirenita de Anderson, la romántica y

sus metas. Mayra Santos-Febres dice en una entrevista: "Sirena es un cuento de negociaciones" (Peña-Jordán 2003: 121).

[5] Este hecho destruye el mito de Suiza como uno de los países más ricos del mundo. El que Solange vaya a parar a un país del Tercer Mundo como "inversión" de su padre es sumamente irónico.

[6] Carmen Pont me advirtió que se podría ahondar mucho más en esta referencia mítica a la Sirena. No sólo existen relecturas del mito, por ejemplo "El silencio de las sirenas" de Kafka, escritor que algo sabía de metamorfosis. Se relaciona también con la historia de los argonautas y Jasón en la búsqueda del vellocino de Oro, cuando Orfeo cantó para hacer competencia al canto de las sirenas.

trágica historia de amor entre un príncipe y una sirena forzada a convertirse en mujer. La relación se puede colegir, por ejemplo, de la descripción: "Deja su cola junto al mar/ allá de orillas/ pie envuelto en gasas de tenue luz" (203). Por supuesto, Sirena no pierde la voz a cambio de sus pies a diferencia de la sirenita humanizada. La segunda parte de su nombre, Selena, no puede sino referirse a la diosa de la luna en la Grecia antigua y al símbolo de la bisexualidad en la filosofía de Platón como cuerpo andrógino situado entre el sol y la tierra. Para los que estén familiarizados con la presencia latinoamericana en Estados Unidos, Selena recuerda a la trágica estrella chicana del mismo nombre, asesinada en la cumbre de su gloria en 1995 a manos de su mayor admiradora, la presidenta de su club de fans y secretaria personal. Se da la feliz coincidencia de que fuese interpretada por la exitosa actriz de origen puertorriqueño, Jennifer López (1970), en la película homónima sobre su vida, *Selena* (1997)[7]. El segundo hemistiquio de este dodecasílabo dactílico, una metáfora verbal que combina lo material (vestida) y lo inmaterial (pena), se inscribe en el registro típico de uno de los géneros más transnacionales o pan-latinos de América Latina, el bolero. Trae a la mente otros versos de famosos boleros, como "Hoy mi playa *se viste de amargura*/porque tu barca tiene que partir" (mi énfasis) de "La barca". La palabra "pena", altamente cotizada en contextos románticos y bolerísticos como expresión de lo sentimental y por ende de lo (supuestamente) femenino, muy fácilmente permite pasar a pene, icono del poder y de lo masculino. Así es como sintetizó Guillermo Cabrera Infante *Antes que anochezca*, la autobiografía del homosexual Reinaldo Arenas que murió de sida: "En la novela de la vida de Reinaldo Arenas no hay más que penes y penas" (Cabrera Infante 1992: 405). Folclore, cultura de masas, cultura clásica, procedimientos métricos y ritmos bolerísticos, referencias castas y más ambiguas, hacen estallar este título.

Nos quedamos aún más desorientados al leer el primer capítulo de los cincuenta que integran el libro. Parece una enigmática invocación por parte de una voz no definida –¿o es la misma Selena desde Nueva York?– a que se confiese Sirena Selena, combinada con referencias a fenómenos de la modernidad y a famosísimas cantantes de bolero. Reproduzco el breve texto del primer capítulo en su totalidad:

> Cáscara de coco, contento de jirimilla azul, por los dioses, di, azucarada selena, suculenta sirena de las playas alumbradas, bajo un spotlight confiésate lunática. Tú

[7] Mayra Santos-Febres comentó en una entrevista (Güemes 2000: 3) que ya había escogido el nombre antes de la muerte de Selena. Aunque la película no me parece muy lograda, la asociación se revela significativa en el conjunto.

> conoces los deseos desatados por las noches urbanas. Tú eres el recuerdo de remotos orgasmos reducidos a ensayos de recording. Tú y tus siete moños desalmados como un ave selenita, como ave fotoconductora de electrodos insolentes. Eres quien eres, Sirena Selena... y sales de tu luna de papel a cantar canciones viejas de Lucy Favery, de Sylvia Rexach, de la Lupe sibarita, vestida y adorada por los seguidores de tu rastro... (7).

A partir de la cáscara de coco, instrumento de adivinación en muchas religiones de origen africano, la historia va envuelta en un ambiente misterioso que puede emanar de la santería o de embrujos. Este trasfondo religioso está efectivamente presente al decir de la autora que explica en una entrevista que "(...) por debajo está la figura de la sirena que es Sirena Selena, que es Ochún. En el vodú haitiano Erzili es Ochún, la sagrada Caridad del Cobre representada por una sirena" (Tamayo 2001: 24)[8]. No sólo Sirena Selena le reza a la Virgen de la Caridad del Cobre (13, 156), sino que su caracterización (con excepción de su carácter trágico) sigue de muy cerca los rasgos que se vienen atribuyendo a esta dueña de los ríos y las aguas dulces, del amor y de la feminidad. Vadillo describe a Ochún de la siguiente manera:

> Se le [*sic*] describe como una mulata joven y bonita, poseedora de un hermoso pelo largo; bailadora y fiestera; amante de las riquezas y un tanto casquivana. Los hombres no pueden sustraerse de su belleza y ella, sabiéndolo, los manipula a su antojo, dándoles su oñi [miel de abeja] y bañándose con canela. En ocasiones la diosa ha utilizado su atracción física para ayudar a sus semejantes y aunque, a veces, el engaño ha sido su arma, también se ha humillado y ha sabido implorar ayuda. Oshún "es la diosa mimada y querida de todos por su carácter alegre, por ser patrona de los enamorados y muy milagrosa" (Cros Sandoval 197). Ha tenido muchos amores; Orula, Oggún y Shangó son los más mencionados. Le gustan los amores lícitos e ilícitos. En Cuba es la dueña del dinero, le gusta el lujo, el color ambarino del oro y los corales rojos. Siempre está llena de joyas. Su vestido es amarillo (Vadillo 2002: 54).

En la novela se subraya reiteradamente la fascinación de Sirena Selena con el *glamour*, su coquetería, la manipulación constante de los demás (Martha, Graubel, su público) y su belleza. Hasta en los detalles de las gárgaras de "brandy con miel, agua de azahar y canela" (13) para protegerse la voz reconocemos las particularidades de la diosa, asociada con lo dulce. Visto que el texto evoca

---

[8] Reaparece la santería en su última novela, *Cualquier miércoles soy tuya*, en la que en el capítulo "Oró, Moyugba" se describe un tambor, sesión durante la cual bajan los santos (Santos-Febres 2002: 171-186).

el tema de la inestabilidad del género, es interesante mencionar que Ochún es icono de los homosexuales, aunque

> en ningún avatar de Oshún la diosa aparece como homoerótica o hermafrodita. Sin embargo, por su extremada sensualidad, por ser la debilidad de los hombres y por admitir los amores lícitos e ilícitos a sus hijos, Oshún ha sido el canon de los hombres homosexuales en la Isla [Cuba]. Parecerse a ella es máxima aspiración (Vadillo 2002: 59).

La otra manifestación de la influencia de religiosidad popular es la oración a la Piedra Imán que conforma el tercer capítulo. También considero en un contexto de religión popular las dos evocaciones de su abuela, su gran protectora que le enseñó a cantar boleros: Serena indica explícitamente que sólo aparece en sus sueños (42, 156). Los boleros como metonimia de su abuela se asemejan a un espíritu benigno que la cuida y la ampara durante su trabajo en la calle y ahuyenta su pena:

> Una noche, mientras un señor muy circunspecto le chupaba entre las piernas, el sireno empericado recordó un bolero entero de la abuela. Anteriormente, cuando la asaltaba la melancolía, tarareaba tonadas, cantaba pedacitos de coro, pero el bolero como tal se le escapaba, como si sufriera de un maleficio que le hacía olvidar las letras tan pronto le saltaba la entonación a la memoria. Sin embargo, aquella noche, por la razón más inexplicable, recordó un bolero completo, y luego otro, y otro más, "Distancia", "Miseria", "Dime capitán", de sopetón, "Bajo un palmar", "Silencio", "Teatro", y no era que le gustara ninguna de aquellas canciones, era que las oía en su cabeza cantadas por la abuela. Su abuela, voz temblorosa, cuerpecito yerto que se llevaba la ambulancia, le fue trayendo todos los boleros del mundo al pecho, letra a letra, la memoria exacta de sus melodías. Cada canción le hacía hervir el rostro, sentir cosas que había despachado como inservibles[9] (92).

Finalmente, el desdoblamiento de la historia entre Sirena y Leocadio, quizá refiera a los hijos ilegítimos de Ochún y de Changó, los *ibeyes*, los gemelos muy queridos y adorados en la santería.

Las religiones populares del Caribe se caracterizan por una gran flexibilidad y capacidad de adaptación al pasar primero de un continente a otro y

---

[9] En cuanto a los boleros mencionados, aparte de "Miseria", "Bajo un palmar" y "Silencio", no encontré los demás ejemplos como títulos. "Distancia" me hace pensar en "Contigo en la distancia", "Dime capitán" es verso de "Nave sin rumbo", "Teatro" es parte de "Puro Teatro". Como soy belga/flamenca, puede que mis conocimientos bolerísticos no estén lo suficientemente desarrollados.

luego de una(s) isla(s) caribeña(s) a otra(s). Funcionan a partir de esquemas dinámicos, como demuestran los estudios de Joan Dayan sobre vudú y Miguel Barnet sobre santería recopilados en *Sacred Possessions* (1997). Así, es sabido que en la santería los intercambios entre sexos son más naturales. El ejemplo más llamativo es el de Changó, un dios masculino, identificado con Santa Bárbara. Otra prueba de adaptabilidad y torsión es que Erzulie (Ezili) presenta una vertiente de seductora, Erzulie-Frieda, que inspiró probablemente a Mayra Santos-Febres, aunque en otras variantes, la de Erzulie-Mansour, también es identificada con la Virgen María. Este subtexto religioso enriquece y complica, por tanto, la narración en su totalidad.

El segundo capítulo que inicia la historia propiamente dicha, empieza con las siguientes palabras: "En el avión" (8), el primero de los lugares anónimos de tránsito que poblarán la novela situada casi exclusivamente en hoteles, taxis, calles, bares, casas ajenas[10]. El avión nos lleva de un sitio a otro y es como si momentáneamente nos encontráramos en país de nadie, por lo que expresa una indecisión geográfica. Además, este medio de transporte por excelencia de finales del siglo XX tiene amplias resonancias en el contexto cultural puertorriqueño, ya que Luis Rafael Sánchez calificó la condición de los boricuas de "guagua aérea" (1994). Encuentran su esencia ni acá ni allá, sino en el *in-between*, en la travesía (palabra muy cercana a travesti). No obstante, llama la atención que este avión no se dirija a Nueva York, el destino tradicional de los puertorriqueños, sino a Santo Domingo. Esta capital de la República Dominicana es considerada la "antesala a Nueva York" (59, 63, 64, 66). Constituye una inversión-torsión de Puerto Rico como trampolín para llegar a Nueva York. Es a la vez una variación sobre la calificación de La Habana como antesala del Nuevo Mundo en los tiempos del Descubrimiento por los conquistadores. Efectivamente, se presenta el arribo de Martha y Sirena a Santo Domingo como una nueva conquista, a la que se alude tanto mediante el nombre del hotel en que se alojan, 'Conquistador'[11], como mediante el nombre del hotel de gays, 'Colón', propiedad del sueco Stan, "un vikingo" que "venía en son de paz" (228). Las dos alas del mismo pájaro, simbolizado por Sirena que dicho de paso algo tiene de "pájaro", son en este caso Puerto Rico y la República Dominicana, y no Cuba y Puerto Rico, como en el conocido poema de Lola Rodríguez de Tió.

El que el protagonista sea un travesti, un mulato en la adolescencia, una edad propicia a la androginia y a confusiones (Garber 1992: 183-184), tuerce,

---

[10] Esta preferencia por lugares de desarraigo continúa en *Cualquier miércoles soy tuya*, novela situada en gran parte en el motel Tulán.

[11] No encontré ningún hotel en Santo Domingo que tuviera este nombre. ¿Será una casualidad que existe un hotel Conquistador en San Juan, de manera que se traslada esta referencia?

por supuesto, la novela ya desde sus mismos cimientos. Siguiendo a Sarduy, el travesti es la figura híbrida por excelencia:

> Para el travesti, la dicotomía y oposición de los sexos queda abolida o reducida a criterios inoportunos o arqueológicos; para el transexual, al contrario, esa oposición no sólo se mantiene sino que es subrayada, aceptada: simplemente el sujeto, tomando el "corte" al pie de la letra, ha saltado del otro lado de la barra (Sarduy 1999: II: 1300).

El travesti desestabiliza el género y cuestiona las normas. A nivel lingüístico, esta indecisión se expresa en continuos cambios de género, por ejemplo, "*él* se había ido a la Playa de Bocachica [*sic*] *sola*" y "Muchos habían jurado dar cualquier cosa por *verlo desnuda*, quién sabe si hombre, si mujer, si ángel escapado de los cielos o Luzbel adolescente" (58; 63-64; mi énfasis). El mismo cuerpo de Sirena abriga más de una contradicción: "Los bucles perfumados, la cara perfectamente hecha en tonos malva-coral, el cuerpo menudo, la tez bronceada y cremosa, el pechito, los hombritos, las caderitas y, en medio de aquella menudencia, una verga suculenta, ancha como un reptil de agua, ancha y espesa, en el mismo medio de toda aquella fragilidad" (220). Sirena combina un cuerpo en parte masculino, desde el punto de vista biológico, y socialmente femenino a causa de la ropa que se pone, por lo menos en sus actuaciones. La misma autora comenta la importancia de la construcción social que implica el género:

> (...) la construcción social del género es una serie de coreografías, palabras, gestualidades, vestimentas. La coreografía del otro. Hemos llegado a los female to male, a los transexuales que tienen que aprender primero la coreografía antes de llegar a la biología. En inglés les dicen female to male a las mujeres que se convierten en hombres; y entonces se hacen la operación, toman hormonas y les sale el pelo pero primero tienen que aprender a ser hombres y eso es una coreografía, una vestimenta, es muy extraño (Tamayo 2001: 26).

Mayra Santos-Febres se hace eco de los debates entre los llamados construccionistas (quienes sostienen que determinadas circunstancias socio-políticas y económicas influyen en los comportamientos sexuales) y los esencialistas (quienes defienden una base genética en el proceso de la definición sexual), pero no creo que proponga soluciones unilaterales. Incluso cuando hacia el final de la novela Sirena Selena penetra a Hugo y después lo abandona, no creo que se pueda interpretar esta escena como una victoria de su 'masculinidad' o de un eventual papel claramente activo en el acto sexual. Sirena prefiere quedarse en la ambigüedad y rechaza ser llamado/a sirenito. La meditación de Leocadio sobre el tema en el antepenúltimo capítulo lo ilustra: "Hay muchas maneras de mandar, muchas formas de ser hombre o mujer, una decide. A veces se puede ser ambas sin tener que dejar de ser lo uno ni lo otro" (258).

La cuestión del travestismo cobra aún más importancia a un nivel ontológico que a nivel de género. En la construcción de un ser humano esta novela sugiere que sólo importa el simulacro, el envoltorio de disfraces, o en las palabras de Butler (1993) el aspecto *performativo*. De ahí las frases paradójicas como "Pero para hablar tendría que deshacerse de quien es ella en realidad, de quien tanto trabajo le ha costado ser" (256) y las frecuentes comparaciones con las grandes estrellas de cine como Marilyn Monroe. La seductora Sirena es un *performance*, un constante énfasis en la puesta en escena, el asumir un papel, actitud que se corresponde con lo observado por Baudrillard (1979) en sus reflexiones sobre la seducción. Sirena Selena cuyo nombre verdadero nunca llegaremos a saber podría apropiarse las palabras del travesti Agrado en *Todo sobre mi madre*: "Una es más auténtica cuando más se parece a lo que ha soñado de sí misma..." (Almodóvar 2000: 104).

Haciendo un paso más y desviándose del camino privado e individual, Kristian Van Haesendonck (2003: 86-89) ya comentó el recurso al travesti como metáfora política de Puerto Rico. Este Estado Libre Asociado no se decide políticamente por la independencia o la anexión, y más bien opta por un colonialismo *lite*, término inventado por Carlos Pabón (1995). Si trasponemos la dedicatoria a los indecisos del *show* de Martha al "estatus" de la isla del Encanto, la ironía no puede ser más mordaz: "Un indeciso más, como muchos aquí esta noche; ¿pero quién no sufre momentos de indecisión en esta vida?" (114). El cuerpo híbrido de Sirena, de dos en uno, refleja asimismo la problemática situación de la República Dominicana: esta media isla constituye junto con Haití un cuerpo entero, pero sendas partes se encuentran hasta hoy en día en una relación muy conflictiva de difícil equilibrio.

La misma escritora amplía la metáfora socio-política en una de sus entrevistas en la que proclama: "Las ciudades de América Latina son travestis de las ciudades del Primer Mundo" (Güemes 2000). Explica que las ciudades tercermundistas, ya sea San Juan o Santo Domingo, remedan y exageran los rasgos del neoliberalismo. Por eso es muy interesante la localización de la novela en la República Dominicana, ya que permite elaborar la relación muy problemática entre la isla del Encanto y la media isla, tema poco tratado en la literatura puertorriqueña[12]. Por una parte, los personajes emiten opiniones muy estere-

[12] Para la visión sobre los dominicanos en algunos escritores puertorriqueños, véase "Sobre dominicanos y puertorriqueños: ¿movimiento perpetuo?" (De Maeseneer 2002b). La historia de la travesía en yola del haitiano-dominicano Tadeo en *Cualquier miércoles soy tuya* (Santos-Febres 2002: 187-191) cabe completamente en esta indagación.

otipadas sobre la otra isla. Martha encuentra la República Dominicana una "isla mugrosa, muy por debajo de su alcurnia" (115) y Sirena sólo sabía de "dominicanos fugados en yola, carcomidos de sal" (109). El dominicano Migueles, al contrario, le pinta a Leocadio todo un cuadro muy negativo de los boricuas: "flojos", "acostumbrados a ser gringos", "drogadictos" (198-199). Por otra parte, la otra isla les es imprescindible como parada intermediaria para realizar sus sueños, es decir, llegar a Nueva York. Migueles está ansioso por irse cuanto antes a Puerto Rico, Sirena Selena y Martha necesitan la "otra isla del desmadre" (22) para lograr sus metas. Esta translocación geográfica permite darse cuenta de los lazos que existen entre las diferentes partes del Caribe (hispanófonas), a pesar de todo[13]. Puede ser más que un detalle anodino el que Martha mencione a Hostos, remisión histórico-cultural nada usual en ella. Martha expresa su desesperación y su rabia de que haya desaparecido la Sirena a quien imagina muerta y exclama: "Aquí [la Sirena] se queda enterradita, al lado de Hostos" (228). El nombre del gran pensador puertorriqueño que pasó gran parte de su vida en la República Dominicana, podría invitar a repensar la idea hostosiana (y martiana) de la confederación caribeña para enfrentarse a los problemas que muchos caribeños comparten, sobre todo en relación a la diáspora[14].

Las interpretaciones del travestismo a nivel de género, ontológico y sociopolítico hacen que Mayra Santos-Febres prosiga la línea de destrucción del paternalismo y del canon patriarcal que Juan Gelpí ha estudiado tan brillantemente en su libro, ya clásico, *Literatura y paternalismo en Puerto Rico* (1993) partiendo del ensayo fundacional de Pedreira, *Insularismo*, publicado originalmente en 1934. Se pueden aplicar las reflexiones de este agudo crítico puertorriqueño casi punto por punto a la obra que nos ocupa. Gelpí constata que en la literatura boricua de las últimas décadas del siglo XX ha desaparecido el padre, figura clave en las anteriores construcciones identitarias de Puerto Rico. En esta novela todas las familias son ficticias, truncas, son construcciones artificiales y los padres están casi sistemáticamente ausentes. No hay sagradas familias, de la misma manera que en *Todo sobre mi madre* de Pedro Almodóvar este icono de Barcelona que se enfoca a la llegada de Manuela, apunta hacia una ausencia, un vacío. Se establecen lazos no verticales, sino más bien

[13] Cuba aparece muy poco en la novela. Sólo encontramos los clichés de que habría una pobreza tremenda en Cuba y que los cubanos se quedaron con todo el comercio en Puerto Rico (34-35). Respecto a la translocación, idea que la autora no interpreta en el sentido geográfico, véase su tesis doctoral (Santos-Febres 1992). Cabe añadir que autoras como Ana Lydia Vega o Mayra Montero ya han tratado en sus obras estos temas de los vínculos entre caribeños.

[14] Sobre las relaciones transcaribeñas véase también Barradas (2003) y Arroyo (2003).

horizontales, de hermandad, por ejemplo, entre Valentina y Sirena: "Valentina Frenesí fue, como quien dice, su primera madre. O mejor, su hermana mayor" (78). La misma relación se percibe entre Leocadio y Migueles: "Era verdad que parecían hermanos, los dos sentados en la escalera" (196). O doña Adelina quien heredó la casona de sus tías y cría a Leocadio entre otros muchachos, dice: "No eran tías tías, como ella tampoco era familia de los muchachitos que terminaba de criar, que a veces recogía de la calle" (122) y "Aquello que accidentalmente se le había formado en la casa de sus tías era una familia, medio extraña, sí, pero familia al fin" (125). Como ya he advertido que la narración se sitúa esencialmente en lugares de transición, o, como mucho, en casas ajenas (la casa de los patronos de la abuela, la casa de Graubel, la casa de Valentina Frenesí, la casa de "citas" de doña Adelina), es claro que se derrumba la imagen de la casa como unidad protectora, el espacio predilecto de la gran familia puertorriqueña celebrada en los textos canónicos. Otra idea que se ataca es el tratamiento clínico de Puerto Rico según el cual sería una sociedad enferma: "La patología metafórica, como se sabe, es uno de los ejes de *Insularismo*, ya que, para Pedreira, Puerto Rico es un país infantilizado y enfermo" (Gelpí 1993: 54). Inspirándome en las observaciones de Cruz-Malavé (1995) respecto a la obra de Luis Rafael Sánchez y de Manuel Ramos Otero, la patología aquí también se ha convertido en una pato-logía, el logos del pato, nombre para designar a un homosexual (o quizá sería mejor hablar en este contexto de un indeciso). La novela tergiversa también la idea tan difundida de que Puerto Rico sería todavía un niño o un adolescente babeante y dócil, a quien hay que llevar de la mano. Sirena Selena es un niño nada sumiso que maneja bien los mecanismos del poder. Martha Divine es su manager, pero constatamos muy rápido que Martha no lo/la domina, sino que Sirena se escabulle de sus garras, cuando se le presenta la oportunidad de ganar más dinero. Tampoco Hugo llega a domesticarlo/la ya que Sirena piensa: "A mí ni muerta me cogen dependiendo de un pendejo [Hugo] para conseguir mi sosiego ni mi felicidad" (104). Si al contrario postuláramos que este adolescente encarna a la juventud letrada en quien Pedreira deposita su esperanza al final de su ensayo para que salve a Puerto Rico, la figura de Sirena no puede ser más caricaturesca. No sé si resulta demasiado descabellado ver un posible juego con el ideario de Pedreira hasta en la letra de uno de los boleros mencionados. Es muy conocida la metáfora de Pedreira que considera al puertorriqueño una "personalidad transeúnte que navega a la deriva" y a Puerto Rico una "nave al garete" (Gelpí 1993: 26). Me pareció significativa la reproducción de parte de la letra de uno de los boleros que dio fama a la cantante puertorriqueña Sylvia Rexach, "Nave sin rumbo", para clausurar el bellísimo capítulo XXXVII que evoca la actuación de Sirena en casa de Graubel:

Es mi corazón
una nave en el turbulento mar,
desafiando la fuerte tempestad
de eso que llaman amor... (208)[15].

Aunque no descarto posibles interpretaciones en el marco de la intriga (la soledad de Sirena y su relación con Hugo que se describe en los capítulos siguientes), esta cita podría apuntar hacia el carácter errático del puertorriqueño (¿caribeño?), característica que quiere remediar Pedreira, pero que expresa la quintaesencia del boricua, profundamente desterritorializado.

¿No resulta demasiado previsible y facilona mi aplicación dócil de las ideas sobre literatura y paternalismo de Juan Gelpí? ¿Mayra Santos-Febres no hace nada más que continuar una corriente ya iniciada en décadas anteriores? Es cierto que autores como Rosario Ferré (en su mejor época, es decir antes de 1995, cuando todavía escribía primero en español) o Manuel Ramos Otero, "una de [las] influencias más presentes y frecuentes" de Santos-Febres (Morgado 2000: 5) ya le enseñaron el camino para desconstruir los fundamentos y todos los clichés de la consagrada mansión puertorriqueña. La diferencia con los autores mencionados estriba acaso en que el propósito ya no consiste en abogar por liberar a la mujer (en el caso de Ferré) o reivindicar al homosexual (en el caso de Ramos Otero). Pienso, por ejemplo, en su cuento "Loca la de la locura" (Ramos Otero 1992: 233-240) cuya semejanza temática con la novela es llamativa. El cuento gira alrededor de un travesti, cantante de boleros, que mató a su pareja, el bugarrón "Nene Lindo", por haber querido "virar al macho" para usar la expresión de Cruz-Malavé (1993). Después de expiar su culpa en la cárcel, el travesti va al cementerio donde yace su amado matado el día del Descubrimiento de Puerto Rico, el 19 de noviembre. Aunque no se ha dicho la última palabra sobre este cuento provocativo, hasta chocante, no descarto una interpretación de lucha y rebeldía (tal vez política) de las frases finales: "Ahora estoy sin máscara. Con un puñal de huesos para unirme a la revolución" (Ramos Otero 1992: 240). En Mayra Santos-Febres el libro termina sin mensaje revolucionario o reivindicación clara: Sirena se esfuma con todo el dinero y es probable que viaje a Nueva York[16]. Así explico la ridi-

[15] El bolero sigue así: "Tú, lobo de mar/ hacia dónde esta nave has de llevar,/ sin preocuparte apenas/que rumbo tomaremos./Dime capitán,/tú que conoces las aguas de este mar,/si después de pasar la tempestad/quedará sobre la calma/ un inmenso vacío entre mis brazos,/o tal vez un corazón..."

[16] Coincido con Díaz: "Mas en Mayra no se deposita ya tanta energía en la denuncia y resentimiento (...)" (Díaz: 2003: 31).

culización de la militancia en el discurso de Martha que dice haber fundado la BDDG, la Brigada de Dragas en Defensa del Glamour. Su finalidad consiste en preparar a las locas para ir a Rusia, ya que allá necesitan "coaching" para que puedan disfrutar también del "libre comercio y el degenere desenfrenado" (177). Explica socarronamente: "A nosotras, la gente luchadora, nos encantan los partidos políticos" (178). No quiere decir que el libro esté desprovisto de observaciones críticas. Pienso en la manera como se describe la fortuna del magnate de azúcar Graubel: es "lo acumulado sobre sangre y latigazos" (108). El carácter perverso del capitalismo que genera desigualdades socio-económicas es denunciado de manera solapada. Al ricachón Graubel le es mucho más fácil llevar a cabo sus fantasías sexuales gracias a su situación acaudalada. Los turistas pagan a los chicos del hotel para estar acompañados y el turista canadiense proclama en su monólogo en inglés:

> Anyway, as soon as they [the Dominican boys] figure out that they make more money spending a night with you than working at the hotel for a whole month, the roles change. They chase you like flies do honey. Most need the money a lot. And I'm happy to oblige. It must be so though to be gay in this country (192).

Todo esto nos llevaría a un panorama bastante desconsolado, "de pena". A pesar de todo el desencanto, esta manera particular de actuar expresa cierta forma de resistencia. Las estrategias de Sirena constituyen una manera de enfrentarse a las estructuras, sin atacarlas de frente. Muestran las fisuras, son el *neither-nor*. Sirena Selena desafía las normas con su manera diferente de actuar y de vestir, pero las confirma a la vez emulando a la mujer de manera hiperbólica, en una especie de *mimicry*. El travestismo, según Butler, contiene esta fundamental ambigüedad de que confirma y cuestiona el género:

> Although many readers understood *Gender Trouble* to be arguing for the proliferation of drag performances as a way of subverting dominant gender norms, I want to underscore that there is no necessary relation between drag and subversion, and that drag may well be used in the service of both the denaturalization and reidealization of hyperbolic heterosexual gender norms. At best, it seems, drag is a site of certain ambivalence, one which reflects the more general situation of being implicated in the regimes of power by which one is constituted and, hence, of being implicated in the very regimes of power that one opposes (Butler 1993: 125).

De esta manera se explica también que Mayra Santos-Febres haya optado por el bolero y no por el rap o la salsa, géneros menos nostálgicos, a veces más rebeldes en su expresión de la violencia de la calle (Santos-Febres 1997a;

1997b). No me refiero únicamente al acierto de que el bolero encaja de maravilla con el personaje del travesti: gracias a su estructura dialógica el bolero permite jugar con cierta indecisión genérica hasta desembocar en la pura expresión del deseo antes de la diferenciación de los sexos (Zavala 1991: 65). Es asimismo un logro en el sentido de que el bolero es un género conflictivo de por sí, ya que combina un ritmo de origen africano, la supuesta cultura baja, con temas y palabras, hijos del modernismo e incluso de la poesía cortés (Zavala 1991; Monsiváis 1970; Vera-León 1997). Además, el bolero recoge la ambigüedad de que al hombre se le muestra en su debilidad, ya que languidece por la mujer, pero no se cuestiona en absoluto la confirmación de papeles: "The continental, eternal and ubiquitous body of the bolero as sociomusical practice is closely linked to patriarchy and to its male-gendered voices and lyrics" (Aparicio 1998: 128). A la vez, el bolero ha sido usado como "discreta" forma de rebeldía, sobre todo por las mujeres intérpretes, las únicas en ser mencionadas ya desde el primer capítulo (Sylvia Rexach, Lucy Favery, La Lupe). Muy significativamente el primer bolero que ensaya Sirena en el avión rumbo a Santo Domingo expresa esta ambivalencia. Se cita el verso: "Vampiresa en tu novela, la gran tirana..." (9). En "La tirana", uno de los grandes éxitos de La Lupe, es el hombre quien acusa a la mujer de ser la causa de su maldición, de manera que se confirma el reparto tradicional de los papeles. Reza así:

> Según tu punto de vista yo soy la mala.
> Vampiresa en tu novela, la gran tirana.
> Cada cual en este mundo cuenta el cuento a su manera
> y lo hace ver de otro modo en la mente de cualquiera
> Desencadenas en mí venenosos comentarios.
> Después de hacerme sufrir el peor de los calvarios.
> Según tu punto de vista yo soy la mala.
> La que te llevó hasta el alma, la gran tirana.

Pero en los últimos versos el yo reivindica su libertad: "Para mí es indiferente lo que sigas comentando/ si dice la misma gente que el día en que te dejé/ fui yo quien salió ganando". De esta manera el bolero incluye resistencia y aceptación. Al mismo tiempo es huida y palabra huera: el bolerista recurre a clichés para expresarse, el bolero le glosa la mudez, o en las palabras de Aparicio "[it] serve[s] as a code, or as a language, for those who lack one" (Aparicio 1994: 680). Lo ilustra Sirena en su encuentro con Hugo después de su actuación. El magnate le pregunta: "¿En qué piensas? / En qué canción le iría bien a un momento como éste./ ¿Y si yo te pidiera que pensaras en mí?/ Pues pienso en la canción de una cantante que piensa en su hombre que le pide que piense en él" (217). En esta alusión a "Piensa en mí", letra de Agustín Lara interpretada por Luz Casal, Sirena se expresa de una manera ventrílocua, recurriendo a un discurso colectivo miles de veces repetido. Supone una huida de los problemas cotidianos en el romance y en un ambiente nostálgico (De Maeseneer 2002a, 2003). El bolero es en la fórmula de Fernando Valerio-Holguín "seducción de la nostalgia y nostalgia de la seducción" (1996: 197).

Sin embargo, Sirena Selena usa estos textos reciclados como medio para defenderse de los demás y para obtener el *glamour*. Estos boleros contienen una fuerza, un poder. Las reiteradas descripciones del fabuloso efecto del bolero lo ilustra de sobras: sirvientes y amos, hombres y mujeres, *drag queens* e indecisos, todos se quedan cautivados por la voz de Sirena. Sirena se defiende con su cuerpo, su voz, lo frágil: "Sirena Selena transcends questions of gender roles and class. It concerns power and vulnerability, and how dangerously thin the borders between them can be" (Nyren 2000: 3). La misma autora advierte: "Pero sí sé que es muy importante pensar no en la marginalidad como trinchera, sino en la marginalidad como una posición desde la cual una puede verle ciertas costuras al poder, a los poderes, y desde ahí tratar de abrir la puerta pa' más gente y mover el margen" (Peña-Jordán 2003: 123).

En esta actitud medio acomodaticia y medio rebelde reconozco ideas de corrientes teóricas del presente y del pasado. En el contexto puertorriqueño, algunos críticos han elaborado la tesis de que los puertorriqueños se caracterizan por una actitud ambigua, que se ha venido llamando *crab syndrome*, "condición jueyera" o "jaibería" en buen puertorriqueño. El término fue acuñado por el antropólogo puertorriqueño Eduardo Seda Bonilla (1970) y recuperado, por ejemplo, por Grosfoguel (1997: 26-33) o por Arnaldo Cruz-Malavé (2000: 49). Refleja una manera esquiva de enfrentarse a los problemas, y se aplica al modo en que los puertorriqueños "negocian" con Estados Unidos: "A nonheroic position, *jaibería*, favors endurance over physical strength, and privileges ambiguity over clarity. Although it has been mistaken for docility, it is instead an active, low-intensity strategy to obtain the maximum benefits of a situation with a minimum of blood spilled" (Grosfoguel 1997: 31). Arnaldo Cruz-Malavé aplica esta actitud a la actual literatura puertorriqueña en Estados Unidos: "(...) no se oponen ya frontalmente a las estructuras dominantes, sino que se desplazan lateralmente en un movimiento que, a pesar de su carácter discontinuo y fugaz, es más que una mera evasión de las maniobras restrictivas de las estructuras dominantes. También es un estilo, un arte" (Cruz-Malavé 2000: 49). Creo que este concepto presenta muchas afinidades con otra expresión puertorriqueña estudiada por Arcadio Díaz Quiñones en su lúcido ensayo, "De cómo y cuándo bregar" (Díaz Quiñones 2000: 19-95). A partir de la reflexión sobre este verbo de múltiples acepciones y connotaciones el eminente crítico detecta la misma ambivalencia en muchas manifestaciones puertorriqueñas. Según él la brega es un estar y un no estar, una ausencia y una presencia, es una forma de armonizar necesidades e intereses. O dicho en otras palabras, es resistencia y huida: "Por supuesto, el bregar conserva la marca del antiguo y ortodoxo sentido de "luchar" y "lidiar", pero sin la connotación de ataque frontal. Se trata de una forma a la vez más modesta y más ambiciosa" (Díaz Quiñones 2000: 23). En una entrevista sobre su libro, Mayra Santos-Febres parece reformular estas ideas: "Pero creo que en la máscara hay un reducto de libertad que hemos usado muy bien; esta cosa oblicua, el no ir de frente, sino de la'o, como cuando las olas del mar baten muy fuerte y tiene[s] que meterte al agua de costado o si no la ola te tumba" (Reyes 2001: 3).

Rebasando el marco de los pensadores puertorriqueños, creo que esta forma de resistencia oblicua se puede relacionar con las *queer theories*. No entiendo el término en el sentido sexual que cubriría a los varones gays, las lesbianas y otros comportamientos sexuales a veces inclasificables. También descarto en este contexto las posibles connotaciones negativas que implica la oposición *queer-straight*, torcido-derecho. Interpreto *queer*, lo torcido que proviene de *torquere*, en un sentido más amplio, inspirándome en la definición propuesta por Vicente Verdú: "Las personas *queer* desestabilizan los cánones universalistas, transgreden los patrones unívocos y remueven de forma sistemática tanto sus propios límites como los códigos dualistas y conservadores" (Verdú 2002: 10). En *Sirena Selena vestida de pena*, la elección de un travesti como protagonista propicia esta lectura *queer*, torcida. Apoyándose en el libro de Doty, *Making Things Perfectly Queer. Interpreting Mass Culture*, Foster ya advirtió para *La guaracha del Macho Camacho* y *La importancia de Daniel Santos* de Luis Rafael Sánchez el carácter *queer* de la cultura popular, lo que él llama "the queersome potential of popular culture" (Foster 1997: 18). Como he demostrado, el/la bolerista Sirena Selena no le tuerce únicamente el cuello al cisne, resemantizando los tópicos del modernismo en sus boleros, sino que tuerce los esquemas rígidos en lo religioso, sexual, geográfico, ontológico, político, cultural, ideológico. Hasta diría que desafía las normas establecidas en una posición cercana a lo *camp*, en la manera en que Amícola (2000) o Santos (2001) han estudiado este concepto tan importante en sus recientes análisis sobre autores como Perlongher o Puig.

No sólo quisiera vincular esta nueva actitud guerrera con las teorías recientes en el ámbito puertorriqueño y de los *queer studies* y lo *camp*, sino que la novela me permite remontar en el tiempo. Propongo leerla como una versión actualizada de las ideas barrocas del ser y del parecer, los simulacros, las ilusiones, el travestismo. "El Gran Teatro del Mundo" de Calderón y de Shakespeare, *mutatis mutandis* representantes de las dos grandes culturas que pugnan en Puerto Rico, se traslada a los escenarios de los clubes en San Juan, Santo Domingo, Nueva York. "La vida es sueño" se convierte en "La vida es el sueño americano, *the American Dream*". Los travestis ya no son las mujeres vestidas de hombre del teatro barroco que ocupan momentáneamente una posición de poder (de hombre) para alcanzar su objetivo, sino que se trata de hombres vestidos de mujeres en una posición a primera vista más débil. La gran diferencia estriba en que en el siglo XVII se encontraba un sistema coherente detrás de las poses –por lo menos es lo que se proclamaba–, mientras que éste hoy en día ha desaparecido. El único mecanismo que vale es el del capitalismo, que se concretiza, por ejemplo, en Miami adonde Solange espera evadirse "allá donde con dinero, joyas y acciones se compra estatus a la medida" (171). Y para probar que no hay nada nuevo bajo el sol, la búsqueda del *glamour* se puede equiparar a una busca picaresca[17]. Con razón Solange llama a la Sirena una "buscona, una arrastrada", una "arrimada" (213, 215). En la obra de Mayra Santos-Febres, el nuevo pícaro es el travesti Sirena Selena, híbrido de cuerpo y de cultura, guerrero a su manera "torcida".

Bibliografía

ALMODÓVAR, Pedro (2000): *Todo sobre mi madre*. Madrid: El Deseo Ediciones.

AMÍCOLA, José (2000): *Camp y postvanguardia. Manifestaciones culturales de un siglo fenecido*. Buenos Aires: Paidós.

APARICIO, Frances (1994): "'Así son': Salsa Music, Female Narratives, and Gender (De)Construction in Puerto Rico", en: *Poetics Today* 15. 4 (Winter), pp. 659-683.

— (1998): *Listening to Salsa. Gender, Latin Popular Music, and Puerto Rican Cultures*. Hanover and London: Wesleyan University Press.

ARENAS, Reinaldo (1992): *Antes que anochezca. Autobiografía*. Barcelona: Tusquets.

ARROYO, Josianna (2003): "Sirena canta boleros: travestismo y sujetos transcaribeños en *Sirena Silena vestida de pena*", en: *Centro. Journal of the Center for Puerto Rican Studies*, XV, 2 (Fall), pp. 39-51.

BARNET, Miguel (1997): "La Regla de Ocha. The religious system of Santería", en: Fernández Olmos, Margarite/Paravisini-Gebert, Lizabeth (eds.): *Sacred Possessions. Vodou, Santería, Obeah, and the Caribbean*, New Brunswick: Rutgers University Press, pp. 79-100.

BARRADAS, Efraín (2003): "*Sirena Silena vestida de pena* o el Caribe como travestí", en: *Centro. Journal of the Center for Puerto Rican Studies*, XV, 2 (Fall), pp. 53-65.

[17] Barradas (2003: 55) señala que se puede leer *Sirena Silena vestida de pena* como "continuadora de la tradición picaresca" entre otras posibles lecturas (documento realista, *Bildungsroman*, texto neo-barroco y su propia lectura como reflexión sobre el turismo caribeño).

BAUDRILLARD, Jean (1979): *De la séduction.* Paris: Galilée.

BRUNEL, Pierre (1992): *Companion to Literary Myths, Heroes and Archetypes.* New York: Routledge.

BUTLER, Judith (1993): *Bodies that Matter: on the Discursive Limits of 'Sex'.* New York: Routledge.

CABRERA INFANTE, Guillermo (1992): *Mea Cuba.* Barcelona: Plaza y Janés.

CROS SANDOVAL, Mercedes (1975): *La religión afrocubana.* Madrid: Playor.

CRUZ-MALAVÉ, Arnaldo (1993): "Para virar al macho: La autobiografía como subversión en la cuentística de Manuel Ramos Otero", en: *Revista Iberoamericana*, LIX 162-163 (enero-junio), pp. 239-263.

— (1995): "Toward an Art of Transvestism: Colonialism and Homosexuality in Puerto Rican Literature", en: Bargmann, Emilie L./Smith, Paul Julian (eds.): *¿Entiendes? Queer Readings, Hispanic Writings.* Durham and London: Duke University Press, pp. 137-167.

— (2000): "Translocalidad y tropicalismo: la literatura puertorriqueña de los Estados Unidos", en: *Quimera*, 193-194 (julio-agosto), pp. 47-52.

DAYAN, Joan (1997): "Vodoun, or the Voice of Gods", en: Fernández Olmos, Margarite/Paravisini-Gebert, Lizabeth (eds.): *Sacred Possessions. Vodou, Santería, Obeah, and the Caribbean.* New Brunswick: Rutgers University Press, pp. 13-36.

DE MAESENEER, Rita (2002a): "Denzil Romero, Enriquillo Sánchez y Zoé Valdés a ritmo de bolero", en: *Iberoamericana*, II 5 (marzo), pp. 37-54.

— (2002b): "Sobre dominicanos y puertorriqueños: ¿movimiento perpetuo?", en: *Centro. Journal of the Center for Puerto Rican Studies*, XIV 1, pp. 53-73.

— (2003): "Cinco reflexiones sobre el bolero aún por melodiarse", en: Rodríguez-Carranza, Luz/Nagle, Marilene (eds.): *Reescrituras.* Amsterdam-New York: Rodopi, pp. 57-70.

DÍAZ, Luis Felipe (2003): "La narrativa de Mayra Santos-Febres y el travestismo cultural", en *Centro. Journal of the Center for Puerto Rican Studies*, XV, 2 (Fall), pp. 25-36.

DÍAZ QUIÑONES, Arcadio (2000): *El arte de bregar. Ensayos.* San Juan: Ediciones Callejón.

DOTY, Alexander (1993): *Making Things Perfectly Queer. Interpreting Mass Culture.* Minneapolis: University of Minnesota Press.

FOSTER, David William (1997): *Sexual Textualities. Essays on Queer/ing Latin American Writing.* Austin: University of Texas Press.

GARBER, Marjorie (1992): *Vested Interests. Cross-dressing and Cultural Anxiety.* New York: Routledge.

GELPÍ, Juan (1993): *Literatura y paternalismo en Puerto Rico.* San Juan: Editorial de la Universidad de Puerto Rico.

GROSFOGUEL, Ramón/NEGRÓN-MUNTANER, Frances/GEORAS, Chloé S. (1997): "Beyond Nationalist and Colonialist Discourses: The *Jaiba* Politics of the Puerto Rican Ethno-Nation", en: Negrón-Muntaner, Frances/Grosfoguel, Ramón (eds.): *Puerto Rican Jam. Essays on Culture and Politics.* Minneapolis: University of Minnesota Press, pp. 1-36.

GÜEMES, César (2000): "Las ciudades de América Latina son travestis con ropaje de Primer Mundo", en: *Jornada*, 4 de junio, <http://www.jornada.unam.mx/2000/oct00/001004/03an1clt.html>, (fecha de consulta 12/06/2001).
MONSIVÁIS, Carlos (1970): *Días de guardar*. México: Era.
MORGADO, Marcia (2000): "Literatura para curar el asma. Una entrevista con Mayra Santos-Febres", marzo-abril, <http://www.barcelonareview.com/17/s_ent_msf.htm>, (fecha de consulta 29/08/2000).
NYREN, Ron (2000): "Scooped From the Gutter to Become a Drag Diva", <http://www.sfgate.com/cgi-bin/article.cgi?file=/chronicle/archive/2000/08/27/RV88233.DT>, (fecha de consulta 5/12/2001).
PABÓN, Carlos (1995): "De Albizu a Madonna: para armar y desarmar la nacionalidad", en: *bordes*, 1, pp. 22-40.
PEDREIRA, Antonio S. (1992): *Insularismo*. San Juan: Edil.
PEÑA-JORDÁN, Teresa (2003): "Romper la verja, meterse por los poros, infectar: una entrevista con Mayra Santos-Febres", en: *Centro. Journal of the Center for Puerto Rican Studies*, XV, 2 (Fall), pp. 117-125.
RAMOS OTERO, Manuel (1992): "Loca la de la locura", en: Manuel Ramos Otero, *Cuentos de buena tinta*. San Juan: Instituto de Cultura Puertorriqueña, pp. 233-240.
REYES, Dean Luis (2001): "Mayra Santos Febres: libertad enmascarada", <http://www.lajiribilla.cubaweb.cu/2001/n32_diciembre/852_32.html>, (fecha de consulta 13/02/2002).
SÁNCHEZ, Luis Rafael (2000 [1976]): *La guaracha del Macho Camacho*. Madrid: Cátedra.
— (1994): *La guagua aérea*. San Juan: Editorial Cultural.
SANTOS, Lidia (2001): *Kitsch Tropical. Los medios en la literatura y el arte en América Latina*. Frankfurt/Madrid: Vervuert/Iberoamericana.
SANTOS-FEBRES, Mayra (1992): *The Translocal Papers: Gender and Nation in Contemporary Puerto Rican Literature*. Ph.D. Dissertation, Cornell University.
— (1997a): "Geografía en decibeles: utopías pancaribeñas y el territorio del rap", en: *Revista de Crítica Literaria Latinoamericana*, XXIII 45 (primer semestre), pp. 351-363.
— (1997b): "Salsa as Translocation", en: Fraser Delgad, Celeste/Muñoz, José Esteban (eds.): *Everynight Life. Culture and Dance in Latin/o America*. Durham: Duke University Press, pp. 175-188.
— (2000): *Sirena Selena vestida de pena*. Barcelona: Mondadori.
— (2002): *Cualquier miércoles soy tuya*. Barcelona: Mondadori.
SARDUY, Severo (1999): *Obra completa*, Guerrero, Gustavo/Wahl, François (eds.), Madrid: Archivos, 2 Vols.
SEDA-BONILLA, Eduardo (1970): *Réquiem por una cultura*. Río Piedras: Editorial Edil.
TAMAYO, Caridad (2001): "Mayra Santos Febres: la respuesta como obsesión", en: *Revolución y Cultura*, 3: pp. 21-26.
VADILLO, Alicia E. (2002): *Santería y vodú; sexualidad y homoerotismo. Caminos que se cruzan sobre la narrativa cubana contemporánea*, Madrid: Editorial Biblioteca Nueva.
VALERIO-HOLGUÍN, Fernando (1996): "La historia y el bolero en la narrativa dominicana", en: *Revista de Estudios Hispánicos*, pp. 191-198.

VAN HAESENDONCK, Kristian (2003): "*Sirena Selena vestida de pena* de Mayra Santos-Febres: ¿transgresiones de espacio o espacio de transgresiones?", en: *Centro. Journal of the Center for Puerto Rican Studies*, XV, 2 (Fall), pp. 79-96.
VERA-LEÓN, Antonio (1997): "Mayra Montero: las islas del deseo", en: *La Torre*, X 39, pp. 183-201.
VERDÚ, Vicente (2002): "La cultura de lo sexualmente raro", en: *El País*, domingo 28 de abril, p. 10.
ZAVALA, Iris M. (1991): *El bolero. Historia de un amor.* Madrid: Alianza.

La conquista de los colonizadores como arma literaria en *El mundo alucinante* de Reinaldo Arenas

Erwin Snauwaert
EHSAL Brussel/KULeuven

En *Antes que anochezca* (*AQA*), la famosa autobiografía que escribió Reinaldo Arenas, enfermo del SIDA y poco tiempo antes de suicidarse, se puede leer un comentario muy peculiar acerca de la publicación de *El mundo alucinante* (*MA*), su segunda novela (1966). El autor describe la reacción de un amigo, el cuentista Virgilio Piñera, ante el hecho de que a dicha novela se le escapó el primer premio en el concurso de la UNEAC (Unión Nacional de Escritores y Artistas de Cuba): "Te quitaron el premio; la culpa la tuvieron Portuondo y Alejo Carpentier. Yo voté por que tu libro fuera premiado. Toma mi teléfono y llámame; tenemos que trabajar en esa novela; parece como si la hubieras mecanografiado en una sola noche". Y comenta Arenas: "(...) En realidad, casi lo hice así, la fecha del concurso venció y yo, con el trabajo de ocho horas en la biblioteca, apenas tenía tiempo; me encerraba en mi cuarto y escribía de un tirón treinta o cuarenta páginas" (*AQA* 101).

Esta premura se traduce en la estructura poco coherente de la novela. Se ilustra en un tono "barroco", en un ritmo a veces "galopante" (Rozencvaig 1981: 44, 46) y en la variación constante de las instancias narrativas. Esta práctica sin duda remite a un "escritor delirante y carente de una buena formación universitaria" (*AQA* 105) en cuyos libros "el lector puede adentrarse como en una sabana, por cualquier lugar (...) tanto por el principio (...) como por el final" (Rozencvaig 1981: 43).

Al mismo tiempo, esta incoherencia parece obedecer a una organización literaria consabida y echa las bases de un discurso muy particular. En efecto, el testimonio mencionado también pone de relieve una discrepancia literaria e ideológica entre dos escritores. Por su disconformidad con el régimen castrista Arenas se opone a Carpentier, que ya en otra ocasión pasó por alto *Celestino antes del alba*. Esta primera obra de Arenas, considerada en 1969 en Francia como la mejor novela extranjera junto con *Cien años de soledad* de García Márquez (*AQA* 143) fue sacrificada en Cuba a favor de una obra sobre la lucha de Fidel en la sierra Maestra y finalmente fue prohibida (*AQA* 140). En estas líneas trataremos de ver cómo esta organización de las personas narrativas, sea fortuita o no, sienta las bases de una oposición ideológica bastante clara.

1. Personas narrativas

Como ya se ha dicho, un primer vistazo al libro destaca una enorme riqueza en cuanto a personas narrativas. La novela, basada en otro texto, *Memorias y Apología* de fray Servando Teresa de Mier, escenifica una réplica ficticia del personaje histórico. Como es sabido, se trata de un dominico que vivió de 1763 a 1825 y que, debido a su lucha por la independencia de las Américas, fue desterrado de México. Por lo general, la novela es narrada desde una posición triple. Esto ya se observa en el primer capítulo, que tiene nada menos que tres títulos: "De cómo transcurría mi infancia en Monterrey.../De tu infancia en Monterrey.../De cómo pasó su infancia en Monterrey" (*MA* 27, 31, 34). La narración autodiegética se sustituye, pues, continuamente por la heterodiegética, pasando por el apóstrofe típico de la segunda persona. En este sentido, la novela hace pensar en la narración de *La muerte de Artemio Cruz* de Fuentes, aunque no tiene el mismo orden riguroso.

Sin embargo, esta diversidad en cuanto a persona narrativa sobre todo afecta a la primera parte, que retrata las vivencias del fraile en México. En los capítulos ulteriores tiende a reducirse cada vez más hasta desembocar en una preferencia global por el "yo" en las últimas páginas[1]. Cuanto más avanza el exilio, tanto más se accede a la perspectiva del héroe. De este modo, la cesión del poder al protagonista, que Genette calificaría de "figura", privilegia su perspectiva e invita a considerarla más detenidamente.

2. Los colonizadores colonizados

Llama la atención que la restricción de la perspectiva corre pareja con la intensificación del discurso independentista de Servando. El ataque al orden colonial se manifiesta de manera más clara cuando el protagonista arremete contra los saqueos y la bestialidad (*MA* 110) de los españoles y de sus descendientes:

---

[1] Aunque "yo" es la persona más frecuente en los capítulos 1 a 25 alterna regularmente con 'tú" y con "él". A partir del capítulo 26 –excepción hecha de 34, 35 y del epílogo– la primera persona goza de exclusividad.

> Y bien sé yo cómo haré para arreglármelas y quitarle crédito a esa banda de gachupines que nos miran como inferiores, nada más que por haber nacido en esta tierra de donde los muy bribones lo sacan todo para hinchar sus bolsas y cubrirse de indumentarias estrafalarias (*MA* 55).

Esta denuncia culmina en la interpretación personal de la Virgen morena de Guadalupe que, según la tradición, apareció como india en el monte Tepeyac en la Ciudad de México. El fraile recalca el aspecto indígena de la Virgen, insistiendo en que ésta, en realidad, sustituyó a la antigua diosa de la fertilidad Tonantzín. Es como si esta "anterioridad" de la Virgen a la ocupación quitara justificación a la presencia española (*MA* 64) y atribuyera a las Américas un aura de superioridad: "la Virgen de Guadalupe era más mexicana que los idiotas que ahora la aclamaban (...) si el cristianismo había llegado antes que los españoles a tu tierra, los españoles nada tenían que hacer allí" (*MA* 140).

Por esta afirmación atrevida Servando es expulsado de sus tierras e inicia un largo periplo por buena parte del mundo occidental. Precisamente este exilio hace que sus posiciones se radicalicen y que pase al ataque. Ya no sólo denuncia los malos tratos que sufre el pueblo mexicano sino que se acerca a la madre patria con los mismos criterios que tiempo atrás utilizaron los colonizadores para calificar a los indígenas del Mundo Nuevo. Así, no duda en calificar a Pamplona rotundamente de "ciudad atrasada" (*MA* 149) y se burla de la corrupción vigente en la sociedad española: "En España están corrompidos hasta los recién nacidos, y los muchachos, acabados de nacer, en vez de decir "mamá" sueltan una barbaridad increíble, que no se puede repetir" (*MA* 117). Y también: "Esta es la gente natural del país. Gente sin educación, insolente, juguetona, y en una palabra, españoles al natural, que con una navaja o unas piedras lo despachan a uno si es menester después de mil desvergüenzas" (*MA* 121).

Estas críticas no se limitan a España sino que se extienden a Europa y al mundo occidental en su totalidad. Servando pasa sucesivamente por Italia donde acusa a la Iglesia de aprovecharse de la ignorancia del pueblo para llenar sus arcas (*MA* 92), y Portugal, país del que dice: "En Madrid la gente se alimenta a gritos, pero aquí parece que ya la miseria no los deja ni gritar" (*MA* 217), para llegar a Estados Unidos donde "por cada respiro hay un impuesto" (*MA* 265). Para colmo, se apiada del "pobre pueblo de Francia" que califica –con una condescendencia que recuerda la discusión bien conocida sobre si los indios eran hombres o animales– de "ligero, mudable y fútil" (*MA* 188) y corrompido por "la picardía y el pecado" (*MA* 172).

Invirtiendo los roles entre colonizados y colonizadores se pone en marcha un razonamiento que podríamos calificar de poscolonial. Agrediendo a Europa, el protagonista cuestiona abiertamente el "eurocentrismo" propio del pensamiento colonial y engancha con una tendencia "postoccidentalista *avant la lettre*". Así se transplanta un espíritu poscolonial que solemos encontrar en otras novelas sudamericanas sobre épocas más recientes. Pensemos tan sólo en *Dónde van a morir los elefantes* de José Donoso, que contrarresta la segunda colonización del continente latinoamericano por Estados Unidos mediante el ataque a la propia vida social y universitaria estadounidense.

3. El escritor como guerrero

Por este artilugio, el punto de vista del fraile se adueña de una dimensión más vasta. Por esa carga poscolonial se convierte en un instrumento idóneo para cuestionar cualquier sociedad opresora. De este modo, se desacreditan sucesivamente los regímenes de Napoleón y de Iturbide. Salta a la vista, además, que el autor en su citada autobiografía ensancha este razonamiento a la situación cubana contemporánea:

> Creo que nuestros gobernantes y también gran parte de nuestro pueblo y de nuestra tradición nunca han podido tolerar la grandeza ni la disidencia; han querido reducirlo todo al nivel más chato, más vulgar. Quienes no se ajustasen a esa norma de mediocridad han sido mirados de reojo, o puestos en la picota. José Martí tuvo que marcharse al exilio (...). Lezama y Piñera mueren (...) de una forma turbia y en la absoluta censura. Sí siempre hemos sido víctimas del dictador de turno y, quizás, eso forma parte no sólo de la tradición cubana, sino también de la tradición latinoamericana, es decir, de la herencia hispánica que nos ha tocado padecer (*AQA* 115).

En estas líneas Arenas achaca las taras de Cuba, del mundo caribeño y hasta de América Latina a la "herencia hispánica", a la colonización. De esta forma, el juego de índole poscolonial llega a ser un instrumento de crítica permanente, como se concreta en el resto del fragmento:

> Nuestra historia es una historia de traiciones, alzamientos, deserciones, conspiraciones, motines, golpes de Estado. Dos actitudes, dos personalidades, parecen siempre estar en contienda en nuestra historia; la de los incesantes rebeldes amantes de la libertad y, por tanto de la creación y del experimento; y la de los oportunistas y de los demagogos, amantes siempre del poder, y por lo tanto, practicantes del dogma y del crimen y de las ambiciones más mezquinas (...) siempre la misma retórica, siempre los mismos discursos, siempre el estruendo militar asfixiando el ritmo de la poesía o de la vida (AQA 115).

Es precisamente la oposición entre la triste condición caribeña y el recurso de las letras (la creación, el experimento, la poesía) lo que se tematiza en la figura del fraile. Mientras sus experiencias humillantes lo reducen a un "subalterno", su escritura lo transforma en doble del narrador. Esta evolución presenta a Servando como instancia fidedigna y funda, como explica Eduardo Béjar, el juego con las personas narrativas:

> La óptica metaficticia que se preocupa de (...) la escritura, así como de sus implicaciones, está tematizada explícitamente con la presencia (...) de un agonista narrativo en función de escritor, y (...) al reformular la historia de Guadalupe y de traducir los libros (...) de Chateaubriand, se demarca dentro del libro su condición de escritor (Béjar 1987: 218).

Asumiendo su oficio, Servando contrarresta el reproche que le hace Chateaubriand en los salones literarios parisinos ("De América no sale a relucir ningún libro, ningún autor" [*MA* 175]) y se ajusta a la profecía de Madame de Staël. Ésta ve a los americanos como "llenos de fuego; de un fuego que en los europeos hace tiempo que se había extinguido" (*MA* 181), una actitud que llevará a la emancipación del propio continente ("Viene usted de un lugar que pronto existirá" [*MA* 181]). Tornando sus vivencias en novela, el fraile se convierte en una figura alegórica, como ya se anuncia en la introducción del libro. Es "una de las figuras más importantes (y desgraciadamente casi desconocida) de la historia literaria y política de América" (*MA* 17, 24). Igual que el fervor por la libertad impide que al héroe se lo encadenen en la cárcel de Toribios (*MA* 205-212), la escritura le brinda la posibilidad de sondear el poder y de criticar a cualquier gobierno autoritario en cualquier época de la historia. Así sucumben tanto el capitalismo de Batista como el comunismo de Castro (*AQA* 64).

Según Rozencvaig, este último paso "plantea el conflicto de un revolucionario con respecto al sistema que él mismo ha contribuido a implantar y del que se desilusiona a raíz de su institucionalización" (1981: 44). Fue esa rebeldía contra el castrismo, aparte de su homosexualidad, la que obligó a Arenas a exiliarse a Miami: "En *El mundo alucinante* yo hablaba de un fraile que había pasado por varias prisiones sórdidas (incluyendo el Morro). Yo, al entrar allí, decidí que en lo adelante tendría más cuidado con lo que escribiera, porque parecía estar condenado a vivir en mi propio cuerpo lo que escribía" (*AQA* 222).

Compañeros en la huida y abanderados de la escritura el personaje y el autor terminan superponiéndose. A esta altura el consejo que le da Lezama Lima a Arenas es muy ilustrativo: "Recuerda que la única salvación que tenemos es por la palabra" (*AQA* 254). Juntando sus destinos ponen en tela de juicio la separación genérica. De esta manera, la novela también se puede leer como una autobiografía cuya facultad crítica convierte tanto al personaje como al propio autor en "guerreros de lo imaginario". Este isomorfismo finalmente da cuenta de la organización borrosa de las personas narrativas que echaban las bases de este estudio y que el propio Arenas remata alegando que "tú y yo somos la misma persona" (*MA* 23).

Bibliografía

ARENAS, Reinaldo (1992): *Antes que anochezca*. Barcelona: Tusquets.

— (1997): *El mundo alucinante*. Barcelona: Tusquets.

BÉJAR, Eduardo (1987): *La Textualidad de Reinaldo Arenas. Juegos de la escritura posmoderna*. Madrid: Playor.

BORINSKY, Alicia (1975): "Re-escribir y escribir. Arenas, Menard, Borges, Cervantes, Fray Servando", en: *Revista Iberoamericana* 41, 92-93 (julio-diciembre), pp. 605-616.

ROZENCVAIG, Perla (1981): "Reinaldo Arenas. Entrevista", en: *Hispamérica* 28, pp. 41-48.

SOTO, Francisco (1990): *Conversación con Reinaldo Arenas*. Madrid: Betania.

La imaginación insubordinada: el Caribe y la cultura marginal

Myrna García-Calderón
Cornell University

1. Algunas consideraciones iniciales

Estudiar la cultura caribeña presenta una serie de desafíos y responde a variadas dinámicas. ¿Cómo estudiar ese Caribe multilingüe, diverso y en constante cambio? ¿Cómo superar la fragmentación y las divergencias impuestas por la historia? ¿Cómo situarse ante las propuestas de la posmodernidad, los esfuerzos globalizadores y homogeneizantes y los análisis poscoloniales? Finalmente, ¿cómo encontrar un lenguaje común para estudiar estos fenómenos en un mundo cada vez más transdisciplinario? La agenda es amplia y cualquier acercamiento ha de ser parcial e insuficiente.

Lo que sí resulta claro es que los cambios culturales y los problemas de representación e interpretación del pensamiento y el arte en nuestra época plantean interrogantes a veces difíciles de contestar pero que compelen a una seria indagación y una consideración sostenida. Ese espacio caribeño dinámico, indeterminado y en continua metamorfosis del que nos habla Benítez Rojo en *La isla que se repite* (1989) o ese Caribe transversal que se resiste, de manera sospechosa, ante cualquier sistema que intente ser trascendente, centralizador o totalizante, según lo ha estudiado Edouard Glissant (1989), es, ciertamente, una de las zonas culturales más interesantes y enigmáticas en estos momentos. Es por esto que cualquier intento de problematización de esta zona cultural sólo podrá dar respuestas parciales a las preguntas planteadas.

Son pocas las certezas de las que podemos partir al estudiar este espacio cultural. Sabemos, por ejemplo, que los imaginarios caribeños exportados globalmente redefinen las imágenes locales del Caribe a través de la literatura, la música y los medios de comunicación de maneras insospechadas. Esto ha sido particularmente cierto en los últimos tiempos. Después de dos décadas en que la globalización fue narrada como destino ineludible de la modernidad, ha comenzado a estudiarse la variedad de desencuentros y desigualdades que este proceso provoca y las formas en que los creadores de cultura asumen diversas maneras de representar las múltiples historias y discursos que emergen como resultado de estos procesos.

Todos estos cambios económicos y sociales han tenido un gran impacto en los intelectuales de diversas partes del mundo, incluyendo, por supuesto, a los caribeños, quienes debaten ardorosamente en torno a lo que la globalización y la posmodernidad han significado para la historiografía contemporánea, para el arte, para las culturas nacionales y para las identidades. Como ha indicado la crítica Carmen Centeno Añeses, esta polémica ha opuesto el desarrollo y el progreso a la muerte de la historia, las utopías nacionales a las heterotopías, el dominio de Occidente y de sus valores culturales a la decadencia intelectual de Occidente y el surgimiento de culturas alternativas según han sido definidas por varios pensadores, entre los cuales figuran Edward Said y su investigación sobre el orientalismo. También nos recuerda Centeno Añeses que dentro de estos debates culturales el antropocentrismo de la modernidad se enfrenta hoy a la descentralización del hombre como eje del universo, la llamada objetividad de la historia al relativismo y el Estado benefactor al antiestatalismo. A esto hay que sumarle otros signos de la posmodernidad o de lo que Fredric Jameson llama "la cara cultural del capitalismo tardío" (1991), tales como el pesimismo y el desencanto unidos al escepticismo, ocasionados en gran medida por la desintegración del bloque soviético y de la utopía que éste encarnara, así como por el furor bélico de los últimos años.

De interés particular para mí ha sido observar cómo dentro de este panorama cambiante el margen y el marginalismo han sido rescatados y privilegiados dentro de las representaciones culturales de la zona. Alejándose de la práctica de insistir en los discursos identitarios definidos de formas historicistas y nacionalistas y ante la aparente carencia de un imaginario central muchos creadores han recurrido a los jirones de realidad, a los fragmentos dispersos y marginales para insertar su esfuerzo creativo.

2. Pensando el margen

Se ha dicho que a partir de una apropiación hegemónica y moderna del concepto de margen, entendido como orilla, y de su contraparte, un centro, estos dos términos se han implicado de manera jerárquica y oposicional, donde el segundo domina y ejerce la autoridad sobre lo que es el margen. La inscripción del margen, a nivel discursivo, como producto de la exclusión o la clasificación de insignificante ha sido algo, hasta cierto punto, violento. El poder de enunciación del margen se da en un espacio de ambivalencia y contradicción. El centro tiene la necesidad, como significado y discurso, de identificar el margen. El margen es misterio y diferencia a ser ocultada. El margen es aquello que no debe de existir, pero que retorna como fetiche al ser enunciado. En el acto de reconocer el margen como diferencia se desaprueba su condición. El centro se ocupa de reprimir esa diferencia en tanto amenaza a una identidad orgánica y consensual. El margen, de esta manera, se produce como fenómeno objetivizado e incumplido a través de la positividad de un centro.

De este modo la noción del margen aparece representada y problematizada desde el centro como polo legítimo, y cuya producción epistemológica fundamenta la naturaleza, el funcionamiento y el grado de importancia de las cosas. Es decir, la verdad queda enraizada en el centro. Desde esta perspectiva, las ciencias nos señalan la existencia de un margen como el elemento que no es parte definitoria del objeto de estudio, pero que, sin embargo, no se puede eludir porque existe y se le describe, ya que éste puede mover el terreno de la certeza, aun cuando el valor está contenido en el objeto de estudio propiamente. El que la existencia de un margen pueda ser identificada y, a otro nivel, suprimida, nos sugiere el proceso de inclusión por exclusión que ha mediado el estado de esta noción y sus significantes en la cultura moderna tanto en sus manifestaciones epistemológicas como antropológicas. El margen no existe en tanto polo legítimo. No obstante su status legitima el centro, el espacio de la razón y del yo higienizado de la modernidad.

La noción de marginalismo ha sido problematizada desde diversas disciplinas. Para la sicología se establece un claro margen entre el consciente y el inconsciente, compuesto de elementos psíquicos marginales. En la sicología social, lo que se conoce como sicología marginal se refiere a individuos que han crecido entre dos culturas diferentes que ha producido en ellos una duplicidad o lucha psíquica interna. Para la sociología, a las personas que no logran integrarse a las estructuras sociales generales y a las costumbres mayoritarias se les considera marginales. Dentro de la teoría política, el marginalismo se refiere a la situación de las personas excluidas de beneficios económicos, poder político y servicios culturales oficiales en cualquier sociedad específica. Es por esto que los sectores marginales, aunque están subordinados al Estado, no participan en el mismo. Finalmente, para la literatura, lo marginal se refiere a textos creados y diseminados fuera de las estructuras sociales y que no responden a los preceptos culturales establecidos por un centro hegemónico e igualador. Suelen incluir discursos, experiencias y modos de vida alternativos. Su sentido contestatario reside en la no aceptación del eje convencional impuesto acríticamente y en su insistencia en narrar la diferencia.

Partiendo de una serie de textos literarios, musicales y fílmicos del Caribe hispánico este ensayo explorará las diferencias culturales que emergen a partir de la circulación de capitales y bienes que pretenden la homogeneización cultural y el papel de la cultura marginal caribeña, particularmente la cultura urbana, en la redefinición de una nueva ciudadanía. La particularidad que une a estos diversos textos culturales es que la marginalidad que representan está vinculada a una particular experiencia urbana que sirve de escenario central y espacio contestatario para las múltiples enunciaciones, dinámicas y desafíos contenidos en sus textos.

3. El espacio marginal de la calle

En el quinto capítulo de su libro *The Other America: Caribbean Literature in a New World Context*, J. Michael Dash (1998) habla del concepto de la ciudad, más específicamente de la calle, en la literatura caribeña contemporánea:

> It is difficult not to notice the importance of the street as a primal and problematic site in modern Caribbean writing. A fundamental departure from the world of the pastoral, the street is, in a conventional sense, profoundly unpoetic. It is the zone of the public self, the collective consciousness. The street represents movement, chaos, and anonimity (Dash 1998: 122-123).

Parto de esta cita para ubicar mis reflexiones en el espacio irreverente y transgresor de la calle, plagado éste de una gran densidad de interpretaciones y de una importante aceleración en el intercambio de mensajes. Coincido con Dash y otros críticos en considerar la vivencia urbana de la calle, no sólo como un fenómeno físico, un modo de ocupar el espacio, sino también como un lugar donde ocurren fenómenos expresivos que entran en tensión con la racionalización, o con las pretensiones de racionalizar la vida social. La calle, en muchos sentidos, se convierte en un espacio abierto a múltiples posibilidades, una vía hacia la errancia y lo maravilloso, una alteración a un orden centralizado que se cuestiona. Muchos de los creadores a los que aludo en mi trabajo reconocen la capacidad de la calle en conferirles cierto anonimato a sus creaciones, que también los libera como sujetos de jerarquías y relaciones sociales que cuestionan. Otros, a su vez, mostrarán una cierta inquietud ante el desorden, una preocupación ante la contingencia, una desubicación ante la ambivalencia. Al principio de su más reciente novela, *Cualquier miércoles soy tuya*, la escritora puertorriqueña Mayra Santos-Febres lo articula del siguiente modo:

> Dicen que las ciudades son el lugar de la acumulación anónima pero, en estas islas perdidas en el medio del Caribe, sólo unos cuantos transitan las ciudades nocturnas. Y por tanto, sólo ellos se reconocen. Una vez que cae el sol, el hormiguero de oficinistas, empleados corriendo de ayuntamiento en ayuntamiento, tiendas, cafeterías y colegios se retrae hacia el submundo de las urbanizaciones a la

> orilla transformada de los campos, de los mangles y las playas. La ciudad queda como una inmensa plaza de pueblo chiquito, lista para acoger a los merodeadores de la noche: celadores, policías de turno vampiro, putas, adictos, travestis, taxistas, trabajadores de restaurantes, hoteles, vendedores de drogas y periodistas (Santos-Febres 2002: 12).

Más adelante, hurgando en los márgenes más oscuros de la ciudad de la noche, la ciudad material de bohemia, sexo y violencia, dice el narrador desde su particular sitio de enunciación, un motel barato de San Juan:

> Y aquella noche, Tadeo y yo habíamos descubierto lo que todo el mundo sospecha pero pocas veces tiene la oportunidad de atestiguar. El motel Tulán acercaba las maquinaciones internas de la rueda que echa a andar la ciudad. Abogados, traficantes, trabajadores ilegales, adúlteros y mujeres en escapada, todos se daban cita bajo el cielo anochecido de la carretera 52. La ciudad misma los escondía en sus lugares secretos, como si rechazara la existencia de encuentros y transacciones que ella misma propicia y en los cuales se apoya para poderse reproducir en todo su esplendor. Y cada uno de los convidados a la carniza de la ciudad carga con el peso de su culpa, el de creer que actúan en los márgenes de la ciudad, cuando en realidad son la sangre que la hace palpitar. Tadeo y yo fuimos aquella noche testigos de todas aquellas devoraciones que ocurren al margen de la ciudad y que la ciudad necesita para saberse viva (Santos-Febres 2002: 63).

Siguiendo la pista de estos intersticios, de estos entre-lugares y de estos márgenes, miremos algunos ejemplos de esta imaginación insubordinada.

4. Primeros esbozos

El cine y la música como productos culturales han sido espacios idóneos para que la calle haga su irrupción contundente, tanto como sitio de orden como del desorden y la ambigüedad. También han sido potenciadores del espacio y la estética de lo marginal. Un breve repaso del cine producido en el Caribe hispánico nos ofrece interesantes ejemplos para esta discusión. Algunos textos culturales como los cortometrajes del cubano Enrique Colina, particularmente *Vecinos*, *Chapucerías* y *Yo también te haré llorar*, problematizan los desencuentros, el caos y la incivilidad del vivir urbano. La mirada escéptica, desconfiada y crítica de estos textos fílmicos articula una serie de fisuras, del resquebrajamiento de ciertos proyectos sociales que Colina presenta de manera paródica, pero que otros cineastas como Jorge Luis Sánchez, también cubano, retratarán de manera seria y turbulenta. En su cortometraje *Un peda-*

zo de mí, Sánchez nos presenta a un sector marginal de la población cubana, los jóvenes autodenominados *freakies* que provienen de familias fragmentadas. Viven fundamentalmente en la calle, participan de la subcultura de la droga y ven el rock como su credo. Viven de la cultura del desecho y las calles de la ciudad son su escenario de vida. En el caso de *El Fanguito*, otro de los cortometrajes de Sánchez, la mirada es más brutalmente realista. *El Fanguito* muestra la vivencia en los márgenes más profundos de una ciudad que parece haber olvidado a sus habitantes más necesitados. Éste es también el caso del trabajo documental de la puertorriqueña Linda Colón. *La pobreza en Puerto Rico*, por ejemplo, dirige la mirada hacia un desarrollismo desigual marcado por carencias y cuestionamientos éticos.

La abyección no es el único margen que la filmografía visita. A veces, el carnaval es el modo de acceder, de manera paródica a unos bordes cada vez más borrosos, unos códigos que se mezclan de manera sorprendente ante la imposibilidad de visiones trascendentes. El largometraje puertorriqueño *12 horas, La noche te llama* muestra un período nocturno de doce horas en la ciudad de San Juan. La ciudad como eje es el espacio en donde concurren de forma coincidente, y hasta humorística, varias historias: la jornada de trabajo de un taxista, una jovencita que quiere perder su virginidad, un *gigolo*, una reportera de televisión y tres amigas en busca de hombres. En medio de encuentros y desencuentros los personajes de esta película devienen manifestaciones del deseo de establecer una nueva autoridad, un intento de reposeer tiempo y espacio de maneras redefinidas.

Los desarrollos musicales caribeños son un interesante sitio de reflexión para lo marginal. Géneros tan diversos como la bomba, la plena, la salsa, varios de los ritmos cubanos y hasta el rock de factura caribeña han servido de vehículo importante para reproducir y cristalizar cambios en la tradición y mostrar los más complejos procesos de la multietnicidad y la multiculturalidad, de la heterogeneidad y de la hibridación.

El rap caribeño ha asumido desde la canción un análisis crítico pero a su vez muy constructivo de las sociedades de la zona, a través de un discurso que ataca y destaca duramente problemáticas sociales como la marginalidad en todas sus representaciones, la situación económica y los prejuicios raciales, por sólo citar algunos casos. Discursos culturales que necesitan de un profundo debate para su entendimiento más allá del ámbito artístico, específicamente en lo social.

El hip hop en Cuba, por ejemplo, se ha convertido en una explosión cultural y a su vez social. Ha aumentado con creces desde su aparición a finales de la década del ochenta y el auge tomado en los primeros años del período especial. Rapean los jóvenes en las calles, los niños en las escuelas, se baila *break dance* en los parques, se pintan *graffiti*, los *disc jockeys* promueven música de este género en los barrios y clubes, rap con timba y rock and roll, el rap de la geografía, el festival de Alamar, Orishas, SBS, Obsesión, Anónimo Consejo, el Proyecto Omni, grupos de rap en los bailables populares y en las tribunas abiertas, A moverse, el *commercial*, el *underground*, en fin, no podemos dudar que esta expresión, surgida en los barrios neoyorquinos como voz de los marginados, se ha convertido en un hecho palpable en nuestra sociedad caribeña contemporánea. He mencionado ejemplos cubanos, pero abundan representaciones similares en las otras islas. El nivel lingüístico de estas representaciones es de por sí un carnaval lingüístico. La ciudad y la calle de donde surge este fenómeno sirven para enriquecer esta suerte de orgía perpetua.

Ateniéndonos al campo literario, particularmente a la narrativa, encontramos numerosos textos a lo largo y ancho del Caribe que emergen y problematizan lo marginal, dirigiendo la atención de los lectores a niveles subterráneos e inhumanos de existencia. Construir una obra literaria basada en las ruinas humanas que desecha la miseria, parece ser la intención del cubano Pedro Juan Gutiérrez en su ya extensa obra narrativa marcada por la crisis económica, social y de valores que ha impactado a Cuba durante la última década. Su texto *Trilogía sucia de La Habana* (1994) retrata crudamente y sin concesiones de ningún tipo el desolado paisaje de la Cuba de los noventa. Presentados con un estilo seco y directo, de frase corta y parca en adjetivos, se dan cita en esta colección de relatos los aspectos más sórdidos, desesperados y sucios de la crisis en que se encuentra sumida Cuba tras la caída del Muro de Berlín. Reflexionando sobre esta difícil época para Cuba el propio narrador explica: "[e]n tiempos tan desgarradores no se puede escribir suavemente. Sin delicadezas a nuestro alrededor, imposible fabricar textos exquisitos. Escribo para pinchar un poco y obligar a otros a oler la mierda. Hay que bajar el hocico al piso y oler la mierda" (Gutiérrez 1994: 85). Y a ello se dedica, desde luego, sin ambages ni rodeos. En "La Navidad del 94" un hombre de sesenta años se suicida, lanzándose por la ventana: "Los primeros que se acercaron al cadáver aplastado contra el asfalto fueron dos perros callejeros. Comieron un buen pedazo del cerebro sangrante y caliente. Encontraron un rico bocado para el desayuno" (Gutiérrez 1994: 113). En "Los caníbales" un tipo sobrevive vendiendo a sus vecinos carne de contrabando, que resulta ser hígado humano robado en la morgue. "Días de ciclón" parte de la referencia a los "pedos apestosos" que le provocan al narrador los frijoles negros que se ve obligado a comer continuamente a falta de otra cosa (Gutiérrez 1994: 162). Y así hasta el final de las 360 páginas del texto. Pedro Juan Gutiérrez busca estremecer al lector, a quien introduce en un túnel cuyo final jamás se adivina. Por delante sólo aparece, recurrente, como reiteración de lo ya vivido, la misma oscuridad, la misma desolación, el mismo desengaño. El último día del último cuento ("Siempre hay un hijoputa cerca") podría ser también el primero, porque aquí no hay transición a ninguna parte, apenas etapas de relativo bienestar que inevitablemente acaban en nuevas penurias y desgracias. La realidad es inmutable y estática, y a este respecto los títulos de las dos primeras secciones de la trilogía no dejan lugar a dudas: "Anclado en tierra de nadie" y "Nada que hacer".

La Habana sucia de Gutiérrez es la de aquellos a quienes la sociedad ha lanzado hacia sus márgenes al negarles toda alternativa de existencia. En el cauce de la miseria sólo flotan aquellos que están bien ubicados en el río o los que reciben amparo externo desde cualquiera de las orillas. El resto, que es el grupo representado en la obra, se convierte en desecho, en entes que no pueden avanzar y que tratan de mantenerse vivos como puedan.

Esta no es La Habana de los dirigentes, ni de los que trabajan en las firmas mixtas que reciben algunos beneficios en dólares, ni quienes reciben dinero de familiares o amigos en el extranjero. La Habana aquí representada es la de los verdaderos olvidados de la nueva economía dependiente. Los personajes de Gutiérrez apenas sobreviven su marginalismo y la fragilidad de su subsistencia cuestiona la centralidad y moralidad del discurso oficial.

Otro texto literario que visita las zonas marginales es la novela *Sirena Selena vestida de pena* de la escritora puertorriqueña Mayra Santos-Febres. Como muchas otras escritoras caribeñas que irrumpen en la escena literaria a partir de la década de los setenta, Santos-Febres valora lo marginal y excéntrico como forma de enfrentar y rechazar cualquier noción totalizadora. Consciente de las consecuencias negativas de la falta de poder a cualquier nivel, no es sorprendente que Mayra Santos-Febres desafíe y desmitifique en su obra cualquier sistema de explicación total y recurra a lo marginal como su lugar de enunciación.

Sirena Selena vestida de pena describe las aventuras del personaje que da título a la obra, héroe o heroína protegido por su mentora Martha Divine (o Friol) en su desplazamiento desde Puerto Rico y la República Dominicana a donde piensa exportar el *glamour* puertorriqueño a través del espectáculo o revista travesti, seductora y diferente. Sirena Selena, un adolescente gay que se ha echado a la calle para ganarse la vida, posee un don especial: una voz dulce, cristalina, fresca "como el mismísimo mal de amores sobre la faz de la tierra" (Santos-Febres 2000: 12). Y cuando Martha Divine, una vieja travesti dueña de un bar en Puerto Rico, descubre este talento sin igual, decide "promocionar" al joven... Aunque hay un "pequeño" detalle: en Puerto Rico es ilegal el trabajo de los menores. El plan de Miss Martha Divine no es totalmente altruista ya que, en vista de las leyes en su tierra, le está vedado explotar laboralmente a Sirena y piensa que puede ignorar este detalle en la República Dominicana en donde espera que las leyes sean más laxas. En una trama paralela el lector conoce acerca de las vidas de un par de jovencitos dominicanos quienes trabajan en un bar gay destinado principalmente a los turistas y homosexuales locales que aún no han salido del "closet". El fondo de la novela lo proporciona el discurso del bolero y su *performance* por Sirena. Ésta, al contrario de la diva grotesca de *Ella cantaba boleros* de Guillermo Cabrera Infante, crea una ficción sexual a través de su cuerpo de travesti.

Es precisamente a través de la metáfora del travestismo que Santos-Febres inserta su crítica para expresar la realidad contradictoria del Puerto Rico contemporáneo y mostrar el margen insubordinado. El cuerpo del travesti se presta muy bien para simbolizar el cuerpo de la nación, como ha sido observado por algunos críticos (Van Haesendonck 2003). En efecto, ambos –travesti y ELA (Estado Libre Asociado)– resultan ser construcciones ambiguas y conflictivas. El travesti presenta un cruce de géneros que impide fijarse en una identidad específica, es decir ser lo uno o lo otro, o bien, todo lo contrario, ser ambas cosas a la vez, algo que contrasta con maneras historicistas y tradicionales de mirar este hecho. En la novela, Martha Divine salta a la vista por "sus ademanes tan femeninos, demasiado femeninos, estudiadamente femeninos" (Santos-Febres 2000: 9). Ya que el travestismo es la *performatividad* de la identidad que no debería corresponderle al sujeto, es exactamente esto lo que persigue Martha: ayudar a Sirena "a convertirse en quien en verdad era" (Santos-Febres 2000: 11). A través de lo que parece ser una crítica radical a cualquier sistema ideológico que defina el cuerpo femenino a priori, Mayra Santos-Febres experimenta en su obra con el desmantelamiento de cualquier visión masculinista reductiva, preparando así el camino para una literatura basada en la irreverencia y la transgresión. Si en previas etapas modernistas lo territorial o la posible pérdida de lo territorial era el foco de la discusión, en las narraciones de Santos-Febres y de Gutiérrez, el cuerpo, carnal, sexual y escatológico es el centro de la contienda.

El texto dominicano de la joven escritora Rita Indiana Hernández *La estrategia de Chochueca* (2003) también representa de manera ágil e iconoclasta la ciudad como referente y punto de apoyo para reflexionar acerca de las múltiples subjetividades que habitan el espacio urbano de la capital dominicana. La autora nos coloca frente a una realidad que ha permanecido oculta para la narrativa dominicana: una parte de la juventud de los noventa. Estamos frente a la narración urbana en donde el deambular del personaje Silvia por las calles de Santo Domingo permite que el lector descubra algunos aspectos de la ciudad marginal, la ciudad prohibida con su catálogo de identidades subalternas. En *La estrategia de Chochueca* surge el enfrentamiento, en la mente de la narradora, entre lo real y lo virtual, típico de nuestro mundo postmoderno:

> El cuerpo deformado del muerto y sus mil versiones se me aparecían en medio de la conversación más despreocupada, el real se quedó detrás del círculo que los vecinos y peatones hicieron alrededor de él. Cuando todo terminó y la gente se fue a acostar caminé adormilada por muchas calles, una u otra me parecían la misma (Hernández 2003: 10).

Este enfrentamiento se va a dar, a veces de manera no tan explícita, a lo largo de la narración, como en el caso del personaje Tony T., pegado a su computadora, pelado a caco, que consigue la información "chateando con la pana". Esto nos va a empezar a sumergir en el mundo que comparten la narración y sus amigos/as. Ese mundo donde lo virtual tiene tanta o más importancia que lo real, pero sin excluirse uno a otro.

La estrategia de Chochueca es una narración escrita en un lenguaje dominicano de los noventa, sin ornamentaciones falsas y contaminado por la cultura popular, el impacto del inglés y de la cultura virtual. En la misma aparece el morbo nihilista, la sexualidad asumida de manera diferente y un enorme impulso de transgresión. Más importante aún, este texto nos muestra el territorio escurridizo de una ciudad invisible para la mayoría, marcada por narcóticos, orgías, alcohol, música, cultura joven, cultura subalterna, cultura marginal. Esta ciudad está lejos de la ciudad tradicional presentada en otros textos dominicanos contemporáneos.

5. Algunas conclusiones provisionales

Hacia el final de la primera parte de su *Trilogía sucia de La Habana*, titulada "Anclado en tierra de nadie", el escritor cubano Pedro Juan Gutiérrez pone en boca de su personaje central la siguiente cita:

> [No] me interesa lo decorativo, ni lo hermoso, ni lo dulce, ni lo delicioso... El arte sólo sirve para algo si es irreverente, atormentado, lleno de pesadillas y desespero. Sólo un arte irritado, indecente, violento, grosero, puede mostrarnos la otra cara del mundo, la que nunca vemos o nunca queremos ver para evitarle molestias a nuestra conciencia (Gutiérrez 1998: 105).

Este gesto de insubordinación y desobediencia coloca la creación de Gutiérrez al margen del sistema de ideas y entramado cultural potenciado por la Revolución Cubana. Podría decirse, entonces, que su obra pertenece a la literatura cubana del desencanto que el crítico Jorge Fornet ha estudiado recientemente, pero también me parece sintomática de un desarrollo más amplio.

Al hablar de la literatura caribeña reciente muchos críticos han debatido apasionadamente acerca de la identidad regional, de posibles proyectos aglutinantes de teorizaciones que integran las señas de identidad del archipiélago. Se ha hablado de la definición de la estética y la política, de las múltiples elaboraciones lingüísticas, de la naturaleza fragmentaria, de las dimensiones de las crisis representadas. El espacio adverso y extraño que he elegido como mi lugar de enunciación es el de los traumas violentos metaforizados en donde las respuestas provisionales a las transformaciones sociales muestran una constante insubordinación de los signos que nos obliga a preguntarnos: ¿cómo se asume y representa lo diverso? Los textos que he comentado lo asumen desde el marginalismo de la calle, de los gestos, del *performance*, del cuerpo, pero también desde el desecho, la cultura marginal y las culturas alternativas en donde los creadores tratan de darle sentido a un Caribe impactado, a diversos niveles, por los múltiples discursos a los que aludí en mi introducción y que nos obligan a recordar que son múltiples y complejas las categorías que podemos y debemos usar para hablar del Caribe.

Bibliografía

BENÍTEZ ROJO, Antonio (1989): *La isla que se repite: El Caribe y la perspectiva posmoderna*. Hanover: Ediciones Del Norte.

CENTENO AÑESES, Carmen: "La interpretación cultural y política en Puerto Rico", manuscrito.

DASH, J. Michael (1998): *The Other America: Caribbean Literature in a New World Context*. Charlottesville: University Press of Virginia.

GLISSANT, Edouard (1989): *Caribbean Discourse: Selected Essays*; translated and with an introduction by J. Michael Dash. Charlottesville: University Press of Virginia.

GUTIÉRREZ, Pedro Juan (1994): *Trilogía sucia de La Habana*. Madrid: Editorial Anagrama.

HERNÁNDEZ, Rita Indiana (2003): *La estrategia de Chochueca*. San Juan/Santo Domingo: Isla Negra Editores.

JAMESON, Fredric (1991): *Postmodernism, The Cultural Logic of Late Capitalism*. London: Verso.

SANTOS-FEBRES, Mayra (2000): *Sirena Selena vestida de pena*. Barcelona: Mondadori.

— (2002): *Cualquier miércoles soy tuya*. Barcelona: Mondadori.

VAN HAESENDONCK, Kristian (2003): "*Sirena Selena vestida de pena* de Mayra Santos-Febres: ¿transgresiones de espacio o espacio de transgresiones?", en: *Centro. Journal of the Center for Puerto Rican Studies*, XV, 2 (Fall), pp. 79-96.

Paradigmas de identidad caribeña frente a la globalización en Derek Walcott y Luis Rafael Sánchez

Iván Jiménez Williams
Western Illinois University

Ambos, Derek Walcott y Luis Rafael Sánchez son representantes en la crítica y la ficción de toda una corriente intelectual antillana que directa e indirectamente se opone al nuevo orden planteado por la globalización. Esta última palabra se impone en los medios de comunicación, en diferentes disciplinas del conocimiento humano, en prácticas culturales, sociales y económicas. La globalización es un fenómeno ligado a los avances exponenciales en las telecomunicaciones, a la expansión de los mercados industriales y a una serie de acontecimientos geopolíticos como han sido la caída del Muro de Berlín, el desmembramiento de la Unión Soviética y la expansión militar de los Estados Unidos hacia los lugares de mayores reservas de hidrocarburos, en especial hacia los países del golfo Pérsico (Jameson 1998: xi). Roland Robertson habla de la dinámica de la globalización como "the twofold process of the particularization of the universal and the universalization of the particular" (Robertson 1992: 177-78). Así como en esta última definición, el concepto de globalización ha sido presentado por sus defensores bajo una retórica utópica masiva, partidaria de una nueva visión mundial ética y cognoscitiva, que evade el análisis de los efectos negativos de la expansión del capital transnacional en las esferas culturales, económicas y políticas de gran parte del Tercer Mundo (Jameson 1998: xii).

Hemos presenciado posturas y movimientos pro-activos contra la globalización, como serían el feminismo, los estudios postcoloniales y culturales, el ecologismo, las manifestaciones sindicales, propuestas de economías mixtas y los Acuerdos de Kyoto, pero, a su vez, hemos visto una contrapartida negativa en el fundamentalismo religioso y en el nacionalismo reaccionario de algunos países. Ante las formas tradicionales o heterogéneas de identidad se impone el parámetro monolítico y homogeneizador de la globalización que no acepta ni síntesis ni alternativa alguna (xii). Tal posición rompe con la necesidad del ser humano de tener una identidad, sea nacional, regional o colectiva ya que, como explica Caraig Calhoun: "No conocemos gente sin nombre, ni lenguas o culturas en las que no se establezcan de alguna manera distinciones entre yo y el otro, nosotros y ellos" (Calhoun 1994: 9-10). Inclusive, por muy singular que sea una identidad, no deja de ser una construcción social (10). Manuel Castells argumenta que:

> La construcción de las identidades utiliza materiales de la historia, la geografía, la biología, las instituciones productivas y reproductivas, la memoria colectiva y las fantasías personales, los aparatos de poder y las revelaciones religiosas. Pero los individuos, los grupos sociales y las sociedades procesan todos esos materiales y los reordenan en su sentido, según las determinaciones sociales y los proyectos culturales implantados en su estructura social y en su marco espacial/temporal (Castells 2000: 29).

En base a esa tensión antagónica entre identidad y globalización presentaré las posiciones intelectuales de Sánchez y Walcott. El hecho de que el Caribe sea culturalmente un archipiélago heterogéneo, formado mayormente por la fusión de diferentes razas donde se hablan varias lenguas, es de particular interés para comprender las reacciones de estos autores frente a la imposición de un nuevo orden socio-económico-cultural.

Durante una entrevista con Bill Moyers en 1988, Walcott habla del poeta como alguien que, de acuerdo con Platón en *La República*, debe ser rechazado por la sociedad perfecta, porque el poeta nunca acepta como ideal la condición perfecta del hombre (Walcott 1988). Según Walcott, el ideal de la república perfecta de Platón lo encontramos en la Rusia soviética o en el Estados Unidos democratizado. Walcott explica que ambos sistemas rechazan al poeta, porque "[p]oets are always making waves" y, más aún, "[t]he poet is not seeking perfection", lo cual choca con las propuestas monolíticas de las repúblicas perfectas. En esa época no hablaba de globalización, pero su argumento aludía claramente a dos sistemas monolíticos y homogeneizadores.

Tariq Alí menciona que tanto el "Realismo Socialista" de la Unión Soviética como el "Realismo de Mercado" de los Estados Unidos son "camisas de fuerza" para contener otras manifestaciones culturales (Alí 1993: 144). En sí son sistemas que rechazan la pluralidad cultural y la heterogeneidad humana. El "realismo de mercado" en particular exige una mercancía fetichista de alusión a sí misma (144). Con la caída del estatismo soviético, el capitalismo industrial entra en una nueva era expansionista y, sobre todo para los Estados Unidos, de hegemonía; la revolución tecnológica junto con la reestructuración del sistema capitalista han sido claves para difundir la globalización como expresión de las naciones dominantes. En el plano cultural, la globalización pasa a ser la extensión del "realismo de mercado", dentro de un mundo con mayor inestabilidad laboral, donde los grandes magnates de la información mediatizada construyen mundos virtuales y omnipresentes. Empero, como veremos, las expresiones de identidad de Walcott y Sánchez forman una parte indivisible de las manifestaciones intelectuales caribeñas que, hoy más que nunca, sirven para desafiar el concepto elitista de globalización.

Luis Rafael Sánchez en su obra *La guaracha del Macho Camacho* (1976) utiliza el elemento popular que imparte una canción de guaracha del momento para dar a conocer el tema del colonialismo, de la codificación del ciudadano y de la crisis de identidad del puertorriqueño. En el caso de la obra *Omeros* (1990) de Derek Walcott, el autor nos presenta una celebración épica de la fundación de su nación antillana, Saint Lucia. Su postura ante el post-colonialismo no deja de ser crítica, pero, a la vez, es flexible y positiva. Mientras que Sánchez adopta elementos populares para desenmascarar la farsa de su sociedad, Walcott los toma, en parte, para reevaluar la huella blanca, negra y mulata en la literatura antillana. A pesar de sus diferencias de enfoque, ambos autores dan a conocer en sus escritos las estructuras culturales, políticas, económicas y psicológicas que afligen a sus pueblos; de esa manera contribuyen a un modelo ontológico caribeño que refuta las imposiciones de paradigmas ajenos a las necesidades de sus sociedades.

Hablar de Walcott y Sánchez es referirse a dos estilos diferentes en los cuales se yuxtaponen varios valores estéticos que reflejan una conciencia antillana, pero, a la vez, particular de sus islas y epistemologías. En cuanto a las diferencias de estilo, se podría resumir diciendo que Walcott, por una parte, utiliza obras clásicas, mayormente de la literatura occidental, y las criolliza para explorar con ellas puntos de enlace y divergencia que plantea el Caribe. A su obra de teatro *The Odyssey* (1993) justamente le adhiere personajes criollos para manifestar la presencia de la esclavitud en la antigua Grecia y para aludir a los estragos de la realidad actual. Por ejemplo, Eurycleia, la vieja nodriza de Odysseus (Odiseo), siempre dialoga en su inglés afro-caribeño con expresiones como "Nancy stories me tell you and Hodysseus" en vez de *Anansi stories* o del nombre *Odysseus*, "lickle cradles" en vez de *little cradles*. Ratifica un léxico y una sintaxis simples que demarcan el gran abismo social y racial entre el amo y el esclavo, entre el blanco y el negro, entre el rico y el pobre (Walcott 1993: 8). Con implicaciones alegóricas, Walcott introduce, en un tema clásico, elementos criollos que hacen referencia al racismo como problemática actual y que, además, siguen vigentes en la misma educación y patrones colonialistas y postcoloniales del Caribe.

Sánchez, por otra parte, crea obras subversivas en forma y contenido que se valen del léxico popular boricua y en algunos casos *nuyorican* para dar a conocer una conciencia puertorriqueña y latino-caribeña que cuestiona entre muchas cosas el nacionalismo patriarcal de los escritores que lo preceden. Principalmente me refiero a René Marqués, Francisco Arriví y Emilio Belaval. La estética literaria de Sánchez abre el debate de la identidad y la cultura puertorriqueña aludiendo a la gran mentira que vive su pueblo, sobre todo una falsedad alimentada por sus clases burguesas, al tratar de esconder su marcada huella africana, su condición migratoria, su nacionalismo patriarcal y "dañino", su complejo de inferioridad ante el colonizador y su homosexualidad, reflejo latente de una heterosexualidad incompleta, falta de héroes o mártires, como consecuencia del estado colonial de la isla. Son temas presentes en sus primeras obras, pero posteriormente él llega a profundizarlos de manera crítica en las recopilaciones de varios de sus artículos y ensayos que publica en *La guagua aérea* (1994) y *No llores por nosotros, Puerto Rico* (1997).

De acuerdo con Sánchez el nacionalismo "dañino", por ejemplo, "tribaliza" y conduce a un "teatro de... mojiganga" que "se apresta a buscar la nación fuera de ella" (Sánchez 1994: 32). Un ejemplo de este tipo de nacionalismo lo cita Sánchez en la actitud bufa de la Asamblea Legislativa puertorriqueña que endosaba la guerra de Vietnam, porque, de acuerdo a los asambleístas, estaba en juego "el destino de nuestra nación" (32). Como explica Sánchez: "¡Ni una sola asamblea legislativa norteamericana ha tenido un comportamiento tan bufonamente norteamericanizante!" (32). Este tipo de nacionalismo ha sido construido "a espaldas del sueño que huye del soñador puertorriqueño" y sólo sirve para reprimir el verdadero nacionalismo, lo que Sánchez describe como el "*amor natural de patria*" y que es una idea que él retoma del Inca Garcilaso para demostrar que el auténtico amor nacional está en "las voces de la herencia", en la memoria de todo lo que lo rodeó a uno para crearse una identidad (32-33). Ese amor es tan fuerte que, conforme con las palabras y experiencias de Edward Said: "*La patria defiende contra los estragos del exilio*" (33). El puertorriqueño es víctima de una diáspora incontenible y, a pesar de eso, su identificación fuera o dentro del país es palpable en esa *guagua aérea* de carcajada abierta, de "pasaje abierto" que asegura el retorno a *la isla de la palmera y la guajana*, de aquellos que nacieron tanto en Humacao como en Nueva York (12-21).

En Derek Walcott también existe un amor telúrico latente y, a la vez, una clara conciencia guyano-antillana comprometida con un concepto de la historia como mito que le permite servirse de diferentes modelos, desde los cuales considera una "resolución de estilos como resultado de una cultura esquizofrénica" caribeña, mestiza o mulata, hasta culturas allegadas a su epistemología, sean latinoamericana, estadounidense, británica, española, holandesa, alemana, sueca, polaca, francesa, africana, de la Grecia antigua, del Egipto de los faraones o del Japón de formas tradicionales de teatro como son el *kabuki* y el *no*[1]. En

---

[1] La BBC de Londres tiene en Internet cuatro entrevistas grabadas de Walcott en que él discute temas como la esquizofrenia cultural del Caribe y su concepto de la historia. Para mayor información, véase Derek Walcott (1990c). Para un análisis de las influencias literarias en Walcott, véase Tejumola Olaniyan (1995).

su discurso de presentación en Oslo con motivo del Premio Nobel en 1992, titulado "The Antilles: Fragments of Epic Memory", Walcott deja bien reflejada la esquizofrenia histórico-cultural y racial de las Antillas cuando habla de la puesta en escena en Felicity, Trinidad, de *Ramleela*, una dramatización de la epopeya hindú *Ramayana* (Walcott 1992: 1-3). Habla de esta representación para aclarar que en su propio mundo no deja de sorprenderle el encontrarse con formas culturales ajenas a su conocimiento. Por algo agrega:

> Costumed actors were arriving. Princes and gods, I supposed. What an unfortunate confession! 'Gods, I suppose' is the shrug that embodies our African and Asian diasporas.... I had no idea what the epic story was, who its hero was, what enemies he fought, yet I had recently adapted the Odyssey for a theatre in England, presuming that the audience knew the trials of Odysseus, hero of another Asia Minor epic, while nobody in Trinidad knew any more than I did about Rama, Kali, Shiva, Vishnu, apart from the Indians, a phrase I use pervertedly because that is the kind of remark you can still hear in Trinidad: "Apart from the Indians" (1-2).

Su desconocimiento de aquella dramatización hindú recalca la heterogeneidad y multiplicidad cultural que conduce a la esquizofrenia cultural y racial de la que habla en repetidas oportunidades en sus escritos y durante sus entrevistas.

El Caribe es claramente sincrético en la mente de Walcott. En su discurso de presentación ante la Academia sueca, Walcott describe las culturas dispares del Caribe –europea, africana, asiática, hindú, amerindia, estadounidense– como si fueran fragmentos de un florero abigarrado: un verdadero archipiélago físico y cultural (3). La mezcla de voces criollas y extranjeras que incluyen coloquialismos afro-caribeños y afro-norteamericanos, francés *patois*, transliteraciones del griego al alfabeto latín usando rimas con un acento caribeño e inglés isabelino y moderno dentro de las culturas sincréticas de su obra *The Odyssey* ilustran claramente la realidad caribeña de dislocación social y geográfica, la esquizofrenia de la que habla Walcott. A la vez, su drama criollo cuestiona ideas superficiales de historia, de pureza lingüística y racial al confrontar al lector o espectador con un *collage* de experiencias fragmentarias (Olaniyan 1995: 103).

Para Walcott el arte caribeño debe ser visto como el producto de un acto de restauración o de reconstrucción en que el objeto nuevamente reconstruido tiene un poder y significado que anteriormente no había sido reconocido en el original (Walcott 1992: 3). La estética de Walcott responde en sus poesías y obras dramáticas al legado histórico y cultural de imperialismo y esclavitud. A pesar de ser uno de los grandes poetas de la literatura universal, Walcott exige ser leído como un caribeño fiel a su pueblo y a sus islas antillanas (Hamner 2001: 374-375). Esto queda bien presentado en las modificaciones que Walcott introduce en la trama homérica de su obra *The Odyssey*. Aunque el autor respeta mucha de la tradición oral de los relatos homéricos, también vigila a que se criollice la obra al introducir, por ejemplo, al cantante Billy Blue, quien reemplaza al coro teatral griego para anunciar las transiciones escénicas hacia el sistema dramático externo del espectador y del lector o para tomar el rol de un trovador criollo que cuenta o canta la historia como mito dentro del sistema dramático interno de los personajes[2]. El lenguaje de Billy Blue, que se hace escuchar desde un principio, le da un tono caribeño a la obra de la siguiente forma:

> Gone sing 'bout that man because his stories please us,
> Who saw trials and tempests for ten years after Troy.
>
> I'm Blind Billy Blue, my main man's sea-smart Odysseus,
> Who the God of the Sea drove crazy and tried to destroy.
> (Walcott 1993: 1)

Al igual que en la manera de hablar de Eurycleia, aquí el autor introduce en el lenguaje la jerga, la rima y el ritmo populares. La obra se abre con elisiones típicas del inglés antillano como "Gone" en vez de "I'm going to" y "bout" en vez de "about". Se combina también el epíteto épico "sea-smart Odysseus" con el coloquialismo afro-norteamericano: "my main man" (Hamner 2001: 376). Lo esencial para Walcott es criollizar el momento épico utilizando lo vernáculo y, a la vez, mostrar las muchas culturas y lenguajes que se adhieren al archipiélago caribeño. Además, el uso de la jerga popular lleva la acción a un plano más real en que los héroes son seres de carne y hueso (Walcott 1997: 230-31).

Derek Walcott transcodifica *La odisea* a otro medio de expresión y, como hemos visto, le añade otros elementos. Por ejemplo, en las ofensas de Odiseo hacia los dioses, Walcott le adhiere a la versión griega una tercera ofensa (Hamner 2001: 386). Primero está el episodio en que Odiseo enceguece a Cyclops (Polifemo en *La odisea* original) y su padre, Poseidón, jura vengarse a pesar de

[2] Manfred Pfister explica que la comunicación es más compleja que simplemente una relación emisor-receptor, ya que el texto dramático es sinestético y multimedial. De ahí que el texto dramático pueda contener técnicas teatrales que comunican mensajes directamente al sistema dramático externo del espectador los cuales no forman parte del sistema dramático interno de los personajes. Para mayor información, véase Manfred Pfister (1988).

que Odiseo actuó en defensa personal y de sus hombres (Walcott 1993: 71-72, 119). El segundo episodio de ofensa es cuando los hombres hambrientos de Odiseo se comen las vacas sagradas del dios del sol, Hyperion (Hiperión), quien los condena a muerte y manda a Odiseo solo en una barca para que se demore en llegar a Ítaca (119-120). Además, Walcott hace aparecer a Athena (Atenea) en un sueño de Odiseo después de su llegada a Ítaca en que le dice: "You mocked the inmortal ones". También le dice que era "the first to question the constant shining!" y "The first to discount each omen" (119). Esta intervención por parte de Atenea da la posibilidad de interrogar la noción de *deus ex machina* y, a la vez, sirve de alusión al mundo real donde los dioses son los imperios (Hamner 2001: 386). Atenea reconoce que Odiseo, a pesar de todo, hizo bien al seguir las instrucciones que ella le fue dando en su odisea de veinte años (Walcott 1993: 120). En otras palabras, es posible vencer o vivir entre los Titanes tal cual lo hace Odiseo o como lo hace Saint Lucia y el Caribe en general frente a Estados Unidos, a Francia, a Gran Bretaña siempre y cuando uno mantenga su identidad y use la inteligencia y la experiencia para sobrevivir en mares tormentosos. Para eso hay que vivir de manera atrevida, tal como lo hace Odiseo cuando enceguece al cíclope y le grita aludiendo a la realidad del sistema dramático externo: "MY NAME IS NOT NOBODY! IT'S ODYSSEUS!/ AND LEARN YOU BLOODY TYRANTS, THAT/ MEN CAN STILL THINK!" (72). Odiseo va más allá de la afirmación de su identidad al tomar una posición pro-activa. Como dice Handley: "Postcolonial literature has demonstrated repeatedly that it is not enough to identify ourselves as victims of continuing forms of colonialism" (Handley 2000: 7). La contienda debe desenmascarar y ofrecer resistencia al opresor que, mediante su avasalladora industria turística o su logocentrismo, va destruyendo la geografía e identidades caribeñas (Walcott 1992: 4, 10).

Walcott desecha el concepto occidental lineal de la historia al confrontarlo con su sentido mítico de la historia que se adapta más a las complejidades del mar. En su poema "The Sea Is History" la voz poética refleja la historia como mito:

> Where are your monuments, your battles, martyrs?
> Where is your tribal memory? Sirs,
> in that grey vault. The sea. The sea
> has locked them up. The sea is History....
>
> Exodus.
> Bone soldered by coral to bone,
> Mosaics
> Mantled by the benediction of the shark's shadow...
>
> (Walcott 1986: 364)

Aquí la resonancia del lenguaje no da a conocer una historia lineal con un sentido de progreso, sino un sentido de lugar basado en la mezcla de fragmentos de una cultura dentro de una naturaleza desconocida. Como en el teatro de Bertolt Brecht, Walcott usa constantemente anacronismos para romper con la historia lineal logocéntrica por una parte y, por otra parte crear mensajes alegóricos modernos que permitan al espectador reflexionar de una manera más objetiva acerca de la acción. La escena XIV de *The Odyssey* refleja esta propuesta ya que el mundo de ultratumba y de sueños es más bien una estación de metro adonde llegan trenes para llevar a las ánimas en un viaje inacabable e indescifrable (Walcott 1993: 89-97). En la nueva Odisea ya no hay espacio para un panteísmo y el mundo sólo puede ser conocido en escamas. La identidad caribeña corrobora esta perspectiva, porque es el producto de muchas historias convertidas en mitos y leyendas que son transmitidos por diferentes fusiones de razas y de lenguas.

En su entrevista a la BBC, donde discute su concepto de la historia, Walcott ve el sentido cronológico de la historia como irrelevante. Se burla de los argumentos positivistas de la esclavitud diciendo: "We are told that if you go through that progress, you will arrive at some kind of illumination... There is a moral corruption in that thought" (Walcott 1990b). Añade en su entrevista que hablar a favor de la esclavitud es tan injustificado como argumentar que en el holocausto contra los judíos hubo un tipo de progreso en comparación con el Renacimiento. Para él la historia puede ocurrir como las olas del mar, de manera simultánea, con una experiencia que incluye la ausencia de la historia. El tiempo debe basarse en el ritmo del mar, de ola en ola, y no en épocas o en un ritmo mental que desconoce, por ejemplo, el constante "es" que se vive en una isla.

Su sentido del tiempo y del espacio lo lleva a comparar en su entrevista con Robert Brown a los dos archipiélagos de su literatura de la siguiente forma:

> Greeks were the niggers of the Mediterranean. If we looked at them now, we would say that the Greeks had Puerto Rican tastes... Because the stones were painted brightly. They were not these bleached stones... People who praised classical Greece, if they were there then, would consider the Greeks' tastes vulgar, lurid (Walcott 1990b: 216-17).

Para él lo que tiene sentido en el héroe o en el individuo es su identidad ante los demás, ante el "Otro". El heroísmo homérico en sí es un elemento común, ordinario y no un producto inalcanzable al ser canonizado. Ya su poema "The Star-Apple Kingdom" (1979) habla de su sentido de individualidad e identidad:

I know these islands from Monos to Nassau,
a rusty head sailor with sea-green eyes
that they nickname Shabine, the patois for
any red nigger, and I, Shabine, saw
when these slums of empire was paradise.
I'm just a red nigger who loves the sea,
I had a sound colonial education.
I have Dutch, nigger, and English in me,
and either I'm nobody, or I'm a nation.
(Walcott 1986: 346)

Walcott, "the mulatto of style" como él mismo se apoda, usa la poesía de manera natural para transmitir su amalgama de identidad cultural y su ruptura con la homogeneización.

Luis Rafael Sánchez habla de otra experiencia caribeña: una experiencia colonial y no postcolonial ya que Puerto Rico es la colonia más antigua del hemisferio occidental. En *La guaracha del Macho Camacho*, por ejemplo, existe una exploración de los signos culturales africanos y de la base cultural afroantillana en función de una crisis de identidad relacionada con el estado colonial de los habitantes de la isla. La novela empieza con un epígrafe, tomado de la misma guaracha que le da el título a la obra: "La vida es una cosa fenomenal./ Lo mismo pal de adelante que pal de atrás" (Sánchez 1976: 7). El epígrafe señala el poder que ejerce esta canción popular sobre los puertorriqueños. Sin embargo, a medida que va avanzando la narración el lector se encuentra con personajes caricaturescos que en su mayoría son bidimensionales; estos personajes sólo existen como productos de publicidad y de una realidad colonial. Los personajes de Sánchez, y esto lo vemos en *La guaracha del Macho Camacho* (1976) y posteriormente también en su obra de teatro *Quíntuples* (1985), no tienen muchas veces personalidades auténticas: son mayormente el producto de una máscara social. El narrador en la novela usa esta máscara social embutida de jerga popular, música hipnotizadora y medios de difusión masivos que invocan un *Verfremdungseffekt* en el lector que lo lleva a reflexionar acerca de la falsedad circundante.

Como en varias de las obras de teatro de Brecht, Luis Rafael Sánchez aspira a provocar en el lector, mediante el uso de técnicas teatrales y cinematográficas dentro de su novela, una actitud objetiva, exenta de una identificación emocional o catártica con sus personajes. El mismo Sánchez en su entrevista con Gregory Rabassa nos dice que aparte de Doña Chon y de El Nene, con quienes se puede simpatizar en *La guaracha del Macho Camacho*, "los demás personajes... sufren de una censura totalizante por parte del autor" (Sánchez 1985a: 179). Cada uno de sus personajes caricaturescos termina desinflado, incapaz de llegar a cumplir un acto completo para realizarse en alguna meta o proyecto. De esta forma Sánchez muestra un Puerto Rico de personalidades inacabadas que nunca llegan a tener la profundidad de una figura tridimensional.

La voz narrativa de la novela es irónica en cuanto a la realidad colonial de la isla y acercamiento de su pueblo a los medios masivos de difusión. El resultado es la reificación de los personajes. Las imágenes de los anuncios en la novela sirven de instrumentos de adoctrinamiento que coartan al individuo en su percepción de la realidad. La China Hereje, la amante mulata del momento del senador Vicente Reinosa, se imagina "buena como la India" que es el eslogan de una cerveza puertorriqueña (Sánchez 1976: 18). El narrador distancia al lector de cualquier identificación con la personalidad deificada de la China Hereje al describirnos su eructo: "AGUZA LA BOCA porque le viene un eructo cocacolizado, increíblemente enérgico, que zampa por entre los sones desveladores de la guaracha" (21). Más aún, se mofa de su razonamiento de la siguiente forma:

> ¿El gas de la gaseosa, la acidez, la flatulencia crónica, el ron, el estreñimiento, la palangana de cuajo que se mandó de una sentada, el regreso afantasmado del café negro, el pataleo de la víscera bazo por el cerveceo matinal, la ansiosidad que me parte en dos bandas cuando espero? Ella razona a su antojo como el granito de Arroz Sello Rojo (21).

En otras palabras la China Hereje es un objeto deificado incapaz de llevar una vida auténtica, porque ella es sólo el reflejo de la información masiva y de las normas sociales impuestas. Su sexualidad, por ejemplo, está relacionada con el machismo dominante. Ella misma nos dice:

> A mí el chereo se me sobra... La machería que me quiere trepar da para mí y cinco mujeres más: los pones que me ofrecen, que si yo me dedicara a coger pon no volvía a saber lo que era treparme en una guagua por el resto de mis días... Los hombres que se me van detrás, ahí como el matapiojos, tipos bien Wilson, una jauría de mamitos... Señal de que lo mío es caña de azúcar... Señal de que yo no estoy buena porque yo estoy buenísima (18).

El narrador en su voz irónica concuerda con este personaje, producto del estereotipo sexual de la mujer, porque después de todo: "sus atractivos se cotizan alto en la tupida oscuridad de las braguetas" (18).

Luis Rafael Sánchez en su ensayo "Reencuentro con un texto propio" escribe: "Ojalá esa guaracha desgarrada y acuñadora del relajazo mayúsculo y enajenador con la que bailamos los días de nuestra angustia, guaracha violenta, guaracha homicida, cambie el paso" (Sánchez 1981: 26). Adopta esta música popular como reflejo de las clases bajas y medias conformadas por mulatos y negros. Sin embargo, su narración no es positiva como la poética de Walcott. El pueblo puertorriqueño se queda varado en un *Inferno* dantesco. El tiempo en la novela es estático: todo ocurre bajo un tráfico incandescente en un mundo de "congestión espiritual" (Sánchez 1985a: 180). Puerto Rico es un lugar, según Sánchez, "donde el tapón, donde el embotellamiento, donde la hora punta, como dicen los españoles, casi puede utilizarse como una metáfora para la vida intelectual y espiritual de todo el país" (180). La hora punta es: "A LAS CINCO de la tarde, a las cinco en punto de la tarde" (Sánchez 1976: 35). En el poema "Lamento para Ignacio Sánchez Mejía" de Federico García Lorca, el torero amigo de Lorca muere corneado por un toro. La analogía con la novela de Sánchez está en que, de manera figurada, las CINCO representa para Puerto Rico su muerte física y cultural que queda plasmada en la muerte grotesca del hidrocéfalo El Nene. El país está estancado, porque, bajo su condición de colonia de los EE.UU., no puede desarrollar su propia identidad. Empero, el narrador al final abre la posibilidad del cambio cuando nos dice que Benny, el hijo de Vicente Reinosa, "no ve el crepúsculo armar la guerrilla contra el imperio de azules" (230). Todavía hay una posibilidad para la independencia en aquel escrito.

En su obra de teatro *Quíntuples*, Sánchez usa los elementos lúdicos de manera desenfadada para replantear el debate de identidad y cultura nacional (Stevens 2002: 240). Sánchez va más allá de la tradicional dicotomía nacionalismo-colonialismo del pasado al romper con el eje patriarcal mediante la escenificación de la condición migratoria de una compañía de teatro formada por un núcleo familiar desarraigado y en plena descomposición moral. De manera análoga a Myrna Casas en su obra *El gran circo eukraniano* (1988), Sánchez explora y defiende identidades no limitadas por el nacionalismo patriarcal de un René Marqués. Por el contrario, expone la inestabilidad del núcleo familiar como representante nacional y como base de una identidad colectiva y va más allá al confrontar al lector y al público puertorriqueño con su propia actitud sumisa y conformista ante los hechos.

Mediante los monólogos de los quíntuples Morrison –Dafne, Baby, Bianca, Mandrake y Carlota–, Luis Rafael Sánchez desenmascara la figura patriarcal del Padre que se hace llamar El Gran Divo Papá Morrison para ocultar su verdadero nombre, Ifigenio; irónica y trágicamente sus dos hijos varones, apodados Mandrake y Baby, comparten este nombre de hecho. Dice la hija Bianca: "Papá todavía cuenta cómo lo enfermaba su nombre. Cuando tuvo dos hijos varones decidió compartir la enfermedad" (Sánchez 1985b: 32). La obra tiene un estilo pirandelliano de teatro dentro del teatro, ya que el público espectador interpreta a un público ficticio que supuestamente asiste a un Congreso de

Asuntos de la Familia para analizar las relaciones familiares de los Morrison (xiii-xv). Sin embargo, al final hay un *coup de théâtre* brechtiano cuando los únicos dos actores de la obra rompen con el sistema dramático interno para quitarse física y metafóricamente, delante del público, el maquillaje con crema limpiadora y de esa forma aluden a las mentiras sociales y culturales de un Puerto Rico colonizado (77-79).

Los monólogos, que aparentemente improvisa cada uno de los Morrison, manifiestan diferentes tipos de abusos familiares que van desde la explotación económica de los hijos hasta el incesto y la homosexualidad. El Papá Morrison siempre intenta destacar su figura paternal cuando nos dice: "Papá Morrison, El Gran Divo Papá Morrison, Padre de los Quíntuples Morrison…, Director Escénico de las Veladas Donde Triunfa el Buen Arte de los Quíntuples Morrison" (68). He aquí su figura paternal, de autor del *show* y de padre de familia. Sin embargo, el lector y el público saben de antemano gracias a Bianca que El Gran Papá Morrison ha explotado a sus hijos obligándoles a trabajar de pequeño para promocionar productos para bebés de las compañías estadounidenses Pet y Clapp's (37-38). Bianca le dice al público: "Papá Morrison dijo el que no trabaja no come. Y nos puso a los quíntuples Morrison a sudar la gota gorda" (37-38). La situación se complica cuando Bianca confiesa en plena crisis histérica que está enamorada de su hermana mayor, Dafne (39-40). Peor aún, Carlota, la Morrison hipocondríaca, da todas las pistas para que sepamos que está embarazada no de su esposo, sino de su padre. Las sospechas sólo aumentan cuando nos informa que va a tener quíntuples (63).

Resumiendo, el Puerto Rico de *Quíntuples* no está sólo sojuzgado por la publicidad y el estancamiento que leemos en *La guaracha del Macho Camacho*, sino que, además, es el producto del incesto, la homosexualidad y la diáspora de gran parte de su población. De acuerdo con Cruz-Malavé el deseo heterosexual falla en la sociedad puertorriqueña, porque como nación-colonia nunca alcanza su "madurez" (Cruz-Malavé 1995: 142). Nos hallamos ante una posición insegura de la sexualidad puertorriqueña como producto de una crisis de identidad. Los problemas de identidad colectiva que presenta *Quíntuples* reflejan una realidad caótica, pero también más dispuesta a enfrentar los diferentes procesos involucrados en la formación de identidades nacionales donde el discurso rígido patriarcal-nacionalista no puede seguir imponiéndose como único canal de cambio cultural, social y político. Al romper con los modelos monolíticos impuestos por el paternalismo interno y externo que amenaza a la nación caribeña y latinoamericana, Sánchez revela explícitamente la mentira en la que el puertorriqueño tiene que vivir. Lo deja muy claro en su ensayo "La gente de color" donde hasta para un concurso de Miss Puerto Rico la mujer debe ser blanca en un país principalmente mulato y negro (Sánchez 1997: 19-29). El puertorriqueño se embadurna de un maquillaje para blanquearse "*Trying to please the gringo*" (28).

Como he intentado demostrar, el proceso de formación de la identidad caribeña está sujeto a diferentes factores. La contienda entre globalización e identidad sigue vigente. Las posturas de estos autores en su búsqueda de una identidad antillana reflejan una contrapartida a la globalización al adherirse a una denuncia del *status quo* reinante y a la necesidad de redefinir la identidad de un pueblo. Walcott y Sánchez son fieros defensores en sus escritos y entrevistas de paradigmas de identidad que, de manera antagónica a la globalización avasallante, hablan de pluralidad, heterogeneidad, internacionalismo, diáspora, soberanía y desarrollo socio-económico. Para lograrlo, ambos autores se valen del lenguaje popular de sus respectivas identidades y contribuyen en su estética literaria y en sus opiniones a una gran corriente de *Kulturkampf* (lucha cultural), característica de otros autores contemporáneos, tanto caribeños y latinoamericanos como de otros rincones del mundo.

Bibliografía

ALÍ, Tariq (1993): "Literature and Market Realism", en: *New Left Review* 199 (May-June), pp. 140-145.

CALHOUN, Caraig (1994): *Social Theory and the Politics of Identity*. Oxford: Blackwell.

CASTELLS, Manuel (2000): *El poder de la identidad*. Trans. Carmen Martínez Gimeno. Madrid: Alianza Editorial.

CRUZ-MALAVÉ, Arnaldo (1995): "Toward an Art of Transvestism: Colonialism and Homosexuality in Puerto Rican Literature", en: Bergmann, Emilie L./Smith, Paul Julian (eds.): *¿Entiendes? Queer Readings, Hispanic Writings*. Durham: Duke University Press, pp. 137-67.

HANDLEY, George B. (2000): "A Postcolonial Sense of Place and the Work of Derek Walcott", en: *Isle* 7.2 (Summer), pp. 1-23.

HAMNER, Robert D. (2001): "Creolizing Homer for the Stage", en: *Twentieth Century Literature* 47.3 (Fall), pp. 374-90.

JAMESON, Fredric (1998): "Preface", en: Jameson, Fredric/Miyoshi, Masao (eds.): *The Cultures of Globalization*. Durham: Duke University Press, pp. xi-xii.

OLANIYAN, Tejumola (1995): *Scars of Conquest/Masks of Resistance: The Invention of Cultural Identities in African, African-American, and Caribbean Drama*. New York: Oxford University Press, pp. 93-115.

PFISTER, Manfred (1988): *The Theory and Analysis of Drama*. Trans. John Halliday. New York: Cambridge University Press.

ROBERTSON, Roland (1992): *Globalization: Social Theory and Global Culture*. London: Sage.

SÁNCHEZ, Luis Rafael (1976): *La guaracha del Macho Camacho*. Buenos Aires: Ediciones de la Flor.

— (1981): "Reencuentro con un texto propio", en: *Sin Nombre* 12.1 (Apr.-June), pp. 21-26.
— (1985a): "Luis Rafael Sánchez: de la guaracha al beat", en: *Espejo de escritores*. Hanover: Ediciones del Norte, pp. 173-94.
— (1985b): *Quíntuples*. Hanover: Ediciones del Norte.
— (1994): *La guagua aérea*. San Juan, P.R.: Editorial Cultural.
— (1997): *No llores por nosotros, Puerto Rico*. Hanover: Ediciones del Norte.
STEVENS, Camilla (2002): "Travelling Troupes: The Performance of Puerto Rican Identity in Plays by Luis Rafael Sánchez and Myrna Casas", en: *Hispania* 85.2 (May), pp. 240-249.
WALCOTT, Derek (1986): *Collected Poems: 1948-1984*. New York: Noonday Press, pp. 364-367.
— (1988): *A World of Ideas with Bill Moyers: Derek Walcott*. By Bill Moyers. Videocassette. New York: Public Affairs Television, Inc.
— (1990a): *Omeros*. New York: Farrar, Straus and Giroux.
— (1990b): "An Interview with Derek Walcott" By Robert Brown and Cheryl Johnson. *Cream City Review* 14.2 (Winter), pp. 209-223.
— (1990c): *Derek Walcott Talks to Cristopher Bigsby*. By Bigsby. London: Audio Interviews by the BBC (20 Oct.), <http://www.bbc.co.uk/bbcfour/audiointerviews/>.
— (1992): "The Antilles: Fragments of Epic Memory" (7 December), en: Derek Walcott-Nobel Lecture. The Nobel Foundation. From *Nobel Lectures*. World Scientific Publishing Co., Singapore, 1992-1995 <http://www.nobel.se/literature/laureates/1992/walcott-lecture.html>.
— (1993): *The Odyssey: A Stage Version*. New York: Farrar, Straus and Giroux.
— (1997): "Reflections on Omeros", en: *The South Atlantic Quarterly* 96:2 (Spring), pp. 229-246.

Epílogo

El Caribe frente al discurso occidental

Silvio Torres-Saillant
Syracuse University

1. Los usos de la deshistorización

Desde la perspectiva euronorteamericana, el Caribe se ve al margen de la civilización y de la historia. Esa forma particular de imaginar al Caribe ha sido de gran utilidad a la tradición intelectual forjada por la cultura de los conquistadores en la era moderna, entendiendo como "era moderna" aquel momento histórico que se inicia cuando Colón cruza el Atlántico con sus memorables naves (Todorov 1984: 5). El Caribe le ha servido a la intelectualidad occidental, entre otras cosas, como un laboratorio en el cual estudiarse a sí misma. El ejemplo de *The Emperor Jones*, la obra del importante dramaturgo Eugene O'Neill, puesta en escena en el 1920, no podía ser más ilustrativo. La pieza nos presenta al personaje de Brutus Jones, un mozo de estación afroamericano que se escapa de la prisión, en la que cumple pena por dos asesinatos, y huye de los Estados Unidos, terminando en una isla antillana donde pronto se enseñorea sobre los incautos nativos.

Celebrado como el primer "héroe trágico negro" en el teatro norteamericano, Jones se interna en una lucha campal con sus propios fantasmas interiores (Brooks, Lewis, y Penn Warren 1973: 2006). Tan pronto pisa el pie en ese mundo inocente adonde lo lleva la huida, Brutus se jacta de su superioridad sobre los "ignorantes negritos montunos" que pueblan la isla. Por eso no le tiembla el pulso cuando, habiéndose hecho proclamar emperador, abusa irreprimidamente de su poder y roba sin contemplación, convencido de que, como se jacta de confiarle a Henry Smithers, el tratante blanco que comparte su régimen de corrupción, "robar bagatelas lo lleva a uno a la cárcel tarde o temprano; robar en grande te lleva a emperador y te pone en el Salón de la Fama"[1]. Él dice haber aprendido este principio escuchando "pláticas de calidad blanca" durante sus diez años de entrenamiento moral en el tren como mozo de estación (O'Neill 1979: 77). Los nativos eventualmente se sublevan bajo el liderazgo de un dirigente rebelde llamado Lem, a quien las instrucciones del

---

[1] Todas las traducciones al español en este artículo son mías.

dramaturgo en la escena octava de la obra describen como un "viejo salvaje del tipo africano extremo, corpulento y con cara de simio" (95). Los nativos, claro está, apenas fungen como un mero accesorio. O'Neill los usa como un recurso teatral que le permite efectuar la escenificación de la lucha interior que al final causa la caída del emperador. De ahí el empleo del monólogo interior a lo largo de la obra. El fantasma de sus perseguidores acosa a Brutus incesantemente a través del oscuro y denso bosque, contrapartida de su mente atormentada, empujándolo hacia el fuego justiciero de las mismas Euménides tropicales de las que procura escapar.

El mundo antillano, evidentemente, le sirve a O'Neill como una arena ideal para poner en escena los aprestos sicológicos de Brutus Jones. O'Neill se planteó como meta artística profundizar en las aventuras de un espíritu agobiado, o la exploración de una instancia específica de lo que en 1950 William Faulkner, en su discurso de recibimiento del Premio Nobel, denominó "el problema del corazón humano en conflicto consigo mismo" (Faulkner 1965: 119). A los proyectos consagrados al estudio de la psiquis humana a menudo les resulta conveniente construir escenarios desprovistos de la presión de la historia, la cultura, la división de clases y las demás estructuras exteriores que delimitan los contornos de la existencia. En esos casos muestran predilección por lugares vistos o imaginados a los que se les atribuye la característica de existir al margen de las compulsiones cotidianas de la civilización. El Caribe al que arriba Jones carece de todo destello de orden social, estructura política, religión formal o sistema cultural diferenciado. Un lugar de desconocimiento carente de indicador alguno de un caudal de memorias de las cosas pasadas, la isla existe como zona virginal y ahistórica.

Aquí cabe recordar que entre las características que Raleigh atribuyó a Guayana, en su afán de abrirle el apetito colonizador a la reina Isabel, se destacaba el hecho de que aquella tierra todavía "preservaba intacto su himen" (Raleigh 1972). Se trata, entonces, de una tierra de nadie que espera ser poseída e históricamente iniciada por una inteligencia y una agencia humana externa. Tal como lo deseara Raleigh con Guayana, Jones practica simbólicamente una desfloración de la virginidad caribeña. Se puede decir que, no obstante su propia marginalidad social como obrero de menor escala y su desventaja como miembro de una raza despreciada en una sociedad segregada, Jones puede fácilmente imponerse sobre los incautos isleños, alcanzando la cumbre del poder en la sociedad receptora, debido al grado inevitable de superioridad que su socialización cristiano-occidental en los Estados Unidos le confiere.

Cuando *Emperor Jones* apareció en escena, ya Norteamérica se había lanzado aguerridamente a su misión civilizadora mediante incursiones militares en el Caribe. Entre una serie de varias invasiones, los marines habían ocupado Haití en 1915 y la República Dominicana en 1916. Dichas ocupaciones durarían hasta 1924 en el lado dominicano de la isla y hasta 1934 en el haitiano. Y aunque O'Neill dejara innominada su "isla en las Antillas", suficientes pistas nos convidan a pensar específicamente en Haití. La pieza recalca sostenidamente el sonido ritual de tambores y la expresión religiosa "pagana" de los nativos, insinuando una asociación con el vodú. Jones ha decidido suicidarse con una bala de plata antes que ser capturado por sus perseguidores, lo cual hace pensar en la figura histórica de Henry Christophe, uno de los campeones de la Revolución Haitiana. El mismo título de realeza que se adjudica Brutus Jones también recuerda a Haití, donde en el siglo XIX hubo dos emperadores y un rey negros conduciendo los destinos del país. Es sin duda Haití lo que O'Neill procura evocar con toda la licencia poética que le corresponde como artista. De igual manera su representación evoca genéricamente al Caribe, ya que Occidente a menudo ha preferido a Haití a la hora de imaginar y presentar el cosmos antillano, predilección que a su vez ha tenido su costo. Pues Occidente jamás perdonó a los esclavos de Saint Domingue el haber derrotado y humillado el poderío imperial de la nación que entonces rutilaba en el centro de la civilización blanca. Ello explica la "sostenida y deliberada campaña por aislar, desestabilizar en lo general desacreditar y económicamente castigar a la República Negra" que señala Roberto Márquez (2000: 15-16). En ese sentido, la implacable cruzada de descrédito que Haití ha padecido, ilustrada memorablemente por Robert Lawless en *Haiti's Bad Press* (1992), toca también, por extensión metonímica, al resto del Caribe.

En gran medida, la tradición intelectual de Occidente, mediadora que ha sido de la barbarie colonialista, vertió sobre el Caribe todo el peso de su elocuencia difamatoria, deshistorizando y, en consecuencia, deshumanizando a los pobladores de la región. Como resultado natural de ese hostigamiento conceptual, el discurso caribeño surgió contaminado por el impulso rectificador. La producción intelectual del archipiélago y las costas se caracteriza por cierta insistencia en la autoafirmación histórica y el énfasis en la proclamada autenticidad de las formas culturales de la región. Así, la literatura, la teoría cultural y la reflexión política revelan casi invariablemente una textura asertiva de testimonio ontológico. Si alguna generalización es perdonable, podría decirse que para la mente antillana pensar es hacer constar. Es documentar la experiencia humana en el cosmos antillano con tal de evidenciar su inseparabilidad de la narrativa total de la especie. A la vez que se dice *somos entes históricos*, y, por tanto, *somos seres humanos*, se insiste en exigir reconocimiento para el caudal de diferencia que constituye su autenticidad y originalidad como zona del planeta culturalmente diferenciada.

No se justifica que veamos en la recurrencia de esos énfasis un obstáculo para la amplitud artística y la creatividad como quiere Andrew Bundy, un crítico de la obra del novelista y ensayista guyanés Wilson Harris. Para este crítico la constante preocupación con el pasado colonial trunca el vuelo de la imaginación literaria y discapacita al liderazgo político (Bundy 1999: 22, 30, 137). El juicio de Bundy, a mi parecer, parte de una actitud despreocupada que desdeña el hecho de que en lo que respecta al pensamiento caribeño dialogar con la historia no es opcional. Sencillamente, la preocupación por el lastre escabroso de la herencia colonial no puede cesar hasta tanto no cesen los efectos todavía deshumanizantes de esa herencia. La misma tensión que provoca ponderar la posibilidad de un futuro promisorio y la dificultad de liberarse del influjo de un pasado catastrófico que todavía agobia, constituye una fuente inagotable de creatividad. Defender e ilustrar los resortes distintivos de la caribeñidad –la ontología regional– y recalcar el lugar insoslayable de la experiencia antillana en la gran epopeya de la historia de la humanidad siguen siendo objetivos indispensables. Pues la condición de subalternidad de la región y sus poblaciones no ha caducado. Los aprestos de ayer son los de hoy. Los oprimidos no han escapado de su condición de indefensión, aunque los desarrollos políticos, económicos y tecnológicos que han desembocado en la llamada sociedad global hacen más difícil que ayer precisar los agentes que conducen los hilos de la opresión. La textura menos tangible de la nueva opresión queda bien retratada en *Life and Debt* (2001), la película documental realizada por la cineasta Stephanie Black sobre los estragos del Fondo Monetario Internacional en la economía jamaiquina.

2. El alter nativo híbrido

No debe sorprender, entonces, que puntualizar interminablemente el sentido de la vida y de la historia en la región –dar con los resortes de la caribeñidad– se imponga como renglón ineludible del pensamiento antillano. Mirando a Surinam, por ejemplo, Gabriel García Márquez se lleva la impresión de encontrar allí la estructura mágica de la realidad caribeña. Con apenas 163.820 Km^2 y una población de tan sólo 384.000 almas, Surinam alberga poblaciones procedentes de la India, Indonesia, África, China y Europa, aparte de los asentamientos aborígenes. El afamado novelista colombiano destaca allí la convivencia de "las siete razas del país, seis religiones e incontables idiomas". Además, señala manifestaciones de la cotidianidad, como la peculiar forma de fumar de las negras caribeñas metiéndose el extremo encendido del cigarrillo en la boca, que le dan a la zona su personalidad singular (García Márquez 1996: 9,

11). Cartagena, donde se desarrolla la trama de su novela *El amor en los tiempos del cólera* (1985), no es Surinam, sino la costa caribeña de Colombia. Allí, el personaje central de Fermina Daza aprende "a fumar al revés, con el fuego dentro de la boca, como fumaban los hombres en las noches de las guerras para que no los delatara la brasa del tabaco" (1999: 188). La mirada a Surinam le brinda a García Márquez la posibilidad de testimoniar la especificidad y la perdurabilidad de ese mundo mágico cuyos rasgos distintivos él compara, citando una frase del dominicano Juan Bosch, con "las plantas invencibles" (11). También le ofrece la ocasión de festejar el sincretismo sociocultural de la región, esa criollización que Kamau Brathwaite estudió como proceso formativo de la sociedad caribeña en una obra de lectura obligada publicada hace treinta años (Brathwaite 1971).

Hoy el conjunto de escritos que conforman lo que se ha venido a conocer como "teoría poscolonial" ha privilegiado el análisis de la hibridez en las formaciones étnico-culturales que al parecer están reconfigurando el rostro de la familia humana. En dichas ponderaciones el Caribe figura apenas como componente menor de un vasto terreno empírico. En ese sentido, a la región se le desconoce su prominencia como cuna empírica de mezcla racial y sincretismo cultural por excelencia así como zona intelectual precursora donde por siglos la hibridez ha suscitado reflexión. Entre los propulsores del discurso llamado "poscolonial" predominan académicos indobritánicos, afrosajones y otros estudiosos originarios del Tercer Mundo adscritos en su mayoría a universidades británicas y norteamericanas. En cierta medida, en su desdén por el saber antillano y por la producción metadiscursiva de la región, ellos se muestran herederos del legado de hostigamiento conceptual a que ya hemos aludido. Sucede que con la nueva modalidad discursiva que la erudición euronorteamericana ha puesto en boga –con la participación esta vez de voces provenientes de lo que podríamos genéricamente denominar la intelectualidad mulata– Occidente ha vuelto a afirmar su predominio epistemológico para definir a la humanidad. Asistimos a una nueva etapa de aquel binarismo planetario de la imaginación imperial que partía el mundo en dos mitades, la del otro y la del nosotros al modo de Juan de Castellanos, más de cuatro siglos antes. Ayer Occidente le restaba valor epistemológico intrínsico al espacio vital del vencido. Su significación se reducía a la satisfacción del deseo de que "nuestro mundo poseyese/Un mundo tan remoto y escondido" (Castellanos 1944: 6). Al parecer, como herencia natural de ese desdén cognoscitivo, hoy la academia occidental erige un conjunto de paradigmas presuntamente capaces de explicar a todo "el mundo poscolonial" no obstante las vastas distancias geográficas, históricas y culturales que medien entre las distintas ramas de la familia humana que pueblan el mundo no occidental. Y si no le da un lugar de relieve al saber caribeño, no hay por qué sorprenderse. Se trata de un menosprecio familiar que viene desde los tiempos en que el mundo antillano entró desfavorablemente en la imaginación europea a raíz de la transacción colonial.

No obstante, hay razón de más para concebir al Caribe como epicentro de reflexión en torno a la hibridez. Haciendo honor al folclore que dice que cuando los indios caribes primero llegaron a la región antillana vinieron sin mujeres y escogieron esposas arawakas, el distinguido novelista guyanés Wilson Harris sugiere un proceso de mixtura inter-étnica en el que el vencedor voluntariamente mezcla su sangre con la del vencido para formar familia (Harris 1999: 240). En todo caso, el proceso de miscegenación a que alude precede a la llegada brutal de los europeos y la migración forzosa de africanos a la región. Sin desdeñar la rica diversidad étnica, religiosa y lingüística de su país, como ilustra su obra *The Secret Ladder*, una novela poblada por personajes de origen inglés, chino, portugués y africano así como por el sintomático mulato de piel clara llamado Stoll, Harris es también el escritor antillano de renombre que mayor atención ha prestado a la herencia cultural amerindia en la región. Esa afinidad le vino como resultado de su contacto con comunidades aborígenes a partir de la década de los cuarenta cuando, como inspector a cargo de medición catastral, llegó a los bosques tropicales de Guyana. Allí entró en "intimidad" y se involucró "profundamente con el paisaje y las aguas" del país y se empapó de las ricas formas culturales y las creencias de los indios de la región Tumaturi, cuyo lenguaje repleto de simbolismos oníricos marca indudablemente su visión estética y su filosofía literaria (Harris 1999: 40, 45).

Añadiéndole niveles de complejidad a la multiplicidad de ingredientes culturales que han convergido en la región, la historiadora norteamericana Patricia J. Penn Hilden ha hecho una indagación enjundiosa sobre las huellas culturales dejadas en el Caribe –sobre todo en la zona anglófona– por números considerables de indios norteamericanos que en el siglo XVII y en el XVIII fueron vendidos como esclavos a las plantaciones antillanas. Hilden nos invita provocadoramente a buscar la razón por la cual deba figurar entre los accesorios espirituales de la santería y otras expresiones religiosas neoafricanas del Caribe un busto de yeso representando a un indio de las grandes planicies norteamericanos (Hilden 2001: 429). Para Harris no se trata sólo de catalogar las herencias que integran el conglomerado cultural caribeño. Se trata más bien de reconocer que algunas de esas herencias, que desbordan el nacionalismo predominante en el discurso occidental, dan a la vida caribeña un acento particular. De ahí que en un momento se suscriba a la queja de su colega Denis Williams, quien echa de menos una visión genuinamente caribeño-céntrica en la intelectualidad de la región. Williams tilda a los pensadores de una actitud de "dependencia filialista con respecto a las culturas correspondientes a nuestros varios orígenes, a la vez de simultáneamente inhibirnos de lidiar frontalmente con el hecho de lo que específicamente somos" (citado por Harris 1999: 162). Para Harris, lo que somos se caracteriza por cierta inefabilidad que no podemos darnos el lujo de simplificar ni trivializar. Dicho en sus propias palabras: "la vida de las situaciones y de la persona [en la región] tiene una inarticulabilidad que debemos genuinamente tolerar y experimentar si vamos a desarrollar la habilidad de una nueva relación y un nuevo entendimiento" (Harris 1999: 147).

En fin, las disquisiciones de Harris revelan la inquietud de que el cosmos antillano tiene su coherencia interna a la vez que, para usar un giro whitmaniano, alberga multitudes dispares. Es un mundo del cual los otros rincones del orbe saben poco y del cual el resto de la humanidad tiene mucho que aprender. Es un mundo que ha padecido la narración desfavorable del discurso occidental y que exige rectificación. Ya para 1608, en su poema épico *Espejo de paciencia*, en el cual se acentúan la naturaleza y el panorama humano local, Silvestre de Balboa Troya y Quesada reflejaba un perceptible deseo de hacer constar las particularidades del cosmos antillano. Nacido en la isla Gran Canaria, Balboa vino a Cuba como un inmigrante humilde. Se radicó en Camagüey y se casó con una criolla llamada Catalina de Caoba. Su poema, escrito en octavas reales, corresponde al género de la poesía erudita, siguiendo las pautas estéticas dadas por Homero y Virgilio. Pero aunque Balboa hiciera alarde de su familiaridad con tales precedentes, su texto revela un marcado énfasis en distinguir geográfica, social y ecológicamente al mundo antillano de la cosmología que plasmaron sus precursores antiguos. La trama del poema cuenta el secuestro del clérigo español Juan de las Cabezas Altamirano, obispo de Cuba, asentado en el Puerto de Manzanillo para 1604. Dicha acción la lleva a cabo el temido pirata francés Gilberto Girón y sus tropas de maleantes. El resto de la acción consiste en la misión de rescate que se lanza en busca de los malhechores, culminando con la muerte del pirata y la liberación del buen cura. Los personajes que colaboran en la campaña justiciera son blancos, negros y aborígenes y el poeta le da a un negro, llamado característicamente Salvador, la distinción de enfrentar individualmente, derrotar y darle muerte al pirata francés.

Los paisajes descriptivos en el poema se nutren copiosamente de la flora, la fauna y la topografía de la isla, donde deambulan las deidades típicas de la poesía épica grecolatina. Basten estos versos como ilustración: "Bajaron de los árboles en naguas /las bellas hamadríades hermosas,/con frutas de siguapas y macaguas /y muchas pitajayas olorosas./De viriyi cargadas y de jaguas/ salieron de los bosques cuatro diosas,/Dríades de valor y fundamento,/que dieron al pastor grande contento" (Balboa 1970: 68). El poeta, como aquí vemos, no muestra ninguna timidez con respecto a su entorno. La voz narradora del texto se apresura a aseverar "que nuestra Troya es hoy el Bayamo /humeando a impulso de traición ardiente" (55). Balboa criolliza a las deidades helénicas, ubicándolas en un hábitat tropical. Lo mismo ocurre con la composición étnica del contingente que emprende la noble misión: "Juan Gómez natural, con punta fina, /y Rodrigo Martín, indio:/cuatro etíopes de color de endrina" (77), todos los cuales "hicieron su deber como soldados", dando a entrever que el valor no corresponde exclusivamente a una raza específica (81). De hecho, es el negro Salvador, tras ajusticiar al pirata Girón, quien se merece la más emotiva exaltación: "[¡]Oh Salvador criollo, negro honrado! /[¡]Vuelve tu fama, y nunca se consuma;/que en alabanza de tan buen soldado /es bien que no se cansen lengua y pluma!" (84).

3. El impulso unificador

El verso de Balboa tropicaliza el genero épico inaugurando así la tradición en la que se inserta el *Omeros* (1992) de Derek Walcott en nuestros días. El poeta intenta con ello retratar la criollización de la vida diaria que ya sus ojos percibían en el entorno antillano. El padre Jean Baptiste Labat, que anduvo por estos predios de Dios entre 1693 y 1705, dio testimonio de cómo el proceso de fusión racial y cultural había seguido ininterrumpido a lo largo del siglo XVII. Para 1695, según Labat, no habría más que mulatos en las posesiones francesas del Caribe "sino fuera porque el Rey ha impuesto una multa de 2000 libras de azúcar a todo hombre encontrado culpable de haber engendrado a uno de ellos" (Labat 1970: 42). Pero esa prohibición, igual que las que atañían al comercio intérlope, sufría de una incurable porosidad. En el contexto de las disputas inter-imperiales en la región, había una ley, por ejemplo, que impedía a los colonos franceses comerciar con los españoles "bajo ningún concepto", pero la misma, cuenta Labat, "se evade con facilidad", haciendo referencia a "la práctica común" de estos negocios ilegales en las costas de La Española, Caracas y Cartagena (170). A Labat le debemos también una articulación temprana de la idea de que esa particularidad de la vida en la región, aparte de distinguirla de Europa, servía de cohesión interna que le daba coherencia como zona cultural diferenciada. Poco más de 150 años después, en su obra *Les colonies françaises* (1852) el abolicionista Victor Schoelcher, otro francés compenetrado con la región, recogería el concepto, articulándolo en un lenguaje más claramente político:

> Al examinar la posición de las Antillas en el medio del Océano, al mirar el mapa, donde uno las ve casi tocarse, a uno le atrapa la idea de que ellas bien podrían, un día, constituir juntas un cuerpo social aparte en el mundo moderno (...) Ellas estarían unidas confederativamente por un interés común y poseerían una marina, una industria, las artes, una literatura que les serían propias (citado por Guérin 1956: 179).

El pronunciamiento de Schoelcher se daba para más o menos la misma época en que el educador puertorriqueño Eugenio María de Hostos concebía el proyecto de la Confederación Antillana, esbozado primero metafóricamente en su novela *Bayoán* (1863) y luego puesto en lenguaje literal en su prosa ensayística. El mismo afán lo compartirían para la época también su compatriota Ramón Emeterio Betances, el militar dominicano Gregorio Luperón y el escritor y dirigente independentista cubano José Martí. Aquí, claro, hay que apuntar que la idea de unidad política de las Antillas también tiene como marcado contrapeso ideológico la propuesta anexionista avanzada por un sector numéricamente significativo de la intelectualidad criolla. Varios países antillanos han tenido focos de anexionismo. El prócer boricua José Julio Henna dirigió en el año 1900 un mensaje "al pueblo norteamericano" en el que aseguraba que sus compatriotas poseían las virtudes raciales, religiosas y culturales adecuadas para pertenecer a los Estados Unidos. Su descripción del "pueblo de Puerto Rico" hablaba de "un millón de personas de gente caucásica y de fe cristiana, con el refinamiento, la cultura y la inteligencia de una civilización antigua" (Ramos 1987: 69). He aquí apenas un ejemplo entre muchos. Los de Haití y la República Dominicana fueron particularmente fogosos.

Si se intentara elaborar para los demás países la reconstrucción que ha hecho Aaron Gamaliel Ramos (1987) de la historia del anexionismo en Puerto Rico, podría verse dicha tendencia en toda su extensión regional. Hay razón para pensar, sin embargo, que la necesidad de combatir la sombra del anexionismo contribuyó a su vez a enardecer la antorcha unificadora. Con inusitada frecuencia la lucha antianexionista devino en retórica pancaribeñista. El postulado de la singularidad caribeña y el consiguiente énfasis en articular un discurso de unidad regional política, institucional, o meramente cultural, recurrió a todo lo largo del siglo XX en los postulados teóricos o en las figuraciones artísticas de plumas principales del pensamiento antillano: Luis Palés Matos, Nicolás Guillén, Juan Bosch, Daniel Guérin, Maryse Condé, Cola Debrot, Frank Martinus Arion y Ana Lidia Vega, para citar sólo algunos. Sus posiciones superan en número y son más memorables que las de aquellos que, como el intelectual mulato José Celso Barbosa, negaban, no sólo que en su tierra puertorriqueña se pudiera "fundar una nacionalidad," debido, *inter alia*, tanto al tamaño pequeño del territorio como a la precariedad de la educación, sino que mucho menos tenía sentido ilusionarse "con las falsas ventajas de una confederación antillana" (Ramos 1987: 29). Para Barbosa, pues, no obstante la comunidad cultural con Cuba y la República Dominicana, aliarse con esas naciones no le redituaría a Borinquen la "compensación ventajosa" que si le viniera por medio de la alianza con "una nación poderosa y organizada" (Ramos 1987: 29-30).

Saludando el siglo XXI en el año 2001 desde Cartagena de Indias, el historiador Alfonso Múnera Cavadía retomó la aseveración de la singularidad regional. Haciendo reminiscencia de un episodio que involucraba a un niño jamaiquino, pero cuyo significado consideraba aplicable a su país a pesar de las experiencias nacionales distintas entre Jamaica y su tierra natal, el colombiano Múnera se aventuró a destacar un rasgo genérico de los habitantes del cosmos antillano: "Nada nos produce un sentimiento de mayor plenitud que exhibir el más sofisticado producto de la cultura popular, el finísimo estilo del cuerpo" (Múnera 1999: 8). En la misma ocasión, el narrador y ensayista cubano Antonio Benítez Rojo se propuso imaginarse lo que sería de los antillanos como conglomerado humano y como cultura en el nuevo siglo. Al cerrar sus seductoras elucubraciones terminó destacando cosas que, a su parecer, siempre nos han distinguido, además de aportar razones por las cuales el Caribe debe seguir aspirando a la unidad. El fácil y eterno acceso a las aguas del mar "nos ha hecho mirar hacia fuera," lo que explica nuestra generosidad para con el forastero y el sentimiento triste de "aislamiento cósmico" que nos empuja a abandonar nuestras tierras con fines de alcanzar los lugares donde "pasan cosas de importancia mayúscula", dice el autor de *La isla que se repite* (Benítez Rojo 1999: 19-20). Finalmente nos conmina a combatir la tendencia a la partida: "para no exiliarnos irrecuperablemente necesitamos la idea de que pertenecemos a una gran patria, de que no navegamos solos; necesitamos la certidumbre de que individualmente hemos hecho parte de una gran historia y cultura colectivas" (20). Estas reflexiones, hechas en la víspera del siglo XXI, sugieren que el pensamiento caribeño continuará enarbolando los paradigmas de la autonomía ontológica del archipiélago con su litoral y de la unidad regional –ya como proyecto político o como zona cultural– en la nueva centuria. Según parece, dichos paradigmas seguirán manifestándose como ineludibles facetas de una compulsión inherente a la razón de ser misma del discurso antillano.

El catedrático trinitario J. Michael Dash, que intentaba localizar lo que él denomina "la mitología de la otredad caribeña", la ubica en tropos correspondientes a un estadio específico de la historia literaria: el modernismo. A su entender, dicha orientación cobró vigencia a partir de 1971 con la publicación del ensayo *Calibán* por Roberto Fernández Retamar. Dash explica que la celebración del cimarronaje antillano en la figura de Calibán constituyó tanto una respuesta desafiante al Arielismo de Rodó como una extensión imaginativa de las teorías de la otredad en Aimé Césaire y Frantz Fanon. Partiendo de esa genealogía, el académico interpreta el resurgimiento de dicha noción como resultado de la seducción que ha ejercido la idea de la región como locus anterior a la historia ("the island as primaveral ground") entre los intelectuales de fuera y dentro del Caribe. Se trata a final de cuentas de la entrada en vigencia de uno de los tropos predilectos del "modernismo caribeño" (Dash 1998: 73)[2]. Como deja entrever la genealogía que aplica a la noción de la otredad caribeña, Dash se suscribe a una cosmovisión dominada por la narrativa tradicional que recuenta el desarrollo de las ideas desde la antigüedad hasta los tiempos modernos rastreando una periodología de corte europeo. Siguiendo un movimiento teleológico marcadamente hegeliano, dicha narrativa divide la historia profilácticamente en trozos sucesivos cada uno dominado por conjuntos específicos de ideas, que a su vez impactan en distintos renglones de la realidad. En ese sentido, Dash se distancia de la perspectiva que busca una etiología nativa. El no reconoce la afirmación de la alteridad antillana como respuesta directa a la representación deshumanizada del Caribe por parte del discurso colonial. Más bien detecta en dicha postura discursiva apenas un mero tropo correspondiente a determinado capítulo regional de la historia de las ideas literarias occidentales.

Sin embargo, si estudiamos el discurso antillano al margen de la inexorabilidad de la historia de las ideas occidentales –si hacemos más bien una historia intelectual enfocada en los acontecimientos que marcaron la vida de la población en la región y rastreamos las ideas suscitadas por los procesos sociales que ha debido vivir el Caribe– daremos con una historiografía un tanto más autónoma que la que asume Dash. En dicha historiografía primaría una lógica narrativa y una selección de paradigmas sugeridos por los hechos constatables de la experiencia caribeña. De esa manera veríamos que desde el *Espejo de paciencia* de Balboa en 1608 hasta *Trotji*, el poemario publicado por el surinamés Trefossa en 1957, y hasta la obra de la poeta y cuentista jamaiquina Olive Senior, las letras caribeñas, en grados distintos de autoconciencia, se han abocado consistentemente a escudriñar los fenómenos que demarcan los

[2] Entiéndase que aquí *modernismo* no denota el movimiento estéticamente renovador que encarnó el nicaragüense Rubén Darío. Se trata sólo de la traducción directa del término "Modernism" correspondiente a la periodización cultural euronorteamericana.

contornos de la experiencia humana real en la región. Uno bien podría señalar el auto-estudio socio-histórico y cultural como la materia principal de que se ocupa el corpus de la escritura caribeña. Mediante su producción intelectual y su arte el Caribe jamás cesa de mirarse a sí mismo. La escritura aquí se caracteriza por la hipermnesia –oposición diametral de la amnesia– una condición que exacerba la memoria del pasado en la región, un estado de recordación compulsiva que podría tildarse de clínica si no fuese por su inevitabilidad, resultado suficiente y necesario de los hechos específicos que acaecieron en la región a partir de la transacción colonial.

4. Autoaprecio y rehistorización

Razón de más existe para explicar el estado de recordación compulsiva característico del pensamiento caribeño. Subrayemos por lo menos dos. Una es la necesidad de responder al discurso occidental que ha pretendido deshistorizar al mundo antillano. La otra es la constante inquietud que provoca el desenlace infeliz que ha tenido el drama de la experiencia histórica en la región. Con respecto a lo primero, sirva de ilustración la carga de énfasis que invierte Aimé Césaire en la evocación de la acción libertaria de Toussaint Louverture como una refutación efectiva del "falso universalismo" de Occidente, que con frecuencia ha proclamado "los derechos del hombre" sin imaginarse los contornos de la humanidad más allá de la esfera occidental (Césaire 1961: 309). En su estudio sobre el gran líder de la revolución haitiana, Césaire afirma que cuando

> Toussaint Louverture apareció fue para tomar literalmente la declaración de los derechos del hombre (...) El combate de Toussaint Louverture fue un combate por la transformación del derecho formal en derecho real, un combate por el reconocimiento del hombre y es por eso que la rebelión de los esclavos negros de Saint Domingue se inscribe en la historia de la civilización universal (310).

Si Césaire todavía sigue adherido a la convicción expresada en *Toussaint Louverture*, un texto publicado hace mas de cuarenta años, seguramente se sentirá felizmente confirmado por una enjundiosa monografía titulada "Hegel y Haití" en la que su autora, Susan Buck-Morss, convincentemente arguye que cuando el gran jerarca del idealismo alemán elaboró su tesis sobre la dialéctica del amo y el siervo en la *Fenomenología del espíritu* tuvo siempre presentes los acontecimientos acaecidos en Saint Domingue durante el levantamiento de los esclavos contra el régimen colonial (Buck-Morss 2000: 844). Que Hegel no mencionara directamente el caso haitiano en dicha obra no sorprende por ser la omisión de datos *per se* característica de su práctica discursiva, como tampoco menciona la Revolución Francesa. Además, tal mención de parte del autor que en su *Filosofía de la historia* habría de negar a los negros un lugar en el plano histórico de la humanidad contrariaría su postulado racista. Mencionar a unos negros contemporáneos suyos que dieron cátedra en la lucha por la libertad constituiría una inconveniencia narrativa.

C. L. R. James, quien en su célebre obra *The Black Jacobins* (1939) había profundizado en la figura de Toussaint Louverture dos décadas antes que Césaire, buscaba también poner fuera de toda duda la historicidad de la experiencia antillana. Posteriormente, en un texto escrito para 1969, James llegó a afirmar que

> Nosotros, la gente del Caribe, hemos sido, más que cualquier otra población, construidos por la historia y, por lo tanto, cualquier intento no sólo de analizar sino también de ejecutar acción social o política alguna en conexión con nosotros y nuestra relación con otros pueblos, cualquier intento de esa naturaleza debe comenzar por, y constantemente tener presente cómo surgimos nosotros, hasta donde hemos llegado, quiénes somos y qué somos (James 1969: 46).

Estamos aquí sin duda ante una enfática respuesta de James a la tradición del discurso intelectual occidental que relegaba la vida caribeña a un espacio virtualmente antediluviano, efectuando una expulsión de facto del ámbito del significado histórico. James llegó hasta el final de su vida exhibiendo una actitud asertiva cuando se aproximaba a la tarea de imaginar el futuro caribeño. No se puede decir lo mismo de Césaire si juzgamos por unas declaraciones dadas a la BBC de Londres en 1991, en las que él, figura respetable del gobierno de Martinica como alcalde de Fort-de-France, se autodefinía como "fundamentalmente francés, culturalmente hablando" y descartaba como ilusoria la idea de la independencia (Hall 1991). Poco sorprende que el ex-gobernador de Puerto Rico Luis Muñoz Marín, líder del Partido Popular y campeón de las políticas desarrollistas que en los cuarenta causaron el éxodo de cientos de miles de compatriotas de su isla, le restara viabilidad y hasta popularidad al ideal independentista. En 1978, en conversación con jóvenes académicos que lo fueron a visitar, el político recalcó:

> yo les digo que la independencia es imposible porque los puertorriqueños no la quieren... ¿Qué es Puerto Rico? Una isla caribeña sobrepoblada... ¿Con qué la podemos comparar? Con Cuba y Santo Domingo, que son también islas caribeñas... ¿Son esos países verdaderamente independientes? (Rodríguez Juliá 1981: 32).

Pero quizá viniendo de Césaire, aquel paladín de la dignidad tercermundista que en su tantas veces celebrado *Discours sur le colonialisme* (1955) le echó en cara a Occidente sus vanas pretensiones de superioridad racial, cultural y política, la fórmula entreguista como única salida del drama social caribeño resulta desoladora.

El panorama antillano no pinta un cuadro promisorio. Por ejemplo, la isla de Martinica, aquel "país natal" que Césaire evocó en su famoso *Cahier* (1939), hoy padece tasas alarmantes de desempleo. Por otro lado, la grandeza de la Revolución haitiana, evocada tan apasionadamente por James, Césaire y tantos otros de nuestros grandes pensadores, apenas puede reconocerse hoy en los vestigios del presente brutal y catastrófico. En la cuna de la libertad negra en el hemisferio, se estima que hay unos 250.000 niños viviendo como *restavecs* [niños-esclavos] (Cadet 1998:V, 173-4). El pueblo que al principio del siglo XIX se envalentonó contra la fuerza militar abrumadora del imperio francés, expulsando con arrojo las huestes invasoras del ejército napoleónico, en la última década del siglo XX necesitó una invasión extranjera para poder continuar el experimento democrático que se ensayó con el movimiento Lavalas de Jean Bertrand Aristide. Ni siquiera hay que mencionar el regreso problemático de Aristide, este cura humilde que al aparecer en la palestra pública había llenado a los humildes de esperanza y cuya conducta, transformada, luego se asemejó cada día más a la dirigencia que tanto ha desconsiderado a la población a lo largo del período republicano. Jamaica Kincaid, en su ensayo de 1988 *A Small Place*, describió a Antigua como una isla hermosísima, donde las escuelas parecen letrinas y el gobernador bautiza al aeropuerto con su propio nombre (Kincaid 1988). En la República Dominicana, Antilla-centro como le llamó Hostos, lugar donde se dieron las primeras luchas contra el régimen colonial en toda la región, se ha hecho difícil garantizar elecciones limpias a los votantes o regularizar el servicio de energía eléctrica o reconocer los derechos ciudadanos a los dominicanos hijos de padres haitianos que el principio constitucional de *jus solis* automáticamente les confiere.

Podríamos hablar, entonces, de un generalizado panorama de tristeza a lo largo y lo ancho de la región. Pero apresurémonos a agregar que la tristeza no carece de recursos para fomentar la originalidad ni el deseo de hacer constar. Dicho drama, más bien, ha inyectado un sentido de urgencia a la tarea de discernir la historia que desemboca en tal tristeza. De ahí que, en el siglo XX, el pensamiento caribeño se lanzara por distintas vías a encontrar paradigmas que pudieran dar con el molde conceptual apropiado para ayudar a explicar la lógica específica del devenir de la experiencia humana en la región. Glissant buscó pistas en las nociones de "détour" y "retour" así como en la imagen deleuziana del rizoma. La asertividad lingüística, la oralidad urbana como el escenario cumbre donde se dramatiza la cotidianidad antillana, marcó la pesquisa de Ana Lydia Vega. Por otro lado, la narrativa de Maryse Condé escudriñó la recurrencia del enigma en la vida regional. La problematización sincrética de poblaciones y formas culturales se destacó en la ficción y la poesía de Olive Senior. Harris, que privilegia un tipo de búsqueda orientada por lo que podríamos llamar la razón poética, indagó en la imaginación mítica, junto a la lógica del limbo *dance* o el vudú haitiano. Antonio Benítez Rojo profundizó en la ciencia del caos y Kamau Brathwaite se lanzó a la exploración de una razón criolla fundamentada en el "tidalectics" (o dialéctica del oleaje en el mar Caribe). Se trata de una búsqueda riquísima, eminentemente prometedora y totalmente necesaria. Pues la peculiaridad del cosmos antillano precisa su propia historiografía y su propia filosofía de la historia. Propongo que esa indagación puede quedar trunca si el cuerpo de conocimientos producido por la región entra acríticamente, se deja colonizar por la mirada predominante en el ámbito conceptual promovido por la academia euronorteamericana bajo el nombre de teoría poscolonial.

Como esta reflexión apenas se ha propuesto abrir un tema de conversación, no puede pretender proveer una conclusión. Pero, por razones de espacio hay que cerrar. Entonces, baste recalcar que las obras y posiciones de figuras como Luis Palés Matos, Glissant, Senior y Ana Lydia Vega forman parte del vasto legado verbal que conforma el discurso antillano. Ya décadas atrás varias voces del archipiélago y las costas habían demostrado su capacidad para enjuiciar a Occidente con devastadora elocuencia: Aimé Césaire, René Depestre, Eric Williams, Walter Rodney, Frantz Fanon. La obra de Kamau Brathwaite insistió en la autosuficiencia ontológica del Caribe, zona con una experiencia humana capaz de engendrar su propia lógica histórica y emanciparse del embrujo hegeliano. Luis Rafael Sánchez dedica una vida entera de meditación y creación en novelas, teatro, ensayos y cuentos para explicar la condición humana de la manera específica que se da en la ciudad de San Juan, capital de Puerto Rico. Todo lo que Sánchez ve y aprende en el resto del mundo lo invierte sostenidamente en la tarea ininterrumpida de escudriñar su pedacito del Caribe. Es en el conjunto de intervenciones artísticas y conceptuales como ésas donde hay que buscar la filosofía antillana y no en tratados sistemáticos producidos por el discurso occidental reminiscentes de las *Sumas* aquinianas.

Bibliografía

BALBOA TROYA Y QUESADA, Silvestre de (1970): *Espejo de paciencia*. Ed. Ángel Aparicio Laurencio. Miami: Ediciones Universal.

BENÍTEZ ROJO, Antonio (1999): "El Caribe en el siglo XXI. Un proyecto de investigación", en: *Memorias: IV Seminario Internacional de Estudios del Caribe*. Ed. Instituto Internacional de Estudios del Caribe. Barranquilla: Fondo de Publicaciones de la Universidad del Atlántico, pp. 11-20.

BRATHWAITE, Kamau (1971): *The Development of Creole Society in Jamaica, 1770-1820*. Oxford: Clarendon Press.

— (1984): *The Colonial Encounter: Language*. Powre Above Powres # 7. Mysore: The Center for Commonwealth Literature and Research, University of Mysore.

— (1993): *Middle Passages*. New York: New Directions.

BROOKS, Cleanth/LEWIS, R. W. B./PENN WARREN, Robert (eds.) (1973): *American Literature: The Makers and the Making*. Vol. II. New York: St. Martin's Press.

BUCK-MORSS, Susan (2000): "Hegel and Haiti", en: *Critical Inquiry* 26 (Summer), pp. 821-865.

BUNDY, Andrew (1999): "Introduction", en *Selected Essays of Wilson Harris: The Unfinished Genesis of the Imagination*. London and New York: Routledge, pp. 1-34.

CADET, Jean-Robert (1998): *From Haitian Slave Child to Middle-Class American*. Austin: University of Texas Press.

CASTELLANOS, Juan de (1944): *Elegías de varones ilustres de Indias*. Biblioteca de Autores Españoles. Ed. D. Buenaventura Carlos Aribau. Madrid: Real Academia Española.

CÉSAIRE, Aimé (1961): Toussaint Louverture. La révolution française et le problème colonial. 2d ed. Paris: Présence Africaine.

DASH, J. Michael (1998): *The Other America: Caribbean Literature in a New World Context*. New World Studies. Charlottesville and London: University of Virginia Press.

FAULKNER, William (1965): *Essays, Speeches & Public Letters*. James B. Meriwether (ed.). New York: Random House.

GARCÍA MÁRQUEZ, Gabriel (1996): "Caribe Mágico", en: *The Archipielago: New Caribbean Writing*. Special issue of *Conjunctions* 27, pp. 9-12.

— (1999 [1985]): *El amor en los tiempos del cólera*. Barcelona: Mondadori.

GUÉRIN, Daniel (1956): *Les Antilles decolonisées*. Introduction par Aimé Césaire. Paris: Présence Africaine.

HALL, Stuart (1991): Portrait of the Caribbean. Documental en seis partes sobre el mundo antillano. London: BBC.

HARRIS, Wilson (1999): Selected Essays of Wilson Harris: The Unfinished Genesis of the Imagination. Ed. Andrew Bundy. London and New York: Routledge.

HILDEN, Patricia J. Penn (2001): "Til Indian Voices Wake Us...", en: Reiss, Timothy J. (ed.), *For the Geography of a Soul: Emerging Perspectives on Kamau Brathwaite*. Trenton and Asmara: Africa World Press, pp. 403-430.

JAMES, C. L. R. (1963): The Black Jacobins: Toussaint L'Overture and the San Domingo Revolution. 2d. ed. New York: Vintage Books.

— (1969): "The West Indian Intellectual", en: Thomas, J. J. (ed.), *Froudacity*. London: New Beacon, pp. 23-49.

KINCAID, Jamaica (1988): *A Small Place*. New York: Farrar Strauss & Giroux.

LABAT, John Baptiste (1970): *The Memoirs of Père Labat 1693-1705.* Translated and abridged by John Eaden. With an Introduction by Philip Gosse. London: Frank Cass and Company.

LAWLESS, Robert (1992): *Haiti's Bad Press.* Rochester: Schenkman Books.

MÁRQUEZ, Roberto (2000): "Raza, Racismo e Historia: Are All My Bones From There?", en: *Latino/a Research Review* 4.3, pp. 8-22.

MÚNERA, Alfonso (1999): "Cartagena, centro simbólico del Caribe", en: *Memorias: IV Seminario Internacional de Estudios del Caribe.* Barranquilla: Fondo de Publicaciones de la Universidad del Atlántico, pp. 5-8.

O'NEILL, Eugene (1979): *Selected Plays by Eugene O'Neill.* Introduction by José Quintero. Book Club Edition. New York: Nelson Doubleday.

RALEIGH, Sir Walter (1972): "Discovery of Guiana", en: *Voyages and Discoveries.* By Richard Hakluyt. Edited, abridged, and introduced by Jack Beeching. London: Penguin Books, pp. 386-413.

RAMOS, Aaron Gamaliel (ed.) (1987): Las ideas anexionistas en Puerto Rico bajo la dominación norteamericana. Río Piedras: Huracán.

RODRÍGUEZ JULIÁ, Edgardo (1981): *Las tribulaciones de Jonás.* San Juan: Ediciones Huracán.

SÁNCHEZ, Luis Rafael (1982): *La guaracha del Macho Camacho.* Barcelona: Editorial Argos Vergara.

TODOROV, Tzvetan (1984): *The Conquest of America. The Question of the Other.* Trans. Richard Howard. New York: Harper and Row.

RELACIÓN DE AUTORES

Rita DE MAESENEER (rita.demaeseneer@ua.ac.be) es profesora de Letras Hispánicas en la Universidad de Amberes. Es miembro del consejo de redacción de *Foro hispánico (Revista hispánica de Flandes y Holanda)*. Es miembro asociado del Grupo de Estudios Postcoloniales de la Universidad de Amberes. Codirige el proyecto "Ficción historiográfica e historia ficticia en la prosa narrativa caribeña y centroamericana (segunda mitad del siglo XX)" (2001-2005). Ha publicado la monografía *El festín de Alejo Carpentier. Una lectura culinario-intertextual* (Genève: Droz, 2003). Es editora de *Convergencias e interferencias. Escribir desde los borde(r)s* (Valencia: Excultura, 2001) y coeditora, junto con Patrick Collard, de *Murales, figuras, fronteras. Narrativa e historia en el Caribe y Centroamérica* (Frankfurt/Madrid: Vervuert/Iberoamericana, 2003). Está dirigiendo una investigación sobre "Palabra e imagen en la literatura puertorriqueña" y está preparando un libro sobre la narrativa dominicana contemporánea.

Myrna GARCÍA-CALDERÓN (mgarcia55@hotmail.com), de Puerto Rico, es especialista en literatura latinoamericana con un enfoque especializado en el Caribe hispánico. Hizo sus estudios de pregrado en la Universidad de Puerto Rico, Río Piedras y se doctoró por la Universidad de California, Berkeley. Ha enseñado en la Universidad de California, Santa Cruz, la Universidad de Wisconsin, Madison y la Universidad de California, Berkeley. Actualmente se desempeña como profesora invitada de Literatura Caribeña en la Universidad de Cornell, en los Estados Unidos. García-Calderón ha publicado sobre temas tan diversos como la escritura femenina latinoamericana, la literatura y cultura del Caribe hispánico, los géneros híbridos, las dislocaciones de la posmodernidad, la memoria y la literatura erótica. Su libro titulado *Lecturas desde el fragmento: Literatura e imaginario cultural en Puerto Rico* (Berkeley/Lima: Latinoamericana Editores, 1998) ofrece una lectura no-totalizadora de la literatura puertorriqueña producida en la última parte del siglo XX en Puerto Rico.

Denis HENRIQUEZ (denishen@globalxf.nl) nació en Aruba en el año 1945. Después de sus estudios secundarios en la isla, comenzó sus estudios académicos en la Polytechnica de Delft, Holanda, en 1963. En 1967 se cambió al estudio de Física Teórica en la Universidad de Leiden, donde se graduó en el año 1971. Trabajó durante seis años como profesor de ciencias y matemáticas en su tierra natal, después emigró a Holanda. Divide el trabajo de profesor de ciencias en una escuela de Rotterdam con su vocación como escritor. Escribe en su lengua materna, el papiamento, y en holandés. Ha publicado poesía (*Kas Pabow*, 1988) y teatro (e. o. *Mayan Dalia lo ta mi Dalia*, 1978, *Fenchi a gana Premio Mayo*, 1981, *The Mad T-Party*, 1983, y *E sonjo di Alicia*, 1988). Desde los años noventa se ha destacado sobre todo como novelista con *Zuidstraat* (1992), *Delft Blues* (1995) y *De zomer van Alejandro Bulos* (1999).

Elke HEYLIGEN (elkeheyligen@yahoo.com) está acabando sus estudios de Filología Románica en la Universidad de Amberes. Estudió en la Universidad de Sevilla en el marco del programa de intercambio Erasmus y realizó una tesina sobre la cultura popular en *La Isla del Cundeamor* de René Vázquez Díaz.

Iván H. JIMÉNEZ WILLIAMS (IH-JimenezWilliams@wiu.edu) es profesor asistente de Español y Francés en Macomb, Universidad de Western Illinois. Su especialización abarca la plástica en el teatro caribeño, latinoamericano, francés y alemán. Se licenció en Historia y Ciencias Políticas e hizo su maestría en Literatura Hispana en Madison-Universidad de Wisconsin. Su doctorado fue en Literatura Comparada, en Edmonton, Universidad de Alberta. Ha impartido cursos en la misma universidad sobre arte, diseño y expresión dramática en Latinoamérica, de castellano y de literatura comparada. En la Universidad del Rey Saud, en Riad, impartió cursos de castellano, cultura hispana y lingüística. Sus publicaciones y ensayos por editar son interdisciplinarios. Una de sus publicaciones es: "La máscara como imagen arquetípica en el texto espectacular: Concretización dramatúrgica en el *Pedro Páramo* de Rodrigo Marquet" (*Studias Humanitatis*). Está editando su ensayo "Masks and Magic Realism in Isidora Aguirre's *Lautaro*" y su libro *Historia de la plástica en el teatro latinoamericano desde sus orígenes precolombinos hasta nuestros tiempos* (CELCIT-Caracas). Su tesis, *Masks in Magic-Realist Chilean Drama: 1968 to 1993*, se publicará en Gestos (UC-Irvine).

Salvador MERCADO-RODRÍGUEZ (smercado@ithaca.edu) es profesor titular de Español en Ithaca College, en Ithaca, Nueva York, y se especializa en literatura caribeña y latinoamericana. Recibió su B. A. y M. A. en Estudios Hispánicos de la Universidad de Puerto Rico, Recinto Universitario de Mayagüez, y su Ph. D. en Español de la Universidad de Maryland, College Park. Ha impartido cursos tanto de lengua española, como de literatura latinoamericana y española. En su trabajo de investigación ha estado explorando las relaciones entre la novela latinoamericana contemporánea y la música popular. En su tesis doctoral titulada, *Novelas bolero: amor y música, comunidad y nación*, describe una experiencia de lectura que implica una cualidad musical y explica cómo el uso del bolero en varias novelas, como modelo narrativo y discurso, contribuye a la reescritura crítica de las alegorías fundacionales latinoamericanas y conduce a la proyección de una comunidad imaginada transnacional. Actualmente se encuentra revisando este trabajo para su publicación.

Magdalena PERKOWSKA-ÁLVAREZ (mperkows@hunter.cuny.edu) se graduó en Filología Románica en la Universidad Jagellona de Cracovia (Polonia) y obtuvo su doctorado en Literatura Hispanoamericana en Rutgers, The State University of New Jersey, especializándose en la novela histórica contemporánea. Ha impartido clases de literaturas hispánicas en el Departamento de Lenguas y Culturas de América Latina en la Universiteit Leiden, en Holanda, y actualmente es profesora de literatura hispanoamericana en el Departamento de Lenguas Románicas de Hunter College de la City University of New York. Ha expuesto en numerosos congresos en Europa, América Latina y los Estados Unidos y ha publicado artículos en diversas revistas literarias (*Revista de Estudios Hispánicos, NRFH, LALR*) y antologías de crítica (*A Twice-Told Tale: Reinventing the Encounter in Iberian/Iberian American Literature*; *Murales, figuras, fronteras: Narrativa e historia en el Caribe y Centroamerica*; *El lugar de Juan José Saer*). En preparación está su libro *Historias híbridas: la problematización de las teorías posmodernas de la Historia en la novela histórica latinoamericana, 1985-2000.*

Ineke PHAF-RHEINBERGER (rheinberger@mpiwg.de) trabaja en un proyecto de investigación y enseñanza sobre África y América Latina en la Universidad Humboldt, Berlín. Su especialidad es la historia cultural de América Latina y el Caribe. Ha sido profesora en Leiden, la Universidad Libre de Berlín y la Universidad de Maryland. Selección de publicaciones: *Zur Architektur von Ricardo Porro in Vaduz und Havanna.* Triesen: Coleba Verlag 2004; "Papiamentu, popular music, and narratives of modernity: the Dutch Antilles and Latin America". In: *Marginal Migrations. The Circulation of Cultures within the Caribbean.* Hg. v. S. Puri. Oxford: MacMillan Publishers Limited 2003, pp. 190-211; "Caspar Barlaeus y la ética de una expansión global: Mercator sapiens (1632) y Rerum per octennium in Brasilia [...] gestarum [...] historia (1647)". In: *De litteris Neolatinis in America Meridionali Portugallia, Hispania, Italia cultis.* Eds. D. Briesemeister & A. Schönberger. Valentia: Francofurti Moienani 2002, pp. 123-136.

Mayra SANTOS-FEBRES (maysantos@caribe.net) nació en Carolina, Puerto Rico, en 1966. Comienza a publicar poemas desde 1984 en revistas y periódicos internacionales tales como *Casa de las Américas*, Cuba, *Página doce*, Argentina, *Revue Noire*, Francia y *Latin American Review of Arts and Literature*, New York. En 1991 aparecen sus dos poemarios: *Anamú y manigua*, libro que fue seleccionado como uno de los 10 mejores del año por la crítica puertorriqueña, y *El orden escapado*, ganador del primer premio para poesía de la *Revista Tríptico* de Puerto Rico. En 2000 la editorial Trilce de México publicó *Tercer Mundo*, su tercer poemario. Además de poeta, Mayra Santos-Febres es ensayista y narradora. Como cuentista ha ganado el Premio Letras de Oro (USA, 1994) por su colección de cuentos *Pez de vidrio* y el Premio Juan Rulfo de cuentos (París, 1996) por su *Oso Blanco.* En 2000 Grijalbo Mondadori en España publicó su primera novela, titulada *Sirena Selena vestida de pena*, que ya cuenta con traducciones al inglés, italiano, francés y que queda como finalista del Premio Rómulo Gallegos de Novela en 2001. En 2002 Grijalbo Mondadori publica su segunda novela, *Cualquier miércoles soy tuya* .

Christoph SINGLER (christophe.singler@univ-fcomte.fr) estudió filosofía, historia de arte y letras latinoamericanas en Friburgo y Berlín, y antropología en México. Enseña actualmente letras y artes latinoamericanas en la Universidad de Besançon, Francia. Ha publicado libros sobre la novela histórica (*Entre mythe et ironie. Le roman historique contemporain en Amérique latine*) y sobre el estatuto de la ficción en América Latina (*Une domestique dissipée*, coord.), además de crítica de arte, en particular caribeño.

Erwin SNAUWAERT (erwin.snauwaert@ehsal.be) es profesor de español en la sección de Empresariales de la EHSAL Bruselas. También dirige como *Research fellow* de la KULeuven unas tesinas de licenciatura sobre literatura española e hispanoamericana. En cuanto a investigación, se dedica sobre todo al análisis narratológico-interpretativo de novelas peruanas. Entre sus publicaciones más destacadas figuran unos artículos sobre Mario Vargas Llosa y un libro sobre Alfredo Bryce Echenique, *Crónica de una escritura inocente* (Leuven University Press, 1998).

Silvio TORRES-SAILLANT (saillant@syr.edu) es director del Programa de Estudios Latinoamericanos y catedrático del Departamento de Inglés de Syracuse University. Forma parte del equipo editorial de la *Encyclopedia of Latinos and Latinas in the United States* (Oxford University Press) y funge como coeditor de la revista *Latino Studies*. Es miembro de numerosas juntas de directores en los Estados Unidos y frecuente charlista en instituciones académicas a nivel internacional. Torres-Saillant es autor de *Caribbean Poetics* (Cambridge University Press), *The Dominican Americans* (Greenwood Press), *El Retorno de las Yolas* (La Trinitaria) y *An Intellectual History of The Caribbean* (Palgrave Macmillan, próxima aparición). Es editor o coeditor de varios tomos y muchos ensayos suyos forman parte de libros colectivos y revistas académicas.

An VAN HECKE (an.vanhecke@ua.ac.be) se graduó en Filología Románica en la Universidad de Lovaina y obtuvo la maestría en Estudios Latinoamericanos por la Universidad Nacional Autónoma de México. Ha publicado artículos sobre literatura chicana, revistas culturales y Augusto Monterroso. Es ayudante de letras hispánicas en la Universidad de Amberes y prepara actualmente una tesis doctoral sobre Augusto Monterroso. Es miembro asociado del Grupo de Estudios Postcoloniales de la Universidad de Amberes.

René VÁSQUEZ DÍAZ (cundeamor@comhem.se) (Cuba, 1952). Estudió el bachillerato en la Escuela Vocacional de Vento, en La Habana (1970-72). Realizó estudios de Ingeniería Naval en Gdansk, Polonia (1972-1974). Vive en Suecia desde 1975. Ha publicado libros de poesía: *Trovador americano* (1978), *Donde se pudre la belleza* (1987), *Difusos mapas* (1994) y *Ciudad dormida* (1995), así como novelas: *La era imaginaria* (1986), *Querido traidor* (1989), *La isla del cundeamor* (1995), *Fredrika en el paraíso* (2000), *Un amor que se nos va* (2003). Sus libros han sido traducidos al francés, sueco, italiano, finés e inglés. René Vázquez Díaz ha escrito teatro, *El último concierto* (1992) y traducido numerosas obras del sueco al español. También es autor de un libro de cocina cubana, *El sabor de Cuba* (2002), que contiene relatos autobiográficos y pequeños ensayos sobre la cultura cubana. Ha dado conferencias y charlas en numerosas universidades. Ha sido coordinador de Proyectos Cubanos del Centro Internacional Olof Palme, de Estocolmo (1994-99). Actualmente escribe para el periódico sueco *Sydsvenska Dagbladet*.